KB133756

：

나는 옛것이 좋아
때론 깨진 빗돌을
찾아다녔다

나는 옛것이 좋아 때론 깨진 빗돌을 찾아다녔다

– 추사 김정희의 금석학

2015년 7월 6일 제1판 1쇄 인쇄
2015년 7월 13일 제1판 1쇄 발행

지은이   박철상
펴낸이   이재민, 김상미

편집   이미경
디자인   달뜸창작실, 최인경

종이   다올페이퍼
인쇄   천일문화사
제본   광신제책

펴낸곳   너머북스
주소   서울시 종로구 자하문로 100-1(청운동) 청운빌딩 201호
전화   02) 335-3366, 336-5131 팩스 02) 335-5848
등록번호 제313-2007-232호

ISBN 978-89-94606-37-8 93900

너머북스와 너머학교는 좋은 서가와 학교를 꿈꾸는 출판사입니다.

추사 김정희의 금석학

나는 옛것이 좋아 때론 깨진 빗돌을 찾아다녔다

박철상 지음

너머북스

차례__

머리말

1

1816년 7월 어느 날, 북한산 승가사僧伽寺 뒤쪽 바위를 힘겹게 오르고 있는 사람들이 있었다. 한참 만에 그들이 도착한 곳은 거대한 바위 위에 우뚝 서 있는 비석 앞이었다. 그 비석은 조선을 건국한 이성계의 왕사王師였던 무학無學 대사 또는 신라 도선道詵 국사의 비석으로 전해 내려왔다. 글자가 없다고 해서 몰자비沒字碑로도 불렸다. 사방은 탁 트여 멀리 서해가 보였고 도성이 한눈에 들어왔다.

땀을 식힌 그들은 이끼가 끼어 있는 비석을 이리저리 살펴보았다. 그러다가 손으로 이끼를 문질러 보았다. 아무 글자도 보이지 않는 옛날 비석이었으나, 혹시 무슨 글자라도 있는지 살펴보는 듯했다. 그런데 이쪽저쪽 이끼를 문지르자 뭔가 흔적이 나타났다. 오래된 비석에 남아 있는 세월의 흔적이 아니었다. 그것은 글자 모양이었다. 분명히 글자였다. 좀 더 자세히 보고 싶어 기울어가는 석양에 이끼 낀 면을 비추어보자, 이끼는 글자의 형태를 따라 들어가 있었다. 끊어진 파임, 문드러진 삐침을 희미하게나마 확인할 수 있었다. 좀 더 자세히 살펴보기 위해 종이에 탁본을 떠 보았다. 글자가 나타났다. 몇 자는 읽을 수 있었지만 정확하지는 않았다. 글자가 있다는 것을 확인한 그들은 환호하며 산을 내려갔다. 1년 뒤, 몇 사람이 다시 그곳에 올랐다. 그리고 함께 온 각수刻手로 하여금 비석 왼쪽 측면에 글자를 새겨 넣게 했다. 바로 김정희였다.

此新羅眞興大王巡狩之碑丙子七月金正喜金敬淵來讀
이것은 신라 진흥대왕의 비석이다. 병자년 7월에 김정희와 김경연이 와서 비문을 읽었다.

丁丑六月八日金正喜趙寅永同來審定殘字六十八字
정축년 6월 8일에 김정희와 조인영이 함께 와서 남아 있는 글자 68자를 확인했다.

1년 전, 김경연과 함께 산에 올라 탁본을 떠서 글자의 존재를 확인한 김정희는 집에 돌아온 뒤 친구들과 함께 그 비석에 새겨진 글자를 판독하고 비석의 비밀을 푸는 데 매달렸다. 마침내 신라 진흥왕의 순수비라는 사실을 밝혀낸 것이다. 1200년 전 옛 자취의 비밀을 풀어낸 김정희는 흥분 속에 조인영과 함께 산에 올랐고, 그 결과를 두 줄에 걸쳐 새겨 넣었던 것이다. 참으로 역사적인 순간이었다. 조선 금석학의 개창자 추사 김정희가 금석학자의 길로 들어서는 위대한 첫발이었다. 김정희를 단순한 모화慕華주의자가 아니라, 청나라 학예學藝에 정통한 대학자로 자리매김하는 의미 있는 사건이었다. 김정희 개인에게는 추사체秋史體의 출현을 예고하는 신호탄이었고, 조선 지식인들에게는 금석학金石學이라는 새로운 학문의 필요성을 일깨웠다. 청조 문사들에게는 조선 금석문에 대한 광적인 수집은 물론 조선의 역사에 대한 관심을 촉발시킨 중대한 사건이었다. 조선 금석문에 관심을 가지게 된 청나라 문사들은 그 어느 때보다도 조선 역사에 깊은 관심을 보였다. 최근의 '연예演藝 한류韓流'에 비견할 만한 '학예學藝의 조류朝流'를 만들어낸 한류 스타였던 것이다. 김정희의 한마디 한마디에 청조 문사들은 귀 기울였고, 김정희와 인연을 맺기 위해 온갖 노력을 다했다.

비석 측면에 글자를 새기는 각수의 망치 소리는 금석학 연구자로서 김정희의 탄생을 알리는 파천황破天荒의 포고문이었던 셈이다.

2

김정희의 금석학을 이야기하기에 앞서 그가 살았던 시대를 살펴볼 필요가 있다. 1644년 명나라의 멸망은 조선 지식인들에게 큰 충격이었다. 조선 지식인들은 임진왜란이라는 국난을 명나라의 도움으로 헤쳐 나갔기 때문에 명나라를 도와야 한다고 여겼다. 명나라에 대한 의리를 지켜야 한다는 대명의리론對明義理論이 등장한 것이다. 또 조선 지식인들은 청나라 문화를 오랑캐 문화로 인식하고 조선이 명나라의 중화사상을 계승해야 한다고 생각했다. 소중화小中華 의식이라는 것이다.

　이처럼 청나라에 대한 적개심에서 출발한 조선 지식인들의 의식은 17세기와 18세기를 관통하며 조선 후기 사회 전반에 걸쳐 흐르게 된다. 그런데 18세기 후반에 이르자, 청나라에 대한 적개심은 조금씩 변화해나갔다. 그 배경에는 중국 남방에 남아 있던 명나라 잔존 세력이 소멸하고 어지럽던 청나라도 안정되어가는 현실이 자리하고 있었다. 특히 청나라는 문화 정책을 내세우며 학자들을 우대하고 수많은 서적을 간행했다. 이 서적들이 해마다 청나라 연경燕京으로 보내는 사신단을 통해 조선에 알려지면서 조선의 젊은 지식인들의 호기심은 더욱 커졌다. 연행燕行이라 부르던 이 사신단의 수행원으로 참여한 젊은 지식인들은 청나라에 대한 견문을 넓히고 청나라 지식인들과 교유했다. 그들은 연행을 계기로 청나라 문화와 문물에 대한 인식을 바꾸었고 청나라에 품은 적개심을 순화시켜나갔다. 조선은 청나라 문물의 수용과 배척의 기로에 서 있을 수밖에 없었다.

　이 무렵 정조가 왕위에 올랐다. 그의 등극은 새로운 조선의 탄생을 알리는 신호탄이었다. 정조는 청조 문물을 제한적으로 수용하여 청나라 문물의 장점만을 주체적으로 수용하고자 했다. 그 결과 젊은 지식인들 사이에서는 청나라 문물을 수용하여 조선의 현실에 적용해야 한다는 생각이 하나의 흐름으로 자리 잡았다. 이것이 바로 북학北學이다. 상당수 지식인들은 북학에 동조하였고, 청나라 지식인들의 생활 방식을 따라 하기도 했다. 북학은 선택이 아니라 시대의 풍조로서 조선 지식인들의 생활 양상까지 바꾸기에 이르렀다.

　정조 사후, 북학은 가속화되었고 연행은 지식인의 필수 코스가 되었다. 그래서 나는 19세기를 '연행을 통한 북학의 시대'라고 말한다. 김정희는 연행과 북학의 시대, 19세기를 상징하는 인물이다. 영조 때 영의정을 지낸 김흥경金興慶(1677~1750)은 김정희의 고조부인데, 막내 아들 김한신金漢藎(1720~1758)이 13세에 영조의 둘째 딸 화순옹주和順翁主와 결혼하여 월성위月城尉에 책봉되었다. 영조와 사돈을 맺은 것이다. 하지만 월성위는 후사를 두지 못한 채 죽었고, 화순옹주 또한 남편을 따라 세상을 떴다. 그러자 큰형 김한정金漢楨(1702~1764)의 셋째 아들 김이주金頤柱(1730~1797)를 양자로 들여 월성위 부부의 제사를 받들게 했다. 김이주는 아들 넷을 두었는데, 큰아들이 김노영金魯永(1747~1797)이고 넷째 아들이 김노경金魯敬(1766~1837)이다. 그런데 김노영이 후사도 없이 사망하자, 이번에는 김노경의 큰아들 김정희를 김노영에게 양자로 보내 월성위 부부의 제사를 받들게 하였다. 이로써 김정희는 명실상부한 조선 왕실의 일원이 되었다.

　김정희는 십대 때부터 청조의 학술과 문화를 습득하고 익히는 데 전력을 기울였다. 그 때문에 24세라는 비교적 늦은 나이에 생원시生員試에 합격하였고, 합격하자마자 연행을 가는 아버지 김노경을 따라 나섰다. 김정희는 연경에서 자신의 인생에 가장 큰 영향을 끼친 두 사람의 스승을 만나게 된다. 바로 완원阮元과 옹방강翁方綱이다. 이들은 당시 청나라를 대표하는 지식인이었는데, 박제가와 유득공과 교유하며 조선에도 이미 알려져 있었다. 특히 김정희는 연행하기 훨씬 오래전부터 옹방강의 글씨를 비롯한 자료들을 한 방 가득히 쌓아놓고 당호를 '보담재寶覃齋'라 할 정도로 옹방강을 흠모했다. 옹방강의 호가 담계覃溪였는데, 담계를 존경한다는 뜻을 담았던 것이다. 이뿐만이 아니었다. 한 번도 만난 적 없는 옹방강을 꿈에서 만나기까지 했다.

연경에 도착한 김정희는 여러 젊은 학자들과 어울렸다. 그러나 귀국할 날이 얼마 남지 않았는데 그토록 만나고 싶었던 옹방강은 만날 길이 없었다. 78세 노인 옹방강은 낯선 손님을 잘 만나주지 않았다. 온갖 노력 끝에 김정희는 귀국을 며칠 앞둔 1월 말경, 마침내 옹방강의 서재 소재蘇齋에서 그를 만나게 된다. 김정희는 그곳에 소장되어 있던 온갖 귀한 보물들을 마음껏 구경했다. 또한 옹방강으로부터 직접 경학에 관한 여러 가지 가르침을 받았다. 두 달이 채 되지 않는 짧은 체류였지만, 연행은 김정희 인생의 항로를 바꾸어놓았다. 김정희는 귀국한 뒤 과거 시험과는 거리를 둔 생활을 했다. 대신 옹방강과 편지를 주고받으며 청나라 학문의 정수를 흡수했다. 이런 가르침은 옹방강이 1818년 사망할 때까지 8년 동안이나 이어졌다. 이 기간에 김정희는 평생 사용할 학문의 양식을 마련한 셈이었다. 다음 해인 1819년 문과文科에 급제한 김정희는 비로소 관직에 진출했다.

김정희가 연행에서 얻은 가장 큰 소득은 스승의 연을 맺고 친구를 얻은 일이었다. 옹방강, 옹수곤翁樹崑 부자와 완원은 그 대표적 인물이다. 옹방강은 청나라 고증학을 수용하는 데 결정적 역할을 했고, 완원은 추사체 탄생의 이론적 근거를 제공했다. 또한 옹방강의 아들 옹수곤과의 교유는 김정희 금석학 탄생의 직접적 계기가 되었다. 옹수곤은 조선 학자들을 통해 조선 금석문을 수집하고 연구했다. 그 중심에 김정희가 있었다. 옹수곤은 금석문을 연구하는 과정에서 의문점을 김정희에게 물었고, 김정희는 그 과정에서 금석문의 연구 방법론을 터득했던 것이다. 그런데 1815년에 옹수곤이 갑자기 사망했다. 이후 김정희는 본격적으로 조선 금석문 연구에 뛰어들었다. 그 결과 1816년에는 북한산 진흥왕순수비를 고증하였고, 1817년에는 15일간 경주 여행에서「문무왕비」,「무장사비」등을 발굴하는 성과를 거두었다. 비로소 김정희가 명실상부한 조선 금석학의 개창자로 우뚝 서게 된 것이다.

3

필자가 금석학자로서 김정희란 이름을 접한 것은 중고등학교 시절 역사책에 그가 쓴『예당금석과안록』을 통해서였다. 내용도 잘 모르면서 그저 김정희와 그가 지은 저서의 이름만 외우던 때였다. 세월이 흘러 훗날 김정희에 관심을 가지고 그의 글을 읽으면서 한 가지 이상한 점을 발견했다. 김정희의 문집『완당선생전집』에는『예당금석과안록』이 실려 있지 않다는 사실이었다. 대신「진흥이비고」라는 글이 실려 있었다. 혼란스러웠다. 알아보니 『예당금석과안록』과 동일한 내용이었다. 어떻게 된 일일까? 궁금증은 컸지만 사실을 확인할 방법은 없었다. 관련 서적을 읽어봤지만 누구도 답을 주지는 않았다. 결국 직접 해결할 수밖에 없었다. 참으로 이상한 일이었다. 김정희 금석학 연구는 결국 나 스스로 궁금증을 풀기 위해서 시작한 것이다.

김정희는 만년에 자신의 저술을 불태워버렸다. 문집에 실린 글은 편지와 서화에 쓴 제발문이 대부분이었다. 김정희의 학문과 예술 세계 깊은 곳까지 접근이 쉬울 리 없었다. 최완수 선생이 번역한 『추사집』과 간송미술관에서 간행한 『간송문화』는 추사 연구의 길잡이가 되었다. 이 책들을 읽으며 나는 200년 전으로 돌아가 김정희를 만나는 꿈을 꾸곤 했다. 그리고 다시 후지쓰카 지카시藤塚鄰의 저서 『淸朝文化東傳の硏究』(내가 본 책은 박희영 씨가 번역한 『추사 김정희 또 다른 얼굴』이다)를 만났다. 경학자經學者로서 김정희의 모습을 새롭게 인식하는 계기가 되었지만, 한편으로는 김정희 연구에 대한 절망감을 느꼈다. 그의 저서에 담겨 있는 방대한 자료뿐 아니라, 그가 수집했던 자료들이 사라져버렸다는 사실 때문이었다. 그렇다면 김정희에 대한 연구는 어떻게 해야 할 것인가? 김정희의 저작이 남아 있지 않은 상황에서 방법은 하나뿐이었다. 나는 후지쓰카 지카시의 길을 따르기로 마음먹었다. 나 역시 김정희의 사라진 저술과 그가 남긴 흔적을 찾기 시작했다. 그렇게 20년이라는 세월이 흘렀다.

2002년에 나의 김정희 연구에서 중대한 사건이 터졌다. 유홍준의 『완당평전』이 기폭제였다. 나는 그 책을 구입한 날 저녁에 설렘 속에 3권을 모두 읽었다. 그러나 설렘은 황당함으로 바뀌었고, 황당함은 분노로 이어졌다. 후지쓰카 지카시라는 일본 학자의 연구 성과는 저자의 연구 성과로 바뀌어 있었고, 고증 없는 서술로 일관되어 있었다. 어떤 부분은 사실과 전혀 다른 내용이 몇 장에 걸쳐 서술되어 있기도 했다. 반면에 저자가 새롭게 밝혀낸 사실은 거의 없었다. 연구의 흔적은 찾아볼 수 없는 이야기만 나열된 것으로밖에 보이지 않았다. 고민은 이어졌고 「완당평전, 무엇이 문제인가?」라는 논문을 '문헌과 해석'이란 연구 모임에서 발표했다. 그리고 얼마 후 내 글은 신문 기사로 세상에 알려졌다. 반향은 컸다. 신문 기사의 초점은 200군데가 넘는 오류의 숫자에 있었지만, 가장 큰 문제는 김정희란 인물을 바라보는 인식에 있었다. 어쩌면 이 같은 인식의 차이에서 비롯된 문제는 당시 김정희의 학문에 관한 연구 수준을 대변하는 것일지도 모른다는 생각이 들었다.

그런데 '문헌과 해석' 모임에서 「완당평전, 무엇이 문제인가?」를 발표한 다음 날, 인사동에서 김정희 관련 필사본 서적을 가지고 있다는 고서점 주인을 만났다. 그리고 다음 날인 일요일 아침 일찍 전화를 걸어 방문 의사를 밝히자 고서점 주인은 기꺼이 허락했다. 그 고서점에 들어선 순간, 내 눈길은 한쪽에 쌓여 있던 필사본에 쏠렸고, 그 속에서 뜻하지 않게 김정희 관련 자료들이 쏟아졌다. 김정희의 또 다른 금석학 연구서『해동비고』는 그렇게 발견되었다. 그때까지만 해도 김정희의 금석학 연구 성과는 오직『예당금석과안록』(또는「진흥이비고」)뿐이었다. 이는 북한산과 황초령에 있던 '진흥왕순수비'를 연구한 글이었다. 그러나 김정희의 금석학 저작이 '진흥왕순수비'에 관한 연구뿐이라는 게 조선 금석학의 비조라는 명성과 거리가 있다고 여겼던 것도 사실이었다.『해동비고』에는 모두 7종의 비문에 관한 김정희의 연구 논문이 실려 있다. 이제까지 한 번도 언급된 적 없는 새로운 내용이었다. 이를 통해 김정희 금석학의 깊이와 넓이를 확인할 수 있었다.『완당평전』에 대한 문제 제기와『해동비고』의 발굴에 이르기까지 마치 누군가 김정희의 학문과 연구 세계로 잡아 이끄는 절묘한 인연의 연속이었다. 이후에도 김정희의 새로운 자료들이 속속 등장하면서 내게 김정희 연구를 강요했다. 나의 김정희 금석학 연구 또한 이렇게 시작되었다.

4

2007년『해동비고』발굴 사실을 소개하면서 나의 김정희 금석학 연구는 새로운 전기를 맞이했다. 그 사이 김정희 금석학에 큰 영향을 준 유득공을 금석학자로 자리매김하는 논문을 발표했다. 유득공에 대한 연구를 하면서 김정희 금석학과의 연관성만이 아니라, 김정희 이전 시대의 금석학에도 관심을 가지게 되었다. 2010년 석사학위 논문으로「추사 김정희의 금석학 연구—역사 고증적 측면을 중심으로」를 제출했다. 김정희 금석학의 성립 과정을 추적하고 『해동비고』라는 김정희의 금석학 저작을 소개하는 내용이었다. 하지만 김정희의 금석학은 역사 고증적 측면에만 있지 않다. 김정희가 신관호에게 보낸 다음 편지에는 금석학에 대한 그의 생각이 잘 드러나 있다.

금석학은 본디 하나의 문호門戶가 따로 있는데도 우리나라 사람들은 이런 것이 있는 줄 알지 못합니다. 그래서 요즘 전서篆書, 예서隸書를 쓰는 여러 서가들은 단지 그 원본原本에 나아가 한 통만을 베껴낼 뿐이지, 경사經史에 도움이 된다거나 팔분八分과 고예古隸의 차이와 편방偏旁의 변천에 대해 언제 연구해본 적이 있었습니까?

금석학이 역사와 경전의 고증에 도움이 될 뿐만 아니라, 서법書法의 고증에서도 아주 중요하다는 사실을 이야기하고 있다. 당시 조선의 지식인들은 금석문을 법첩法帖과 동일시하고 있었다. 역사와 경전의 고증에 이용하는 경우도 거의 없었고, 서체의 차이나 편방의 변천에 대해서는 아무런 연구가 없었다. 금석문에 관심이 있다고 해도 겨우 그 글씨를 모범 삼아 베껴내는 데 급급할 뿐이었다. 한마디로 여러 서가들에게는 금석학이 학문으로 인식되지 않았던 것이다.

다시 몇 년의 시간이 흐른 2014년 여름에 나는 박사학위 논문으로 「조선 시대 금석학 연구」를 제출했다. 조선 시대 금석학 자료들을 체계적으로 정리하고 김정희에 이르기까지 조선 시대 금석문이 어떻게 인식되었는지 시기에 따른 흐름을 살펴본 것인데, 김정희의 서법 고증 금석학에 대해서도 그 일단을 밝혀놓았다. 김정희가 비록 서법 고증에 관한 별도의 논문은 남기지 않았지만 다행히 김정희 말년 제자인 조면호趙冕鎬의 글에서 어느 정도 윤곽을 잡을 수 있었다. 물론 '추사체' 자체가 살아 있는 논문이자 그의 서법 고증 금석학 연구의 수준을 보여주는 것이지만, 이로써 부족하나마 김정희 금석학의 전모를 이야기할 수 있게 되었다.

5

김정희는 청나라의 학술과 문화에 대한 깊은 이해를 바탕으로 시·서·화에서부터 감상·금석학·경학에 이르기까지 전혀 새로운 차원에서 자신만의 경지를 쌓아 19세기 북학의 종장宗匠으로서 조선 학예의 관문으로 군림한 인물이다. 따라서 19세기 학문과 예술의 연구에서 김정희와의 만남은 피할 수 없는 일이다. 그런 김정희 학문의 본령은 고증학이고, 금석학은 그 중심에 있다. 김정희 금석학에 대한 이해가 필요한 이유다.

이 책에서 나는 김정희의 금석학을 역사 고증과 서법 고증이란 측면에서 살펴보았다. 역사 고증 측면에서 김정희의 금석학 연구는 우리의 금석문을 대상으로 했다는 데 큰 의미가 있다. 김정희는 중국의 금석문도 공부했지만, 역사 고증 측면에서는 별다른 연구를 하지 않았다. 중국의 금석문 연구는 어디까지나 방법론을 확보하는 데 의미가 있었다. 중국인에게 특별한 대상이었던 조선 금석문을 연구하여 청나라 학인들에게 그 가치를 인정받고 싶었기 때문이다. 김정희 금석학의 특수성이다. 반면에 서법 측면에서는 중국의 금석문을 연구했다. 서법의 원류가 중국에 있었고, 그들의 인정을 받기 위해서는 그들이 원하는 공부를 해야 했기 때문이다. 김정희 금석학의 보편성이다.

이처럼 김정희의 금석학은 특수성과 보편성이 절묘하게 어우러져 있다고 할 것이다. 이는 그의 학문적 지향이 국내가 아닌 해외였기 때문일 것이다.

김정희가 쓴 대련對聯 중에 "호고유시수단갈好古有時搜斷碣, 연경누일파음시硏經累日罷吟詩"가 있다. "옛것을 좋아하여 때로는 깨진 빗돌을 찾아다녔고, 경전을 연구하느라 여러 날 시 읊기도 그만뒀다"는 뜻이다. 이 구절은 마치 젊은 시절 김정희의 모습을 보는 듯하다. '수단갈搜斷碣'은 금석학金石學에 몰두해 있는 모습을, '연경硏經'은 경학經學에 빠져 있는 모습을, 그리고 '음시吟詩'는 시학詩學을 공부하던 모습이다. '호고好古'라는 두 글자는 김정희의 학문과 예술 세계를 관통하는 핵심 사상이다. 옛것을 좋아하다 보니(好古) 옛것을 본받게 되고(法古), 옛것을 제대로 본받는 것이 바로 새로운 세계를 만들어내는 바탕이 되는 것이다(創新). 김정희의 역사 고증 금석학과 추사체는 바로 '호고'의 정신이 빚어낸 산물이다. 이제 깨진 빗돌을 찾아다녔던 김정희의 발길을 함께 따라가며 그가 빚어낸 세계를 엿보도록 하자.

이 책이 나오기까지 참으로 오랜 시간이 흘렀다. 너머북스 이재민 사장은 7년이 넘는 시간을 기다려주었다. 그 사이 나는 학위를 마쳤고, 새롭게 발굴된 자료를 보완할 기회를 가졌다. 내 욕심 때문에 빚어진 일이기에 고마움보다는 미안함이 앞선다. 그러나 무엇보다도 감격스러운 점은 내년이면 김정희가 북한산 진흥왕순수비를 고증한 지 200년이 된다는 것이다. 조선에 금석학이 태동한 지 200년이 되는 해이기도 하다. 이 책이 김정희의 학예를 기리는 데 조그만 보탬이 됐으면 하는 바람이다.

2015년 6월

수경실에서 박철상

1장

조선 시대 금석학, 취미인가? 학문인가?

〚 조선 전기의 금석학 〛

조선 시대 문인들은 수많은 금석문 탁본첩을 제작하여 서법의 교본으로 사용했다. 그런데 김정희金正喜(1786~1856)는 조선 시대 문인들이 금석문을 학문으로 여기지 않았다고 말했다. 무엇 때문일까? 조선 시대 문인들은 금석문을 감상鑑賞과 고증考證이라는 측면에서 인식했다. 고증은 경전經典 고증, 역사歷史 고증, 서법書法 고증으로 나눌 수 있다. 따라서 문인들이 남긴 금석문 탁본첩과 금석문 저작을 중심으로 금석문에 대한 시기별 인식의 변화를 살펴볼 필요가 있다. 김정희 이전의 문인들은 금석학을 어떻게 인식했고, 김정희는 어떻게 금석학을 연구하게 되었는지 살펴보는 데 유용할 것이다.

중국의 금석학은 송대宋代에 크게 융성하였으나 원대元代와 명대明

代에는 별다른 진전이 없었다. 우리나라의 경우에도 송나라와 교유가 많았던 고려 시대에 중국의 금석학 저술들이 수입되었을 가능성이 크지만, 현전하는 자료로는 확인이 어렵다. 그러나 고려와 활발하게 교류했던 원나라에서도 금석학 연구가 없었던 점을 감안하면, 고려 후기에 금석학이 유행하지는 않았을 것이다. 더욱이 고려 말에는 이제현 등의 고려 문인들이 조맹부 등 원나라 명가들과 직접 교유하면서 그들의 친필 서첩이 고려로 유입되었기 때문에 금석학이 주목받지 못했을 것이다. 그러나 금석문 탁본은 꾸준히 제작되었고, 왕실을 중심으로 각첩刻帖(나무나 돌에 글자를 새겨 인쇄한 글씨첩)도 계속 만들었다.

중국 명대는 송대에 흥기했던 금석학이 쇠퇴한 시기이다. 반면에 수많은 법첩法帖(후대에 모범이 될 만한 명필의 글씨를 인쇄한 글씨첩)이 제작되어 서법 학습의 교범으로 이용되었는데, 조선 전기 또한 그와 궤를 같이하고 있다. 따라서 금석문에 대한 관심은 대부분 법첩의 연장선에 있다. 고비古碑에 대한 관심은 서법과 관련되어 나타난다. 금석문을 법첩과 동일하게 인식했기 때문이다.

이 시기의 임금들은 서법에 대한 관심이 높아 왕실을 중심으로 각첩이 많이 제작되었다. 안평대군安平大君(1418~1453)의 『비해당집고첩匪懈堂集古帖』은 그 대표작인데 중국 법첩의 일부와 신라 김생金生(711~?)의 묵적墨蹟을 석각石刻으로 제작한 책이다. 또 신공제申公濟(1469~1536)의 『해동명적海東名迹』은 우리나라 명인들의 글씨를 석각으로 간행한 책인데, 김생의 글씨를 집자集字한 「백월비白月碑」의 일

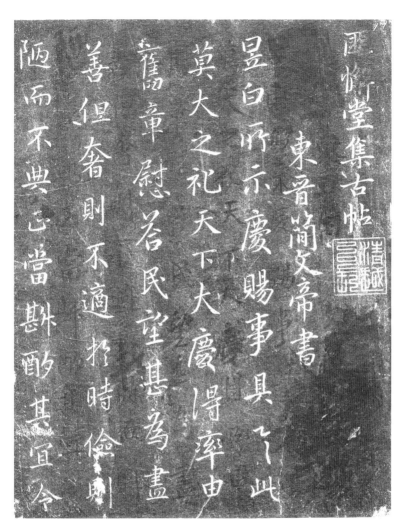

『**비해당집고첩**』 안평대군이 간행한 법첩이다. 임세권 소장

부를 모각模刻했다. 우리나라 명가들의 글씨만 모아 간행한 각첩의 선구적 역할을 했다는 점에서 그 의미를 찾을 수 있다. 문집에 보이는 금석문 관련 기록 또한 대부분 서법과 관련된 것들이다. 그럼에도 「대당평백제국비명大唐平百濟國碑銘」의 석문釋文(금석문의 글자를 해독한 것)이 목판본으로 간행된 것은 조선 전기 금석학을 대표할 만한 사건이다. 명확한 기록은 남아 있지 않지만 판독이 어려운 「대당평백제국비명」의 내용을 이해하기 위한 석문으로 간행된 것이 분명하다. 본격적인 금석학 저술로 보기에는 부족한 면이 있지만, 임진왜란 이전에도 「대당평백제국비명」 탁본이 상당수 유통되었음을 방증한다.

조선 전기는 금석학이 학문으로 정립되기 이전이다. 따라서 금석학 저술이라고 할 만한 것은 거의 없고, 금석문 탁본첩은 전본傳本 확인이 어렵다. 금석학이란 용어를 쓰기에 적절치 못한 부분도 있지만, 이 시기의 금석문에 대한 관심과 각첩의 간행은 조선 후기까지 계승된다.

〖 임진왜란 이후의 금석학 〗

임진왜란을 거치면서 조선 사회는 전 분야에서 변화를 보이는데 금석학도 예외가 아니었다. 가장 큰 변화는 금석문 탁본의 수요 증가였다. 금석학의 연구 대상인 탁본의 수요가 증가한 데에는 대내외적 요인이 있다. 외부 요인으로는 먼저 임진왜란을 거치면서 우리나라 탁본에 대한 수요 증가를 들 수 있다. 『광해군일기』에 보이는 1609년의 기록이다.

원접사遠接使가 신臣에게 편지를 보내 왔습니다. 명나라 사신이 김생이 쓴 영천榮川 「백월비」를 얻어달라고 매우 간절하게 요구하며 말하기를 "만군문萬軍門이 귀국에 사신으로 왔을 때 이 비문을 탁본해갔는데 참으로 천하에 없는 보물이다"라고 했습니다. 명나라 사신이 이처럼 간절히 요구하니 그 요구를 들어주지 않을 수 없습니다. 그가 말한 「백월비」가 과연 영천에 있는지 알 수 없습니다만, 경상감사에게 하유下諭하여 도내에 있는 김생의 글씨를 탁본하여 함께 보내게 하고, 「백월비」는 3, 4건을 먼저 정밀하게 탁본하여 빨리 올려 보내는 게 좋겠습니다.[1]

어제 조사詔使 앞에 김생이 쓴 「백월비」 탁본 5건을 드렸더니 조사가 "아주 좋구나. 또 들으니 귀국에 「인각비麟角碑」가 있다던데 빨리 탁본하여 주기 바란다"고 하였습니다. 이에 신들이 말했습니다. "이 비석은 남쪽 아주 먼 곳에 있으므로 때에 맞게 탁본해오지 못할까 염려됩니다." 그러자 조사가 말했습니다. "비록 중국으로 가는 길에 뒤따라 보내주어도 무방하다." 이 비석은 경상도 의흥현義興縣에 있는 것입니다. 이 뜻을 경상감사에게 하유하여 그로 하여금 주야를 가리지 말고 빨리 탁본하여 보내게 함이 마땅하겠습니다.[2]

「백월비」의 탁본을 떠간 만군문은 정유재란 때 조선에 왔던 명나라 장수 만세덕萬世德이다. 당시 「백월비」만이 아니라 「인각사비」를 비롯한 우리나라 옛 비석의 탁본을 떠갔는데, 그가 명나라로 돌아간 뒤 명나라에 조선의 탁본이 소개된 것으로 보인다. 이후 조선에 오는 사신들마다 조선의 탁본을 요구했던 것이다. 이수광李睟光(1563~1628)의 『지봉유설』에서도 확인된다.

의흥의 「인각사비」는 왕희지의 글씨이고, 영천의 「백월비」는 김생의 글씨이다. 지난번에 명나라 사신 주지번朱之蕃, 양유년梁有年 그리고 웅화熊化 등이 모두 탁본을 떠서 가져갔는데, 중국 사람들의 박문博聞과 옛 것을 좋아함이 저와 같다. 왕희지의 글씨라 하는 것은 대개 집자하여 만든 것이다.[3]

이처럼 조선에 왔던 사신들마다 탁본을 요구한 것은 '인각사비'의 경우처럼 왕희지王羲之(307~365)의 글씨를 집자했기 때문일 것이다. 「백월비」의 경우에도 김생이 고려 시대에 이미 중국에까지 이름이 알려졌기 때문이다. 임진왜란 이전부터 조선의 탁본이 명나라에 선물로 제공되었을 가능성이 있지만, 임진왜란을 거치면서 직접 교유가 늘어나자 그 수요 또한 증가했던 것으로 보인다. 또 한 가지 중요한 요인은 명나라 말기의 서적이 수입되면서 탁본에 대한 관심이 증대했을 것이다. 특히 왕세정王世貞(1526~1590)의 『엄주산인사부고弇州山人四部

「백월비」 탁본 김생의 글씨를 집자했다. 수경실 소장

稿』에는 『묵각발墨刻跋』과 『비각발碑刻跋』이 4권에 걸쳐 212수나 실려 있다. 조선 시대 문인들의 비첩碑帖(비석의 글씨를 탁본 떠 만든 책)과 각첩 제발題跋(서적, 서화, 법첩 등의 작품에 대한 감상이나 기록을 적은 것)에도 영향을 끼쳤을 뿐만 아니라, 금석문에 대한 인식을 새롭게 하는 계기가 되었을 것이다. 진계유陳繼儒의 『암서유사巖棲幽事』를 비롯한 소품문 小品文에 등장하는 금석문에 관한 기록 또한 당시 문인들이 금석문 탁본에 관심을 갖게 하는 한 요인으로 작용했다. 『암서유사』에서 몇 가지 예를 들어보겠다.

고첩古帖을 찾아 책상 위에 두면 그 유익함이 다섯 가지다.

긴긴 하루를 소일하며 속세의 마음을 씻어낼 수 있는 게 첫 번째 유익함이다.

육서六書의 종파宗派를 구별하는 게 두 번째 유익함이다.

고문古文과 기자奇字를 많이 알게 되는 것이 세 번째 유익함이다.

선현의 풍류와 운태韻態가 마치 붓 끝에 있는 듯하고, 그들의 잃어버린 행적과 사라진 호적을 찾을 수 있으며 택묘宅墓와 교유하는 것이 네 번째 유익함이다.

탑본搨本을 뜰 필요 없이 날마다 머리를 맞대고 있으니 마치 훈수법熏修法처럼 저절로 깨닫게 되는 것이 다섯 번째 유익함이다.[4]

금석金石, 정이鼎彝, 죽간竹簡의 고문古文은 육서六書를 바로잡을 수 있고, 육서의 자획은 오히려 육경六經의 틀린 글자를 바로잡을 수 있다.[5]

경經·사史·자子·집集은 말로써 서로 전하지만 비각碑刻은 고인의 수적手迹이 함께 남아 있으므로 옛것을 좋아하고 독서를 통해 옛 사람을 벗으로 삼는 선비는 서로 함께 찾아가며 이것을 전한다.[6]

이러한 기록들은 서법의 학습이라는 비첩 본래의 기능 이외에도 감상을 통해 고인과 만나는 장소가 된다는 것을 말해준다. 비첩이나 각첩이 그림처럼 감상의 대상이 되기도 한 것이다.

하지만 이러한 외부 요인만 있는 게 아니다. 내부 요인 또한 찾아볼 수 있다. 첫 번째는 임진왜란을 거치면서 깡그리 사라져버린 임진왜란 이전의 법첩 문화를 회복하는 것이다. 이는 왕실에서부터 시작되었다. 역대 임금들의 어필을 모아 각첩으로 간행하고 역대 금석문에 남아 있던 글씨를 모은 법첩을 제작하기도 했다. 이와 함께 탁본의 일부분을 잘라 만든 집첩도 제작되었다. 또 다른 내부 요인은 주자학朱子學이 정착되면서 주자朱子의 모든 문집이 읽혔으며, 그 과정에서 금석문에 대한 주자의 기호嗜好 또한 함께 수용되었다는 점이다.

내가 젊어서 옛 금석문자를 좋아했지만 집이 가난해서 그 책을 가질 수 없었다. 다만 때때로 구양수가 모은 『집고록集古錄』을 가져다 그 서문과 발문 그리고 변증한 말을 보는 것으로 즐거움을 삼았다. 마음에 맞는 것을 마주칠 때면 황홀하여 마치 손으로 그 금석을 어루만지며 눈으로 그 글자를 읽는 듯했다. 그러나 몸은 빈천하고 힘들게 쓸쓸히 시골구석

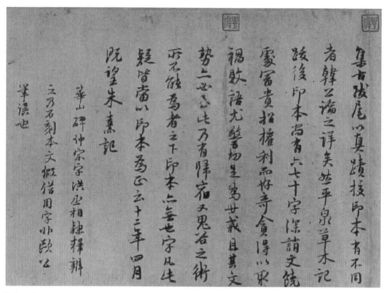

『제구양공금석록서진적』 주희의 친필이다. 소장처 미상

에 살고 있어 공께서 한 것처럼 얻고 싶은 것을 다 얻을 수 없는 게 한스러우니 자고 먹어도 하루 종일 즐겁지 않기도 하였다.

천남泉南에 와서 또 동무東武 조명성의 『금석록金石錄』을 얻어 보니 대략 구양수의 책과 같았다. 그러나 전서銓序는 더욱 조리 있고, 고증은 더욱 정박精博하여 내 마음도 이를 더욱 좋아했다. 이에 비로소 상자를 열어 보고서 돌아가신 선군자께서 소장한 것과 내가 뒤에 더 늘린 것까지 몇십 종을 얻었다. 비록 많지는 않더라도 모두가 기고奇古하고 완상할 만하여 모두 표식을 더하고 각석刻石의 크기에 따라 횡축橫軸을 넣어 벽 사이에 걸어두었다.[7]

주희朱熹(1130~1200)가 20대 중반인 1156년 8월 22일에 쓴 글이다. 이 글 하나만으로도 주희가 금석문에 얼마나 관심이 많았는지 짐작할 수 있다. 게다가 송나라를 대표하는 구양수歐陽脩의『집고록』과 조명성趙明誠의『금석록』을 탐독하는 주희의 모습에서 금석학자로서의 면모를 엿볼 수 있다. 주희의 이러한 관심은 구양수의 진적眞蹟『금석록서金石錄序』와『집고록발미集古錄跋尾』뒤에 글을 남기게 된다.[8]

이 같은 배경 속에서 금석문 탁본은 집첩集帖(여러 종의 금석문을 실은 탁본첩) 또는 단첩單帖(한 종의 금석문만 실은 탁본첩)의 형태로 제작되었고, 금석문을 돌이나 나무에 새겨 책으로 찍어낸 각첩이 만들어졌다. 현전하지는 않지만 이후원李厚源의『금석록』을 시작으로 조속趙涑의『금석청완金石淸玩』, 조선 선조 임금의 손자 낭선군朗善君 이우李俁(1637~1693)와 낭원군朗原君 이간李侃(1640~1699) 형제의 금석문 탁본첩이 주목할 만하다. 그중 낭원군의『대동금석서大東金石書』[9]는 수록된 탁본의 수량이나 질적인 면에서 최고의 탁본첩이라 할 만하다. 금석문 탁본의 일부만 잘라 장첩粧帖(글씨나 그림 등을 책의 형태로 만든 것)한 것인데, 금석문 전체의 모습을 볼 수 없다는 아쉬움이 있지만 후대의 역사 고증 측면에서 금석문을 연구할 때 중요한 자료로 취급되었다. 시간이 흐르면 금석문은 자연히 파괴되는데 이때 제작된 탁본첩에는 후대 탁본첩에서 볼 수 없는 글자가 남아 있는 경우도 있기 때문이다.『제금석지문諸金石之文』이나 편자 미상의 10책본『금석청완金石淸玩』또한 같은 성격의 책이다.

『대동금석서』 낭원군이 간행한 탁본첩의 표지.
남동신 선생님 제공. 일본 천리대학교 소장

　낭선군은 『동국명필첩東國名筆帖』이라는 석각첩을 제작하기도 했
다. 임진왜란 이전의 왕실 각첩 제작의 전통을 이은 것으로 신라 시대
부터 조선 중기에 이르기까지 25명의 글씨를 석각하여 간행한 것이
다. 특히 고려 시대 이전 인물들의 글씨는 대부분 비문의 탁본을 이용
했다. 금석문이 석각으로 재생산되어 유통된 것인데, 금석문에 남아
있는 글씨의 가치를 높게 평가했다는 데 그 의미가 있다. 또 목판본
『대동서법大東書法』은 임진왜란 이전 각첩의 전통을 이었다는 점에서,
목판본 『서화담비명徐花潭碑銘』은 서법 측면에서 비문 탁본을 각첩으
로 제작했다는 점에서 의미를 찾을 수 있다. 김수증金壽增(1624~1701)

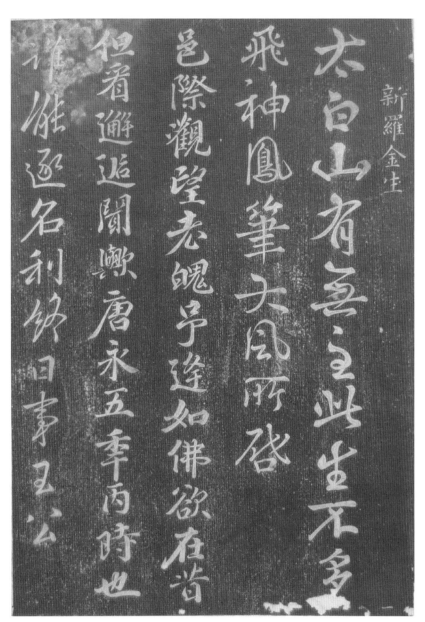

太白山有無之此生不多
飛神鳳筆大風所啓
邑際觀望老魄于逢如佛欲在沓
但看邂逅鬪歟唐永五年丙時也
誰惟邇名利卻日事王公
新羅金生

『동국명필첩』 낭선군이 간행한 법첩이다. 수경실 소장은 진秦나라 이사李斯가 쓴『역산비명繹山碑銘』을 석각으로 간행했다. 여기에 주목해야 할 것은 송나라 정문보鄭文寶의 발문,『구양공집고록발歐陽公集古錄跋』,『조명성금석록발趙明誠金石錄跋』,『왕엄주묵적발王弇州墨迹跋』등이 함께 실린 점이다. 중국의 주요 금석학 저술에 보이는『역산비명』에 관한 기록을 모아 놓은 것이다. 금석학이 학문으로서 그 싹을 틔운 것이라 할 수 있다.

또 이 시기에 주목해야 할 금석학 저술은 금석문 목록집의 제작이다.『대동금석서』를 제작하며 함께 만든 목록집이 널리 유통되기도 했다. 전국 246개 군현에 소재하는 3,593종의 금석문이 실린『금석기金石記』는 가장 많은 금석문이 실려 있기도 하지만, 군현별로 정리되어 있다는 점에서 그 의미가 크다고 할 수 있다. 더불어 문집에는 다양한 금석문 제발과 시문詩文들이 남아 있어 당시 금석문에 대한 인식의 수준을 가늠하게 해준다.

이 시기의 금석학은 경전 고증이나 역사 고증과 관련된 저술을 찾기 어렵다. 탁본 역시 임진왜란 이전과 마찬가지로 법첩의 기능뿐만 아니라 감상적 측면에서 제작되었다. 하지만 김수증의『역산비명』간행에서 볼 수 있듯이 서법 고증 측면에서 금석학에 대한 관심이 나타나기 시작했다. 중요한 점은 금석문 탁본첩과 목록의 정리로 향후 역사 고증 금석학이 전개될 수 있는 기반을 마련한 것이다.

〚 조선 후기 금석문, 감상에서 고증으로 〛

17세기를 지나면서 임진왜란 이후 일었던 금석문에 대한 다양한 관심은 조금 시들해졌다. 금석문 탁본첩 제작이 빈번해지고, 금석문 목록집 등이 편찬되면서 우리나라 금석문 정리가 어느 정도 마무리됐기 때문일 것이다. 더불어 금석문 연구 방법론의 부재도 한 이유가 될 것이다. 그러나 영조 시대에 이르러 새로운 형태의 금석문에 대한 관심이 일었다. 그것은 건비建碑의 증가라는 사회 현상과도 관계가 있다. 임진왜란 이전만 해도 우리나라에는 호사가들이 적어서 재상宰相이 죽어도 비갈碑碣을 쓰는 일이 많지 않았지만,[10] 성리학이 정착되면서 조상을 기리는 일이 유가의 중요한 덕목이었기 때문에 묘도문자墓道文字가 증가하고 건비가 증가하게 되었다. 건비가 증가하자 본을 삼을 만한 비문이 필요했고, 기존 비문에 대한 관심도 함께 증대된 것이다.

이 시기에는 거질巨帙의 금석문 탁본첩이 만들어지기 시작했다. 글씨를 감상하기 위해 탁본의 일부를 잘라 장첩하던 방식에서 벗어나, 금석문 전체의 내용을 파악하는 데 관심을 두고 금석문 전체의 탁본을 잘라 장첩하는 방식으로 바뀌었다. 금석문의 글씨에만 관심을 두던 데서 벗어나 금석문의 내용과 형식에 관심을 두기 시작했다는 방증이다. 그에 따라 2,000점이 넘는 금석문 탁본이 수록된 거질의 탁본첩이 등장했다. 당시 『금석록』이란 이름의 탁본첩이 5종 있었다고 하는데, 현재 확인된 것은 규장각 소장의 『금석록』과 김재로金在魯, 유척기俞拓基의 『금석록』이 있다.

김재로는 200첩이 넘는 탁본첩 『금석록』을 제작하였고, 그가 죽은 후 그의 집안에서는 246첩이나 되는 『금석집첩金石集帖』을 만들었다. 유척기 또한 거질의 금석문 탁본첩을 만든 것이 분명한데, 현전하는 것은 한 첩뿐이다. 이들은 또 자신들이 가지고 있던 금석문을 분류하고 정리한 목록집을 만들었는데, 이전의 목록과는 달리 체계적으로 분류했다. 이와 함께 금석문의 글자를 해독하는 석문이 만들어지고 고석考釋(금석문의 글자나 의미를 고증하고 해석함)이 이루어졌다. 박지원朴趾源(1737~1805)이 편찬한 『삼한총서三韓叢書』의 하나로 편입된 「금석록金石錄」이 그 대표작이다. 김정희의 금석학 저술에는 미치지 못하지만 이 시기를 대표하는 금석학 저술이다. 문집에 있는 다양한 형태의 금석문 제발 또한 후대 금석학 연구에 참고가 된다.

한편 한예漢隸(중국 한나라 시대의 예서)에 대한 관심이 높아졌다. 청초 지식인들의 금석문 저술이 조선에 유입되고, 연행燕行을 통한 한예 탁본의 수입이 증가하면서 나타난 현상이지만, 이 또한 건비의 증대라는 사회 현상과 관련 있다. 비석의 수요가 증가하면서 예서隸書에 대한 관심이 커졌기 때문이다. 윤동석尹東晳의 한예 연구는 대표적이라 할 만하다. 그는 자신이 수집한 한예를 영사影寫(얇은 종이를 글씨 위에 올려놓고 베껴낸 것) 하는 등 한예를 익히는 데 가장 큰 중점을 두었으며, 『한예자원간보漢隸字源刊補』를 저술하고 팔분八分(주로 동한 시대의

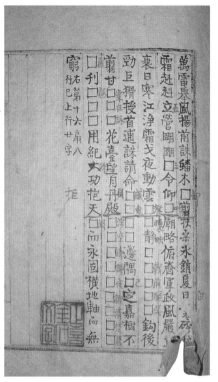

「금석록」 박지원이 편찬한 『삼한총서』에 편입되어 있다. □ 옆의 글씨는 김정희가 교정한 것이다. 끝에는 김정희의 인장이 보인다. 국립중앙도서관 소장

예서)과 고예古隸(주로 서한 시대의 예서)의 차이도 연구했다.

　이 시기의 경전 고증 금석학 역시 뚜렷한 흔적을 찾기는 어렵다. 그러나 역사 고증 및 서법 고증 금석학은 연구가 시작되었음을 확인할 수 있다. 특히 정조 시대에 청나라 문사와 조선 문인들의 교유가 활발해지면서 역사 고증 측면의 금석문 연구 성과도 나오기 시작했다. 19세기에 비하면 초보 수준이지만 금석문에 대한 시각이 감상적 측면에

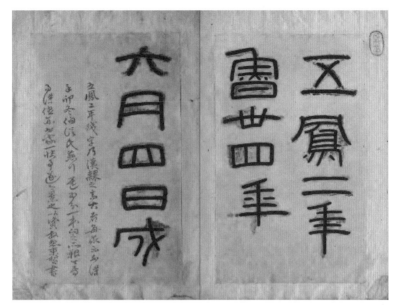

윤동석이 쓴「오봉이년잔자五鳳二年殘字」「오운락사五耘樂事」에 실려 있다.
미국 버클리대학교 동아시아도서관(리치몬드 문고) 소장

서 벗어나 고증적 측면으로 전환하기 시작한 것이다. 별도의 금석학 저술을 남기지는 않지만, 안정복安鼎福(1712~1791)은 자신의 저서 『동사강목東史綱目』에서「신라진흥왕정계비新羅眞興王定界碑」를 사료로 이용했다.[11] 유득공柳得恭(1749~1807) 역시 별도의 저작을 남기지는 않지만 다양한 형식의 금석문 관련 글과 석문을 남겼으며, 김정희의 금석학 연구에 큰 영향을 끼쳤다.[12] 그는 김정희 이전에 역사 고증 금석학에서 선구적 업적을 남겼다.

서법 고증 금석학에서도 큰 변화가 있었다. 한예에 대한 여러 저술

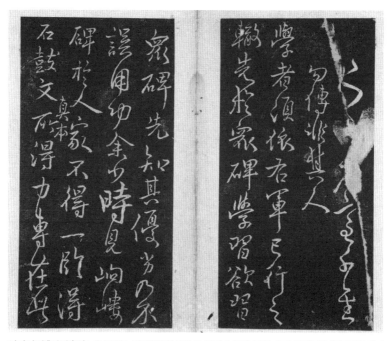

이광사의 『서결書訣』 개성에서 석각石刻한 것으로 알려져 있다. 조선 후기 서예사에서 중요한 의미가 있는 책이다. 수경실 소장

을 남긴 윤동석은 서법 고증 금석학의 선구자로 봐야 할 것이다. 한편 당시 서법으로 조선 사회를 이끌던 이광사李匡師(1705~1777) 역시 여러 비석의 글씨를 학습할 것을 주장하기도 했지만,[13] 이를 금석학으로 보기는 어렵다. 그는 왕희지의 『제필진도후題筆陣圖後』의 내용을 근거로 왕희지가 여러 비석의 글씨를 보고 공부했기 때문에 후학들도 비첩을 익혀야 한다고 주장했다. 아울러 비첩을 제대로 익히려면 먼저 그 우열을 분별할 수 있어야 한다며 비첩에 대한 지식을 강조했다. 그의 말대로라면 그가 금석학을 연구한 것처럼 보이지만, 사실 이광

사의 주장은 금석문을 법첩으로 이해한 것과 동일하다. 서법 고증 측면에서는 특별히 연구한 것이 없었다. 이 때문에 그의 주장은 후에 김정희로부터 강한 비판을 받게 된다. 김정희가 "전서篆書, 예서隸書를 쓰는 여러 서가들은 단지 그 원본原本에 나아가 한 통만을 베껴낼 뿐이지, 경사經史에 도움이 된다거나 팔분八分과 고예古隸의 차이와 편방偏旁(한자의 왼쪽 획과 오른쪽 획)의 변천에 대해 언제 연구해본 적이 있었습니까?"[14]라고 한 것은 이광사를 향한 비판인 것이다.

〖 금석학, 학문으로 자리매김하다 〗

송대에 흥기했던 중국의 금석학은 원·명대에 쇠퇴기를 겪었으나 청대에 이르러 부흥하였고, 결국 청대 학술의 주류가 되었다. 중원을 차지한 청나라는 '문자옥文字獄' 등을 통해 사상을 통제하였고, 이에 경세학은 좌절을 겪어야 했다. 반면에 고염무顧炎武(1613~1682), 염약거閻若璩(1636~1704), 주이준朱彝尊(1629~1709) 등을 필두로 순수 학문인 금석학이 흥기하는 발판이 되었다. 나아가 고거학考據學, 문자학文字學을 비롯하여 서법에까지 영향을 끼쳤다.[15]

　이러한 풍조는 조선의 학술에도 영향을 주었다. 오랑캐로 여기던 청나라에 무릎을 꿇자 조선의 지식인들은 청나라에 적대감을 품고 있었다. 그러나 시간이 흐르고 연행을 통해 청나라의 안정된 모습이 전해지고 그들의 학술과 문물이 유입되면서 점차 청나라에 호감을 갖는 지식인이 늘어났다. 세손 시절부터 청나라 학술과 문물에 관심이 있던 정조가 그 중심에 있었다. 그는 청나라 서적을 체계적으로 수입하는 등 청조 학술과 문물의 제한적 수용을 통해 조선의 개혁을 꿈꾸었다. 이에 연행은 청나라 문물 수입의 중요한 창구가 되었고, 젊은 학자들을 중심으로 북학北學은 유행처럼 번져나갔다. 하지만 정조는 무조건 청조 문물을 유입하는 데에는 찬성하지 않았다. 따라서 그의 생전에는 청조 문물의 유입이 제한적이었다. 그러나 정조가 사망한 뒤로 청조 문물의 유입을 통제할 수 있는 사람은 아무도 없었다.

수많은 청나라 서적들이 물밀듯이 흘러들었다. 연행 때마다 청나라 문사들과 직접 교유가 늘어났고, 교유 때마다 청조 문사들이 요구한 것은 우리나라의 금석문 탁본이었다. 금석문은 청나라 문사들과 교유할 때 최대 관심 사항이었다. 또한 청나라 문사들 중에는 우리나라 금석문을 수집하고 연구하는 인물이 많았는데, 이들을 중심으로 조선 문인과의 교유도 늘어갔다. 그 중심에 김정희가 있었다. 김정희를 중심으로 금석학은 서법 고증 및 역사 고증에서 괄목할 만한 성과를 거두었다. 경전 고증에서도 청나라의 연구 성과가 소개되었다.

이 시기는 조선의 금석학이 학문으로 정립되는 때이다. 북학이 수용되고 청조 문물이 물밀듯이 밀려들면서 금석학 관련 서적도 함께 유입되어 금석학이 학문으로 성립하는 데 크게 기여했다. 더욱이 조선 금석문에 관심을 가지고 수집했던 청조 문사들 중에는 조선 금석문에 대한 연구 성과를 책으로 엮기도 했다. 옹방강翁方綱(1733~1818), 옹수곤翁樹崑(1786~1815) 부자 및 유희해劉喜海(1793~1853)는 대표적 인물이다. 우리나라에서는 김정희가 옹방강 부자와 교유하며 금석학의 연구 방법을 받아들여 조선의 역사 고증적 금석문 연구를 학문으로 정립했다. 조선과 청 양국의 학술 및 문화 교류에서 금석학은 가장 중심적 사안이 되었다.

또 역사 고증 금석학의 연구 방법론을 받아들이면서 탁본의 제작 방식도 변화하기 시작했다. 단순히 탁본을 장책하던 방식에서 벗어나, 직접 비석을 확인하고 금석문의 석문을 작성하며 비도碑圖[16]를 만드는 과정에서 비문 전체의 탁본을 떠서 연구하기에 이른 것이다. 그에 따라 이전 시기와 같은 금석문 탁본첩의 제작은 줄었지만, 탁본을 뜨는 방법과 보관 방법에 변화가 일어났다. 금석학 목록집의 형태에도 변화가 일었다. 단순히 금석문의 명칭과 소재지 및 찬자撰者(글을 지은 사람)와 서자書者(글을 쓴 사람)를 기록하던 방식에서 벗어나 간단한 해제를 붙이거나 고증적 서술을 추가하는 형태로 나타났다. 바로 '방비록訪碑錄'의 형식이다.

이조묵李祖默은『나려임랑고羅麗琳瑯攷』라는 금석학 저술을 간행했다. 고증의 깊이는 차치하고 금석문 연구서가 처음으로 간행되었다는 데서 당시 금석학에 대한 관심의 정도를 엿볼 수 있다. 그리고 김정희에 이르러서는『진흥이비고眞興二碑攷』,『해동비고海東碑攷』같은 전문 연구서가 등장한다(이 책 7장·8장 참조). 김정희의 뒤를 이어 역관

이조묵의 『나려임랑고』 조선 시대에 간행된 금석학 저술로는 유일한 책이다. 수경실 소장

譯官 오경석吳慶錫(1831~1879)의 『삼한금석록三韓金石錄』과 김병선金秉善(1830~?)의 『금석목고람金石目攷覽』이 출현하였다. 그러나 이들의 역사 고증 금석학은 김정희의 연구 성과를 계승한 것이 아니라, 청나라 문인들의 조선 금석문 연구 성과를 재수입한 것이다. 김정희의 금석학이 청나라 문인들을 통해 전해졌지만, 정작 조선에서는 그의 금석학적 연구 성과를 아는 사람이 없었다. 이러한 사실은 김정희 역사 고증 금석학의 한계라 할 것이다. 아울러 금석문 제발을 많이 남겼는데, 홍경모洪敬謨와 성해응成海應은 대표적 인물이다. 이들을 금석학자로

보긴 어렵지만, 금석문 제발이 이미 19세기를 특징짓는 문학 장르의 하나가 되었음을 보여준다. 이유원李裕元(1814~1888)은 『경주이씨금석록慶州李氏金石錄』을 편간했다. 영·정조 이래 건비의 증가와 함께 한 집안의 금석문 탁본을 장첩하여 정리하는 풍속이 유행했는데, 이 책은 그 결정판이라 할 수 있다. 여기서 금석문은 문헌의 하나로 이해됨을 알 수 있다.

서법 고증 금석학에도 큰 변화가 일었다(이하 서법 고증 금석학의 개략적 내용에 대한 상세한 설명은 이 책 9장에서 다루고 있다). 김정희가 완원阮元(1764~1849)의 '남북서파론南北書派論'과 '북비남첩론北碑南帖論'을 수용하여 우리나라에 한예 학습의 열풍을 가져왔기 때문이다. 여기에 청나라를 상징하는 대련對聯(대구對句의 글을 써 대문이나 기둥에 붙이거나 걸어둔 것)이라는 새로운 문화의 수입과 맞물려 그 관심이 더욱 증폭되었다. 특히 김정희는 한예를 모방하던 단계에서 벗어나 '추사체秋史體'라는 공전의 서체를 창조하기에 이르렀다. 김정희는 서법 고증에 관한 체계적인 저술을 남기지는 않았지만 누구보다도 완원의 비학碑學을 깊이 이해하고 연구했는데, 그 실제적 결과물이 '추사체'이다. 한예에 대한 김정희 연구는 '예유남북론隸有南北論'으로 축약된다. 김정희는 또 왕희지 글씨에 대해서도 학습 방법을 새롭게 제시했다. 옹방강의 영향을 받은 것으로 구양순歐陽詢(557~641)을 비롯한 당나라 서가들의 비첩을 통해서만 왕희지를 배울 수 있다는 유당입진由唐入晉의 문경론門徑論이다. 이런 주장의 배경에는 고려 시대 이전의 금석문에 대한 깊은 연구가 바탕이 되었음은 재론의 여지가 없다. 그 과정에서 이광사를 비롯한 우리나라 역대 서가들에 대한 비평이 수반된 것은 당연한 귀결이었다. 흥미로운 점은 역사 고증 금석학은 조선 금석문을 그 주요 대상으로 삼은 데 비해, 서법 고증 금석학은 중국 금석문을 주요 대상으로 삼았다는 사실이다.

김정희의 역사 고증 금석학은 바로 이러한 19세기 조선 금석학의 상징인 것이다. 그러나 중국 금석학이 경전 고증이라는 측면에서 괄목할 만한 성과를 거두었음에도 조선에서는 간단한 소개에 그쳤을 뿐이다. 여기에는 조선 유학자들의 청조 고증학에 대한 불신이 크게 작용한 것으로 풀이된다.

이처럼 조선 시대 금석학은 고증보다는 감상적 측면에서 전승되다가 김정희에 이르러 고증적 측면이 부각되면서 학문으로 정립되기에 이른다. 따라서 김정희의 금석학 역시 역사 고증 및 서법 고증이라는 두 가지 측면에서 살펴봐야 한다.

2장
유득공의 선구적 업적

〚 고대사의 열쇠, 금석문에서 찾다 〛

조선의 금석학은 김정희에 이르러 학문으로 정립되지만 조선 금석학이 김정희 혼자만의 힘으로 하루아침에 완성된 것은 아니다. 김정희 이전에 축적된 수많은 금석문 탁본첩과 연구 성과를 김정희가 흡수하고 이끌어가는 과정에서 조선의 금석학이 정립되었기 때문이다. 특히 유득공은 김정희가 조선 금석학을 학문으로 정립하는 데 결정적 단서를 제공했다. 전문 연구서를 남기지는 않았지만 시문과 필기를 통해 금석학에 관한 그의 관심을 알 수 있다. 또한 그는 금석학 자료를 역사 연구의 보조 수단으로 이용했다. 특히 다음 글은 김정희와 유득공의 학문이 청나라 연경燕京(지금의 베이징)에서 이미 연결되고 있음을 확인할 수 있다.

내가 숙소에 있을 때 두 사람(완원과 유환지)이 함께 수레를 타고 왔다. 뜰을 배회하다가 맞아주는 사람이 없자 실망하여 돌아가려 했다. 내가 캉(炕)에 오르기를 청하여 함께 이야기를 해보니 모두 명사名士였다.

내게 말했다. "지난해 서길사庶吉士로서 벽을 사이에 두고 지내면서 사신들과 서로 알게 되었는데 지난해 왔던 사람은 어찌 한 사람도 오지 않았습니까?"

나는 "꼭 다시 오는 것은 아닙니다"라고 말했다.

완원의 저술 중에 『거제고車制考』가 있는데 기윤紀昀은 그 고증의 정밀함을 극찬했다. 내가 기윤의 말을 들어 이야기했더니 완원이 얼굴에 기쁜 기색을 보이며 내 시집詩集을 보자고 했다. 나는 한림翰林 웅방수熊方受에게 한 부가 있고, 안타깝게도 지금은 가진 게 없다고 말했다. 완원은 "그곳에 가서 찾아보겠습니다"라고 말했다.[1]

1790년 성절겸사은사聖節兼謝恩使의 수행원으로 연행했던 유득공이 연경에서 완원과 유환지劉鐶之(1762~1821)를 만난 장면을 묘사한 것이다. 이때 완원은 27세의 젊은이였다. 『한객건연집韓客巾衍集』을 통해 청조 문사들에게 이름이 알려졌던 유득공이 훗날 청나라를 대표하는 학자로 성장하여 추사 김정희의 스승이 되는 완원과 만나 그의 학문적 깊이를 칭찬하며 격려하는 모습이다. 그뿐만이 아니다. 함께 찾아온 유환지는 청나라를 대표하는 서예가로 학자인 유용劉墉(1719~1804)의 조카이자 추사 김정희를 비롯한 조선의 문사들과 교유

유득공의 「이십일도회고시」 청나라 문인들에게 조선 고대사를 알리는 데 크게 공헌한 책이다.
수경실 소장

하며 『해동금석원海東金石苑』을 편찬한 유희해의 부친이다. 훗날 추사 김정희의 등장을 생각해볼 때 이들의 만남은 상상만으로도 가슴이 벅차오른다. 이 연행에서 유득공은 『이십일도회고시二十一都懷古詩』로 다시 한 번 청조의 문사들에게 시명을 떨친다. 유득공은 뛰어난 시인이자 『발해고渤海考』・『사군지四郡志』를 저술한 역사학자이며 『경도잡지京都雜誌』・『고운당필기古芸堂筆記』 등의 저술을 남긴 문필가였다. 관심의 폭 만큼이나 저술을 많이 남긴 그가 조선 후기 학술 문화사에서 차지하는 비중이 결코 작지 않음을 알 수 있다. 지금까지 발굴된 자료와 정보를 망라한 그의 연보가 만들어지기도 했다.[2]

유득공은 금석문을 단순히 서법의 전범이나 완상의 대상으로만 여긴 것이 아니라, 본격적인 역사 연구의 보조 자료로 인식했다. 이러한 인식 아래 유득공은 각종 금석문을 구하고 이를 판독하는 작업에 임했다. 물론 고대사에 조예가 깊었기에 가능한 일이었다. 역사학에 대한 유득공의 기본 인식은 다음 이야기에서도 분명하게 드러난다.

우리나라 사람들은 고려 승려가 지은 고기古記만을 볼 뿐 여러 역사책을 고증하지 않는다. 그래서 삼한三韓 이전은 모두 아득하여 알 수 없으므로 탄식할 일이다.[3]

일연一然의 『삼국유사』 이외에는 우리 고대사를 제대로 알 수 있는 자료가 없던 상황에서 유득공이 중국의 역사서뿐만 아니라 금석문에 관심을 가졌던 것은 당연한 일이었을 것이다. 그는 고전古錢, 고비古碑, 묘지墓誌 등에 나타난 자료들을 수집하고 분석하여 고대사 연구에 참고 자료로 삼고자 했던 것이다. 유득공은 전문적인 금석학 연구서를 남기지는 않았다. 하지만 그의 저술 곳곳에서 언급된 내용만으로도 금석학 연구에 관한 그의 학문적 깊이를 확인하기에 충분하다. 『이십일도회고시』 「백제 제4수」[4]에서는 소정방 「평제비」와 「유인원기공비劉仁願紀功碑」를 노래하였고, 「신라진흥왕북순비」[5], 「신라삼잔비新羅三殘碑」[6], 「제소정방유인원비후위강산題蘇定方劉仁願碑後爲薑山」[7] 시에서는 그의 연구 성과를 시 속에 표현했다. 『고운당필기』 「나려고비羅麗古碑」 조[8]에서는 「흥법사비興法寺碑」와 「고달원국사혜진탑비高達院國師慧眞塔碑」를 언급했다. 『사군지』와 『고운당필기』에서는 「평제비」와 「유인원기공비」의 석문을 제시했다. 그 밖에 옛날 인장印章이나 묘지墓誌에 관한 기록을 남겼다. 이를 조목별로 살펴보도록 하겠다.

〖시詩 속에 담긴 금석문〗

유득공은 일찍이 『한객건연집』을 통해 이덕무李德懋(1741~1793), 박제
가朴齊家(1750~1805), 이서구李書九(1754~1825)와 함께 중국에까지 사
가시인四家詩人으로 이름을 날렸다. 특히 청나라의 문인 이조원李調元
(1735~1803)은 그의 시를 읽고 '동국東國의 문봉文鳳'이라는 평을 남기
기도 했다. 이처럼 시에 뛰어났던 유득공은 자신이 연구한 금석문을
시로 표현하기도 했다. 먼저 『이십일도회고시』의 「백제 제4수」[9]를 살
펴보자.

욕조는 볼품없이 화장 자국 얼룩지고	浴槽零落浣臙脂
석실에 책 감춘 일 참으로 의심나네	石室藏書事可疑
황량한 들 가을 풀 속 쓸쓸하기 그지없고	時見荒原秋艸裏
행인은 말 멈추고 당비唐碑를 읽고 있네	行人駐馬讀唐碑

　시 자체만 보면 금석문과 관련 없는 듯 보이지만 이 시에는 주석이
달려 있다. 주석이 없으면 조선의 역사를 모르는 중국인들이 이해할
수 없었기 때문이다. 주석 중에서 당비에 관한 부분을 살펴보자.

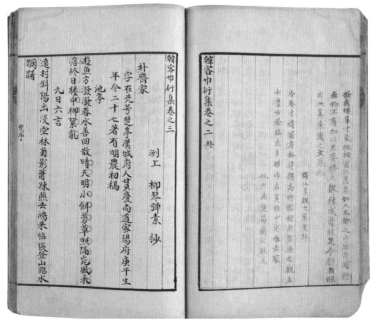

『한객건연집』 유금이 편찬한 네 사람의 시집이다. 오른쪽에 유득공의 시에 대한 중국 문인들의 평가가 기록되어 있다. 수경실 소장

당비唐碑：『부여현지扶餘縣志』에 따르면 현 남쪽 2리에 석탑이 있는데, '대당평백제국비 현경오년세재경신팔월십오일계미건 능주장사판병조하수량찬 낙주하남권회소서大唐平百濟國碑 顯慶五年歲在庚申八月十五日癸未建 陵州長史判兵曹賀遂良撰 洛州河南權懷素書'라 새겨져 있다. 대개 소정방蘇定方의 공적을 기록한 것이다. 문체文體는 변려문騈儷文이고 필법筆法은 굳세다. 마땅히 해동海東 고비古碑 중에서 제일이라 할 것이다. 현의 북쪽 3리에는 또 「유인원기공비」가 있는데 가운데가 끊어져

「**대당평제비**」 **답사** 필자(가운데 탑을 가리키는 이)의 답사 모습을
화가인 최선호 선생이 촬영한 것이다.

있고 글자는 대부분 뭉개져 있다.

「대당평제비」와 「유인원기공비」에 관한 기본 정보를 제공하고 있
다. 이 두 비석에 관해서는 「제소정방유인원비후위강산」[10]이라는 27
구나 되는 장문의 시에서도 자세하게 비문의 내용을 분석하고 있다.
특히 「대당평제비」에 대해서는 석문까지 제시되어 있다. 또 「신라진
흥왕북순비」[11]는 황초령에 있던 「진흥왕순수비」를 노래하고 있다.

몇 구절만 살펴보자.

신라 시대 비석 위의 한나라 예서隸書	新羅碑上漢隸字
1200년 지나도록 없어지지 않았네	千二百年猶未殘
시대를 물어보니 진陳나라 광대光大 연간	問是何世陳光大
고구려, 부여, 예, 맥, 간의 시대로세	句驪夫餘濊貊馯
......	
백성 늘고 땅 넓어져 사람들이 기뻐하니	民土衆廣隣誓歡
공을 세운 신하에게는 벼슬을 내려주네	嘉有功者賜爵餐
문무관의 순서는 신라 말로 적었으니	方言序次文武官
닥부喙部, 대사大舍, 대아간大阿干이라	喙部大舍大阿干
왕희지 글씨를 아직 못 배운 탓인지	當時似未習稧帖
예스럽고 질박한 글자도 볼 만하네	字體古朴斯可觀

유득공은 『고운당필기』에서 「황초령 진흥왕순수비」에 대해 별도의 고증을 하고 나서 이 시를 지었다. 시를 통해 자신의 고증 내용을 요약한 것이다. 이 밖에도 「신라삼잔비」[12]에서는 「무장사비鍪藏寺碑」, 「문무왕비文武王碑」, 「김각간비金角干碑」를 노래하고 있다.

무장鍪藏의 뜻 어디에 있을까?	鍪藏之義果安在
절을 지어 투구와 갑옷을 감췄기 때문이지	有建浮屠韜首鎧

「**황초령비**」 일제강점기의 사진이다.

왕비는 부처님께 부지런히 복을 빌고	椒宮奉佛薦福勤
아미타불 불상은 우뚝 서 있었네	阿彌陀像雄嵬嵬
문무왕비에 담긴 말 뜻 곰곰이 살펴보니	文武王碑攷厥詞
고래가 출현하는 나루에서 뼛가루를 뿌렸다는	粉骨鯨津鄙哉噫
그 의미 저속하구나	
계림의 김씨는 금독金櫝에서 나왔건만	鷄林之金出金櫝
투후柁侯를 끌어대니 의심스럽기 그지없네	更引柁侯令人疑
김각간金角干 김유신	金角干者金庾信
공은 크고 벼슬도 높았네	有大勳勞爵亦峻
신라 말 세련되지 못하다고 여겼는지	應嫌方言不雅馴
비명을 지은 사람 '수특진授特進'이라 했네	撰銘者曰授特進

| 이때는 신라의 모화慕華가 시작되어 | 是時新羅始慕唐 |
| 세 비석 글자체 모두 구양순이네 | 三碑字體皆歐陽 |

　세밀한 고증과 해석을 한 것은 아니지만 각 비석의 주요 내용을 시로 풀이해놓았다. 아울러 끝에는 세 비석의 서체가 구양순체임을 밝혀놓았다. 짧지만 핵심은 모두 들어 있다. 유득공에게 금석문은 고증의 대상인 동시에 시문의 소재였다. 유득공은『고운당필기』에서 이 세 비석도 고증해놓았다.

〚 **필기**筆記 **속에 남긴 금석문** 〛

　유득공은 금석문에 관한 전문적인 저술을 남기지는 않았지만 누구보다도 금석문 연구에 심취해 있었다. 다음 이야기는 금석문 연구에 몰두했던 유득공의 모습을 고스란히 전하고 있다.

　　지금 양근군楊根郡 사람이 밭을 갈다가 조그만 도장을 얻었다. 전문篆文은 ‘선복신원禪福新院’이라 했는데, 아래쪽 두 글자는 반절이 떨어져 나가고 이지러져 있었다. 위에는 해서로 된 관지款識가 있는데 ‘을묘乙卯’라는 두 글자였다. 구리로 된 작은 함 속에 담겨 있었는데 상인이 이를 사가지고 철원군鐵原郡으로 들어갔다. 양근楊根 군수 유득공은 기이한 것을 좋아했다. 소교小校에게 매일 200리씩 달리게 하여 돈을 주고 그것을 구하고는 자신의 집에 수장했다.[13)]

출토된 도장 하나를 얻기 위해 하급 관리에게 말을 달리게 할 정도로 열정적이었던 유득공은 『고운당필기』[14)] 곳곳에 그런 흔적을 남겼다. 『고운당필기』「옥패시玉佩詩」조를 살펴보자.

　승지承旨　서형수徐瀅修(자는 오여五如)가 성천부사成川府使로 있다가 휴가를 얻어 돌아왔다. 내가 그를 찾아가자 조그만 옥 한 조각을 꺼내어 보여주는데 양지색羊脂色(양의 기름 색깔을 닮은 우윳빛)에 이수螭首(뿔이 없는 용의 머리 형상)가 한 쌍 있었다. 한 면에는 산수山水와 평교平橋, 고깃배와 탑이 새겨져 있는데 희미하게 분별할 수 있었다. 다른 한 면에는 다음 시가 새겨져 있었다.

파란 잔디 하얀 돌 물가에 가득하고	綠莎白石滿河洲
끝없는 모래밭은 옅은 물에 씻겨가네	渺渺平沙帶淺流
붉은 나무 푸른 산엔 들어가는 길이 없고	紅樹靑山無路入
행춘교 곁에선 고깃배를 찾는다	行春橋畔覓漁舟

인문印文에는 '자강子剛'이라 하였다. 어디에서 구했는지 묻자 이렇게 말했다. "요 몇 해 사이에 성천부 백성이 밭을 갈다가 주워서 부府에 바

치자, 부사의 아들이 연모하던 기생 일지홍一枝紅에게 지니고 다니게 했다. 훗날 읍내에 사는 유생儒生 아무개에게 귀속되었기에 비싼 값을 주고 구했다."

시정詩情과 화의畵意가 아득하고 각법刻法 또한 신묘하니 틀림없이 중국의 물건일 것이다. 다만 '자강'이 어느 시대의 사람인지는 모르겠다. 훗날의 상고를 기다린다.[15]

역시 인장에 관한 이야기다. 남들은 크게 관심을 기울이지 않던 옛날 인장에 유득공은 세밀히 살피고 기록해두었다. 인장에 관한 것으로는 이 밖에 「인진사인引進使印」조와 「동관방銅關防」조가 있다. 「동관방」은 중국 황제가 이순신 장군에게 하사했다고 전해오는 인장에 관한 유득공의 견해를 밝힌 것이다. 당시 이 인장은 명나라 황제가 이순신을 수군 도독으로 삼으며 하사한 인장으로 알려져 있었지만 유득공은 도독인都督印이 아니라고 결론지었다. 유득공은 명나라 기록을 토대로 이 인장이 명나라에서 이순신에게 하사한 '동관방'이라고 했다. 이순신이 바다를 지키지 못하면 중국 천진까지 왜군이 침범할 수 있기 때문에 이순신에게 이 인장을 하사하여 지키도록 했다는 것이다. 묘지墓誌에 관한 기록도 볼 수 있다. 『고운당필기』「김은열묘지金殷說墓誌」조[16]의 이야기다.

을사년乙巳年(1785) 간에 장단부長湍府 사람이 산골짜기에서 돌 한 조

관방인關防印 명나라 황제가 이순신에게 하사했다고 전해오는 인장이다. 통영 충렬사 소장

각을 얻었는데 이렇게 새겨져 있었다.

"신라 경순왕 김부金溥의 넷째 아들 시중시랑侍中侍郎 고려高麗 평장사平章事 은열殷說이 무진년戊辰年(968) 3월 4일에 죽었다. 기축년己丑年(989)에 성 북쪽 10리에 있는 종암鍾巖 아래의 오룡산五龍山 남쪽 기슭 쌍룡합금雙龍合金의 북쪽(壬坐) 언덕에 장사 지냈다. 형은 일鎰이고 다음은 황湟, 다음은 명종鳴鍾이다. 아우는 중석重錫, 건鍵, 추鍾이다. 아들은 강릉군江陵君 태화泰華이다. 훗날 자손 중에 소고昭考의 뜻이 있을까 하여 묘 위로부터 정북으로 다섯 걸음 되는 곳에 지석을 둔다."

모두 102자인데 자체가 단정하고 돌의 빛깔은 옥과 같았으며 거의 천년이나 된 물건이었다. 대총재大冢宰(이조판서)이신 김공(金思穆)이 은열의 후손이므로 장단 사람으로부터 이를 구하여 탁본을 떠서 한 본을 수

장하고 돌은 묻었다.[17]

「김은열묘지」는 김용선 교수가 『고려묘지명집성』에 수록하여 알려졌다.[18] 이 묘지는 우리나라에서 알려진 묘지 중 가장 오래된 것이다. 그러나 실제 탁본을 판독한 것이 아니고, 『경주김씨족보』(경기 고양, 1985)의 기록을 채록했기 때문에 유득공의 기록과는 차이가 있다. 즉, 경순왕의 이름을 '김부金傅'라 하였으나 유득공은 '김부金溥'로 판독하였고, 형의 이름을 '황鍠'이라 하였으나 유득공은 '황湟'으로 판독했다. 더욱 중요한 것은 유득공이 본 탁본에는 102자가 있었으나 『경주김씨족보』에는 끝부분이 없어졌다는 점이다. 유득공의 기록에 따르면 "훗날 자손 중에 소고의 뜻이 있을까 하여 묘 위로부터 정북으로 다섯 걸음 되는 곳에 지석을 둔다(後其子孫者, 或有昭考之意, 采誌於自墓上正北五步之地.)"는 기록에 해당하는 23자가 누락되었다. 이 부분은 묘지명이 만들어진 시기를 추정하는 데에도 중요한 역할을 한다.[19] 이 묘지를 장단 사람에게서 구입한 사람은 김사목金思穆(1740~1829)이었다. 후손 중 김정집金鼎集(1808~1859)이 개성유수開城留守로 있을 때 묘비墓碑를 세웠는데,[20] 김은열의 묘지를 발견한 시말에 대해 자세히 기록해놓았다. 그러나 본래 묘지의 내용은 실려 있지 않다. 유득공의 기록이 중요한 것도 이 때문이다.

유득공은 비문을 고증하는 데 관심이 깊었다. 『고운당필기』「나려고비」조[21)를 보자. 이 조목에서 유득공은 고려비 3종과 신라 고비 5종에 대해 설명하고 있다. 즉, 「진흥왕북순비」, 「태종왕비」, 「문무왕비」, 「김각간비」, 「무장사비」 등 신라비 5종과 「인각사비」, 「원응국사비」, 「강태사탑명」 등 고려비 3종이다. 이 중에서 신라비 부분만 살펴보도록 하겠다.

지금 태학사太學士인 홍공洪公(홍양호)은 신라의 비문碑文 5종을 소장하고 있는데 「진흥왕북순비」, 「태종왕비」, 「문무왕비」, 「김각간비」, 「무장사비」 등이다. 무오년戊午年(1798) 10월 15일에 빌려 보았는데 잔결殘缺이 많아 대략 읽을 수 있었다.

「진흥왕북순비眞興王北巡碑」 비문에 '진흥태왕眞興太王', '소태조지기찬승왕위紹太祖之基纂承王位', '사방탁경광획민토인국서신화사교통四方託境廣獲民土隣國誓信和使交通', '세차무자추팔월순수○경방채민심歲次戊子秋八月巡狩○境訪採民心', '유공지도가가상작물이장훈효有功之徒可加賞爵物以章勳效', '수가사문도인법장혜인隨駕沙門道人法藏慧忍', '닥부喙部', '대아간大阿干', '대사大舍' 등의 구절이 있었다. 이 비석은 함흥부咸興府 황초령黃草嶺에 있는데, 그 해가 무자戊子라 한 것은 진흥왕 29년으로 중국에서는 진陳나라 임해왕臨海王 2년(568)이니 지금으로부터 1226년 전이다. 우리나라의 고비는 당연히 이 비석을 으뜸으로 쳐야 할 것이다. '닥부', '대아간', '대사'는 신라의 방언으로 직관職官의 명칭을 말한 것이다. 승려를 '도인道人'이라 한 것은 육조六朝의 풍습이다. 이때는 고구려가 막 강성할 때인데 진흥왕이 어떻게 국경을 넓혀 북쪽의 옥저沃沮 땅까지 이르렀는지 모르겠다. 『삼국사』에는 누락되어 있다. 이 비석이 북순北巡하던 날에 세워졌으므로 '진흥태왕'이라 한 것은 호칭이지 시호諡號가 아니다. 서법은 해서와 예서가 섞여 예스럽고 질박하여 사랑스럽다. 또 이른바 '사문도인沙門道人'이란 사람들은 글을 지은 사람들인가?

「태종왕비太宗王碑」는 경주부 소재지 서쪽 5리 왕릉 앞에 있다. 그 비석은 없어졌고 귀부龜趺(거북 모양의 비석 받침돌)와 이수만 남아 있다. 이수의 한 면에는 양각陽刻의 전자篆字 '태종무열왕지비太宗武烈王之碑' 일곱 자가 있다.

「문무왕비文武王碑」는 경주부 사람이 밭을 갈다가 땅 속에서 찾아낸 것이다. 신라의 대사大舍 한눌유韓訥儒가 쓴 것이다. 『동사東史』를 살펴보면 문무왕이 돌아가시자 여러 신하가 유지를 받들어 동해구東海口 큰 돌 위에 화장하고는 대왕석大王石이라 불렀다. 지금 비명에는 과연 '아수풍촉귀도천신장이적신분골경진俄隨風燭貴道賤身葬以積薪粉骨鯨津' 등의 말이 있으니 신라 군신君臣들이 불교에 미혹됨이 심했다. 세간에는 대왕이 왜적의 잦은 침범에 분노하여 조칙을 내려 바닷속에 장사 지내고 용龍으로 변해 왜병을 막아내려 했다고 전해온다. 훗날 황룡黃龍이 바닷속 돌 위에 나타나자 신민臣民들이 대臺에 올라가 바라보며 절하고 그 대를 이현대利見臺라 했다는데 어찌 이런 일이 있었겠는가? 이현대가 지금은 부윤府尹이 비를 기원하는 장소가 되었다. 비문에는 또 의심나는 곳이 있다. '후제천지윤전칠엽운운侯祭天之胤傳七葉云云'한 것은 명확하진 않아도 위아래 문맥을 살펴보면 세계世系의 순서를 서술한 것이다. 그렇다면 계림鷄林의 김金이 김일제金日磾의 김金이란 말인가? '십오대조성○왕강질원궁十五代祖星○王降質圓穹'이라 한 것은 또한 금독金櫝 속에 있던 어린아이 알지閼智의 일을 가리키는 듯하지만, 전문全文을 보지 못해 아직 증명하지는 못하겠다. 한눌유의 필적은 절묘하여 결코 구양순에 뒤지지 않는다. 문무왕과 당나라 고종은 동시대 사람들인데 한결 같이 당나라에 빌붙어 문물을 숭상하였기에 당시의 서법이 이와 같았을 것이다.

「김각간비金角干碑」는 50여 자만 남아 있는데 판독이 가능한 것은 '수유후곤조수특진垂裕後昆詔授特進' 등의 말뿐이다. 이 또한 구양순체인데 약간 도톰하다. 이 비석은 어디에 있는지 알 수 없다. 김각간은 신라의 대신 김유신이다. 무열왕과 문무왕을 섬겼는데 큰 공을 세웠다. 묘는 경주부 소재지 서쪽 10리에 있다. 비석은 당연히 묘 앞에 있어야 하는데 지금은 없어졌다. 이 탁본은 홍공이 강산薑山 이시랑李侍郞(이서구)에게서 얻은 것이라 한다.

「무장사비鍪藏寺碑」는 경주 무장사 옛터에 있다. 무장사는 신라 여왕이 군사를 숨겼던 곳이라고 세간에 전해온다. 이제 그 문장을 살펴보니 이것은 신라의 어느 왕비가 어느 왕의 복을 빌기 위해 이 절에 가서 아미타불상을 조성한다는 말이다. 글씨를 쓴 사람은 김육진金陸珍이다.[22]

전체 석문은 없고 비석의 외형에 대한 구체적인 설명도 없지만 고증을 시도하고 있음을 볼 수 있다. 잔비殘碑이기 때문에 전체 내용을 볼 수 없어 비문에 보이는 주요 구절들을 통해 비문의 내용을 추정했다. 홍양호洪良浩(1724~1802)의 소장품을 빌려다 보았기 때문인지 그의 제발문에 보이는 내용과 유사함을 볼 수 있다. 그러나 홍양호가 비문에 관한 '이야기'에 초점을 두었다면 유득공은 비문 내용의 '고증'에 그 초점을 맞추었다. 김정희 이전의 금석학 관련 글 중에서는 가장 수준이 높은 금석문 연구라 할 수 있다. 「인각사비」, 「원응국사비」, 「강태사탑명」 등 고려비 3종에 대해서도 간략한 내용 설명과 함께 고증을 시도하고 있다. 다음은『고운당필기』「고려이비」조이다.[23]

원주原州 건등산建登山 「흥법사비興法寺碑」는 고려 태조가 글을 짓고 최광윤崔光胤이 당나라 태종太宗의 글씨를 집자했다. 이제현이 말한 "말뜻이 웅장하고 깊이가 있으며 화려한 것이 마치 현규玄圭(옥으로 만든 홀)를 들고 적석赤舃(임금이 정복에 신는 가죽 신발)을 신고 묘당에서 절을 하고 있는 듯하다. 글자는 크고 작은 해서와 행서가 섞여 봉황이 거침없이 나는 듯하니 그 기상은 세상 밖까지 집어삼킬 듯하다"는 게 이것이다. 후에 고을 관청에 옮겨두고 담당 관원을 한 명 두었지만 사람들이 꺼려한 나머지 도랑 속에 던져 두 조각으로 끊어졌다. 그래서 최광윤의 관명을 일컫는 글자가 마멸되어 상고할 수 없게 되었다.

광주廣州 혜목산慧目山의 「고달원국사혜진탑비高達院國師慧眞塔碑」는 고려광록대부 태승 한림학사 내봉령 전예부사 참지정사 감수국사 김정언高麗光祿大夫 太丞 翰林學士 內奉令 前禮部使 參知政事 監修國史 金廷彦이 글을 짓고 봉의랑 이윤 전군부경겸내의승지 사인 장단열奉議郎伊尹 前軍部卿兼內議承旨 舍人 張端說이 글씨를 썼다. 개보開寶 8년(975)에 세웠다. 두 비석은 갑진년甲辰年(1784) 4월 욕불일浴佛日(8일)에 이문원摛文院 안에서 보았다.[24]

「흥법사비」, 「고달원국사혜진탑비」에 대해 간략히 고증하고 해설을 덧붙인 글이다. 이 밖에도 유득공은 『사군지』 「팽오비彭吳碑」 조에서 간략한 해제를 붙였고, 「진도독비陳都督碑」와 「관묘비關廟碑」에 대해서도 글을 남겼다.

이상에서 살펴본 것처럼 유득공은 때론 시 속에서 때론 필기 속에서 비문의 고증을 시도했다. 그리고 「대당평백제국비명」의 경우에는 직접 석문을 작성하기도 했다. 『고운당필기』의 「대당평백제국비명」 조와 『사군지』의 「소정방비」 조에는 유득공이 해독한 석문이 남아 있다. 물론 이런 형태의 금석문 연구는 유득공 이전에는 볼 수 없던 것이다. 홍양호를 비롯한 몇몇 인물들이 제발 형식의 간략한 해제를 한 경우는 있어도 유득공처럼 금석문 전반에 걸쳐 명확한 인식을 가진 인물은 없었다. 유득공은 단순한 해제를 벗어나 석문을 작성하는 수준까지 나아갔던 것이다. 석문의 작성은 금석문 연구의 가장 중요한 단계라 할 수 있는데 유득공 이전에는 금석문 연구를 위해 석문을 작성한 사례가 확인되지 않는다. 유득공과 비슷한 시기에 박지원이 편찬한 『삼한총서』속에 편입된 「금석록」이 있지만 편자 미상이다.

〖 김정희는 어떻게 유득공의 금석학을 만났을까? 〗

조선 시대 금석문은 서법의 전범 및 감상을 위한 탁본집과 금석문 목록집의 편찬에 이어 초보적인 금석문 연구 단계로 발전했다. 그러나 여전히 학문으로 자리 잡지는 못했다. 김정희에 이르러서야 조선에서도 금석학이 학문의 하나로 자리 잡았고, 청조의 문사들 역시 금석학자로서 김정희의 위상을 인정하기에 이른다. 그러나 김정희의 금석문 연구는 어느 한순간에 갑자기 이루어진 것이 아니었다. 김정희 이전의 학자들이 수집하고 연구한 탁본첩이나 금석문 목록집, 그리고 초보적이고 단편적이지만 여러 금석문 연구 성과 등이 영향을 끼쳤던 것이다. 그중에서도 유득공의 영향은 가장 컸다고 할 수 있다. 앞서 살펴본 것처럼 유득공에 이르러 초보적인 석문이 만들어지고 비문의 분석에 고증적 방법이 적용되었기 때문이다.

그렇다면 유득공은 어떻게 김정희의 금석문 연구에 영향을 주었을까? 김정희는 젊은 시절 유득공의 아들인 유본학柳本學(1770~?)과 가깝게 교유했다. 그러던 1813년(계유년) 어느 날, 김정희는 술에 크게 취해 유본학의 시집을 읽고 비평한 내용을 표지에 기록해두었다.[25] 또

유본학은 김정희에 대해 이런 기록을 남겼다.

요즘 조선에서는 북학北學이 유행인데 　　　　　　　海東近日善北學

그중에서 김 선생이 명성을 떨치고 있네 　　　　　　又有金子聲名揚[26]

　김정희와 유본학의 교유 관계를 살필 수 있는 대목이다. 김정희는 유득공이 정조로부터 하사받은 책을 보관하던 '사서루賜書樓'에 편액을 써주기도 했다.[27] 김정희는 연행을 다녀온 뒤 금석문 연구에 몰두해 있었는데, 당시 유본학과 교유하며 유득공의 저작을 봤던 것으로 추정된다.[28] 금석문 연구에는 고대사에 대한 지식과 인식이 필요했고, 유득공의 저작들은 그런 김정희의 갈증을 풀어주기에 충분했을 것이다.

　구체적인 예를 들어보도록 하겠다. 『고운당필기』 「나려고비」 조에 보이는 진흥왕북순비에 대한 견해는 대부분 김정희의 『진흥이비고』에 수용되어 있다. 그런데 『진흥이비고』 중에는 김정희의 독특한 견해가 드러나 있다. 그것은 진흥眞興이 시호諡號가 아니라 생시生時의 이름이라는 주장이다. 지금까지 이 견해는 김정희 금석학의 대표적 탁견으로 받아들여져 왔다.[29] 이 견해는 당시 중국의 학자들뿐만 아니라 김정희의 제자인 이상적李尙迪(1804~1865)까지도 시호라는 주장을 한데 반해, 김정희는 생시의 이름이라는 주장을 펼쳤다. 그리고 김정희의 이 주장은 후대에 긍정적으로 평가되었다. 그런데 과연 김정희의 주장은 독창적인 것일까? 앞서 살펴본 것처럼『고운당필기』「나려고비」조에 실린 진흥왕북순비에서 유득공은 이렇게 주장했다.

이 비석이 북순北巡하던 날에 세워졌으므로 '진흥태왕眞興太王'이라한 것은 호칭이지 시호가 아니다.

뿐만 아니라,『사군지』에서도 '진흥眞興'에 대해 이렇게 주장하고 있다.

우리나라의 역사책을 살펴보면 진흥왕眞興王의 이름은 삼맥종彡麥宗이다. 이름으로 시호를 삼았으며 따로 아명兒名이 있었을 것이다. 진평왕眞平王도 그렇다.[30]

즉, 유득공은 진흥왕의 이름이 삼맥종이라는 역사책의 기록을 증거로 진흥이라는 이름을 시호로 삼은 것이고 아명은 따로 있었을 것이라고 추정하고 있다. 그리고『북제서北齊書』,『수서隋書』,『당서唐書』의 기록들을 증거로 대고 있다. 김정희 역시 이런 근거들을 토대로 진흥이나 진평이 시호가 아니라 생전의 이름이라고 보았다. 김정희는 이를 증명하기 위해 유득공의 증거에 자신이 찾은 증거를 추가해놓았다. 유득공의 견해를 수정 없이 수용한 것이다.

유득공은 역사학자답게 비문의 기록을 사료史料로서 인식했다.「희양산봉암사지증대사탑명曦陽山鳳巖寺智證大師塔銘」에 보이는 '결結'에 관한 유득공의 견해를 살펴보자.

『대전통편大典通編』「호전戸典」'양전量田'에 '척장준주척, 사척칠촌칠분오리尺長準周尺, 四尺七寸七分五釐', '실적일척위파, 십파위속, 십속위부, 백부위결實積一尺爲把, 十把爲束, 十束爲負, 百負爲結', '십사부준중조전일무十四負準中朝田一畝'라 했다. 이는 대체로 세금을 거둬들이는 제도를 말한 것이다. '파把'는 곡물의 줄기가 한 줌 가득이라는 의미이다. '속束'은 곡물을 묶는 것이다. '부負'는 짊어지는 것이다. 그러나 '결結'의 뜻은 알 수 없다. 신라「희양산봉암사지증대사탑명」은 고운孤雲 최치원崔致遠이 지은 것인데 '사전오백결捨田五百結'이란 게 있다. '결'은 바로 신라의 방언이었던 것이다. 지금의 아전들은 '묵墨'이라 읽는다.[31]

이에 김정희 역시「문경지증대사비聞慶智證大師碑」의 고증에서 다음과 같이 해석했다. 유득공의 영향을 살필 수 있는 대목이기도 하다.

우리나라의 양전법量田法에서는 100척尺을 1부負라 하고 100부負를 1결結이라 한다. 그런 제도가 언제 시작되었는지 알 수 없지만 동월董越의『조선부朝鮮賦』에서 "전부田賦는 결結을 가지고 무畝를 대신하며 소가 4일 동안 갈아야 할 면적인데 겨우 말(斗)의 조세를 거둬들인다"고 한 것이 그것이다. 이 비석에서 '사장십이구전오백결捨莊十二區田五百結'이

라 했으므로 신라 시대부터 밭은 이미 결로 나타냈던 것이다.[32]

비록 단편적 기록이기는 하지만 우리 고대사에 대한 김정희의 인식이 어떻게 형성되었는지 알려주는 중요한 증거들이다.

또한 김정희는 『해동비고』에서 「대당평백제국비명」의 석문을 제시하고 있는데, 이 석문은 유득공이 『사군지』에서 제시한 석문과 대부분 일치한다. 이 점 또한 김정희가 유득공의 석문을 참조했다고 추정할 수 있는 부분이다. 이상의 자료들은 유득공이 김정희 이전 최고의 금석문 연구가로 자리매김할 만한 인물이라는 점을 시사한다.

한편 유득공의 금석문 연구와 관련지어 생각해봐야 할 인물 중에 홍양호가 있다. 앞서 살펴본 것처럼 유득공은 홍양호로부터 금석문 탁본들을 빌려다 보았다. 아주 친밀한 사이였음을 알 수 있는 대목이다. 홍양호는 별도의 금석학 저작을 남기지는 않았지만 금석문 탁본을 많이 수집하였고, 여러 비문에 대한 제발문을 남겨 후대에 큰 영향을 주었다. 그의 제발문에는 신라 고비에 관한 중요한 정보가 담겨 있어 후대 금석문 연구자들이 자료로 인용하고 있다. 하지만 앞서 살펴본 유득공의 기록은 홍양호의 기록에 유득공의 견해가 반영되었을 것이라는 추정을 가능케 한다. 그러나 그 유사성은 홍양호의 의견을 유득공이 차용한데서 발생했다기보다는 역사학자 유득공의 견해를 홍양호가 차용한데서 발생했을 가능성이 크다는 데 있다. 홍양호가 남긴 비문에 관한 제발[33]들은 금석학자라기보다는 감상가로서의 면모를 보여준다. 이 점은 홍양호가 비석을 대하는 태도에서도 명확히 드러난다. 그는 사람을 시켜「문무왕비」의 탁본을 떠오게 하지만 비석은 그대로 풀 속에 처박아 두었다. 훗날 추사 김정희는 그 모습을 이렇게 증언하고 있다.

> 또 돌 하나가 풀 속에 섞여 있는 것을 보았는데 살펴보니 이 비석의 상단이었다. 합쳐놓고 보니 가운데가 조금 없어졌고, 윗부분도 한 조각이 없어져 있었다. 그 없어진 부분은 다시 찾을 수 없었다.[34]

여기서 홍양호는 김정희가 비석의 보존을 위해 노력했던 것과 전혀 다른 모습을 보여준다. 자신이 직접 찾아가지도 않았고, 어렵게 구한 비석을 풀 속에 방치했던 것이다. 금석학자로서의 모습은 찾아보기 어렵다.

유득공이 금석학을 연구할 당시 조선의 금석학은 서법 고증과 감상이라는 두 축을 중심으로 발전하다가 금석문 자체를 학문의 대상으로 삼기 시작할 무렵이었다. 유득공의 금석학 연구는 김정희의 단계로 가는 길목에 있었던 셈이다. 따라서 유득공은 서법 고증과 감상이라는 기존의 금석학을 한층 더 발전시켜 추사 김정희에게 넘겨주는 가교 역할을 했던 것이다. 유득공의 금석학적 업적은『수헌방비록樹軒訪碑錄』[35]을 편찬한 유본예柳本藝(호는 수헌樹軒)에게 전수되었을 것으로 보이지만 안타깝게도 실전되었다.

　조선의 학술사에서 금석학의 위상은 특별하다. 금석학의 성립이 청조 학술·문화의 수용과 밀접한 관련이 있기 때문이다. 북학파 지식인들의 학문과 밀접한 관계가 있는 것도 이 때문이다. 대부분의 북학파 지식인들의 저술에 금석문에 관한 글 한 편쯤 보이는 것은 당연한 일이 되었다. 금석학은 19세기를 특징짓는 학문의 하나로 자리 잡은 것이다. 그 정점에 추사 김정희라는 학자가 있다. 그리고 그의 학문은 북학파 지식인들로부터 토대가 마련된 것이었다. 그중에서도 유득공은 금석학 분야에서 가장 큰 공헌을 했다.

　유득공은 『한객건연집』과 『이십일도회고시』라는 시집을 남겼다. 그를 시인으로 기억하는 이유이다. 또한 유득공은 『발해고』와 『사군지』라는 역사책을 저술했다. 그를 역사학자로 기억하는 이유이다. 유득공의 이 저작들은 고대사에 대한 이해와 깊이 있는 연구를 배경으로 한다. 그에게 금석문은 사료였다. 유득공을 금석학자로 바라봐야 하는 첫 번째 이유이다. 조선의 금석문 연구는 서법 고증과 감상이라는 흐름 속에서 발전해왔다. 그 때문에 대부분 탁본첩의 제작과 금석문 목록의 작성에만 힘을 쏟았지 금석문을 학문의 대상으로 삼지는 않았다. 금석문의 석문을 작성하고 본격적으로 내용을 분석한 첫 학자가 유득공이었다. 그는 금석학에 관한 전문적인 저술을 남기지는 않았지만 『고운당필기』 곳곳에서 금석학자로서의 면모를 보여준다. 그를 금석학자로 봐야 하는 두 번째 이유이다. 김정희의 금석학은 혼자의 힘으로 이루어진 것이 아니었다. 수많은 선학의 연구 성과가 있었기에 가능한 일이었다. 유득공은 김정희 이전의 금석학자 중 가장 뛰어난 학자였고, 김정희의 금석문 연구에 가장 영향을 많이 준 인물이었다. 유득공을 금석학자로 불러야 하는 세 번째 이유이다.

이제 우리는 '추사 김정희의 금석학 연구에 큰 영향을 끼친 금석학자'로서 유득공을 기억해야 할 것이다.

3장

금석학 대가와의 교유

〖 북학의 바람과 김정희의 연행 〗

김정희 금석학의 성립 과정을 살펴보기 위해서는 먼저 그 역사적 배경에 대한 이해가 필요하다. 단적으로 말하면 그 배경에는 김정희의 연행이 자리하고 있다. 연행을 통해 옹방강, 옹수곤 부자를 만나게 되고, 김정희는 이들과 교유하며 북학을 수용하고 금석학에 눈 뜨게 되기 때문이다. 특히 옹수곤은 조선 금석문을 수집하고 연구하는 과정에서 김정희에게 편지를 보내 조선의 역사와 인물 등 조선 금석문 연구에 필요한 조언을 구하는데, 오히려 김정희는 이 과정에서 금석학 연구의 방법론을 터득하게 된다.

1815년 옹수곤이 사망하자, 옹방강은 옹수곤의 금석학 연구 자료를 김정희에게 전달한다. 이것은 김정희의 금석학 성립에 중요한 전환점이 된다. 이후 김정희의 조선 금석문에 대한 연구가 본격적으로 시작된다. 그 결과 1816~1817년에 「북한산 진흥왕순수비」를 고증하고, 1817년에 경주 답사를 계기로 금석문의 발굴과 연구는 그 절정에 이른다. 이후에도 새로운 금석문을 발굴하는 데 주력한다.

한편으로는 청조 문사들과 교류를 통해 조선 금석문이 청나라 문인들에게 전해지고, 금석학자로서 김정희의 명성이 청나라에 알려지게 된다. 이런 과정을 거치면서 김정희는 금석학을 학문의 하나로 성립시키고, 조선 최고의 금석학자로서 위상을 확고히 다지게 된다. 여기서 김정희가 조선 금석학을 학문의 위치에 올려놓는 과정을 볼 수 있다. 중국의 금석학을 들여오고 이를 체화하여 조선화하는 과정을 보여주는 것이다.

조선 역사에서 가장 길고 치열했던 임진왜란이 끝나고 조선은 새로운 변화의 길목에 서 있었다. 200년 동안 유지해온 국가 체제는 붕괴되었고, 백성들의 삶은 피폐해졌다. 국가의 근간이 되는 출판과 인쇄 문화는 대부분 파괴되어 과거 시험을 보려 해도 기본 교과서조차 구하기 힘들었다. 당연히 명나라의 문물을 수입할 수밖에 없었다.

이렇게 시작된 17세기는 조선에 새로운 바람을 몰고 왔다. 그런데 중국에서도 변화가 일기 시작했다. 명이 멸망하고 청이 들어선 것이었다. 조선의 지식인들은 당황했다. 그리고 그 힘은 조선으로 밀려들어왔다. 두 차례의 호란胡亂은 조선 또한 그들의 무력에 무릎을 꿇게

했다. 조선의 지식인들은 어찌할 바를 몰랐다. 청나라와 조약을 맺고 해마다 조공을 바치게 되자, 청나라에 대한 적개심은 날로 쌓여갔다. 조정은 그들의 무력에 굴복했지만 문화 민족이라는 자존심은 포기할 수 없었다. '실학'의 비조로 불리는 반계磻溪 유형원柳馨遠(1622~1673) 은 그 대표적 인물이다. 그리고 조선 지식인들의 이러한 의식은 조선 이 멸망하는 시점까지 면면히 이어져 내려갔다.

하지만 시간이 흐르면서 조선 지식인들의 의식은 조금씩 변화의 조짐을 보였다. 100여 년의 시간 동안 청나라에 대한 인식은 이념화되어갔고, 조선의 지식인들은 청나라 사람들을 미개한 오랑캐라 여기고 있었다. 해마다 연행은 계속되었지만, 그런 인식은 쉽게 바뀌지 않았다. 연행 중에도 청나라 사람들의 부정적인 면만 보았고, 그들의 문화를 하찮게 여겼다. 그런데 변화하기 시작했다. 그것은 계속된 연행의 결과였다. 그 변화의 시작은 연행사燕行使들이 아니라 연행사를 수행했던 젊은 지식인들에게서 비롯되었다. 물꼬는 담헌湛軒 홍대용洪大容(1731~1783)이 텄다. 그는 연행에서 청나라의 젊은 지식인들과 교유했고, 죽음을 맞이하는 순간까지도 서로 우정을 그리워했다. 두 나라의 지식인들은 그들의 우정을 높이 샀고 부러워했다.

이 무렵 정조 임금이 등극했다. 정조는 중국의 문물이 이미 상당한 수준에 이르렀다는 것을 누구보다도 잘 알고 있었다. 그는 청조 문물을 제한적으로 수용하여 조선의 부흥을 도모하고자 했다. 박제가의 『북학의北學議』와 박지원의 『열하일기熱河日記』가 저술된 것도, 한 시사가漢詩四家라 불리는 젊은 지식인들이 활동한 것도 이 시기이다. 정조 시대를 거치면서 수용한 북학의 수준은 상당했고, 지식인들은 앞다투어 연행을 떠났다. 이제 연행은 개화된 지식인을 구분하는 척도가 되었고 북학은 더욱 가속화되었다.

김정희가 태어난 것은 바로 1786년, 정조가 한창 북학을 수용하고 있을 때였다. 젊은 김정희는 북학에 대한 열정을 품고 연행을 꿈꾸고 있었다.

〚 김정희의 스승 옹방강 〛

김정희는 24세 되던 1809년, 생원시生員試에 합격했다. 합격 소식을 듣자마자 그는 동지부사冬至副使의 임무를 띠고 연행길에 오른 부친 김노경金魯敬(1766~1837)을 따라나섰다. 사실 김정희는 합격자 발표에 앞서 이미 연행길에 올랐다. 그만큼 그의 염원은 간절했다. 연경의 명사들을 만나 그들과 학연을 맺고 싶었다. 박제가를 비롯한 선배들에게서 수없이 들었던 그들을 실제로 만나고 싶었던 것이다. 특히 김정희는 옹방강을 만나고 싶었다. 옹방강은 박제가와 친분이 있었고, 역관譯官 김한태金漢泰(1762~?)와도 교분이 있었다.

김한태는 1786년 역과譯科에 한학漢學(중국어)으로 합격했다. 그는 1783년 겨울, 동지사를 수행하여 처음으로 연경에 갔다. 그리고 이듬

『원자탄강경증광사마방목元子誕降慶增廣司馬榜目』김정희는 1809년
생원시에 합격했다. 이 책에는 김정희의 이름이 실려 있다. 수경실 소장

해 봄, 그곳에서 뜻밖의 인물들과 교유하게 된다. 바로 서재西齋 박명
博明과 그의 친구 담계覃溪 옹방강이었다. 박명은 서화로 이름이 있었
는데, 이듬해에는 표암豹菴 강세황姜世晃(1712~1791)과도 교유하면서
조선의 문인들에게도 널리 알려진 인물이다. 김한태는 첫 만남에서
옹방강에게 '자이당自怡堂'이란 편액을 써달라고 부탁했다. 자신의 집
에 걸기 위해서였다. 이후 김한태는 김정희가 연행에서 돌아온 1810
년에도 조강曹江으로부터 자신의 서재에 대해 쓴 기문記文을 받았다.
김정희 역시 이때 연경에서 조강과 만나 교유하게 된다.

1813년 봄, 김한태는 두 번째 연행을 떠난다. 헤어진 지 30년 만에 옹방강의 서재도 방문했다. 이번에는 기문을 받기 위해 아예 빈 공책을 한 권 가지고 갔다. 그 공책에 여러 사람의 기문을 받아오기 위해서였다. 김한태는 그 공책을 옹방강의 아들 옹수곤에게 맡겨두고 귀국했다. 다음 해, 그 공책은 자이당에 관한 글씨와 기문, 그리고 시로 가득 채워져 김한태에게 전해졌다. 앞에는 옹방강이 쓴 '자이당' 세 글자가 있었고, 이어서 진용광陳用光(1768~1835)의 기문과 유사관劉嗣綰(1762~1820), 섭소본葉紹本(?~1841)의 시가 있었다. 그리고 옹방강의 아들 옹수곤의 기문과 시, 옹수곤의 친구 이정원李鼎元의 시가 있었다. 옹수곤의 기문에는 당시의 정황이 잘 나타나 있다.

조선의 역관 김경림金景林의 이름은 한태漢泰이다. 계유년癸酉年(1813) 3월에 사신을 따라 연경에 왔다가, 4월 16일에 소재蘇齋(옹방강의 서재)를 방문했다. 일찍이 서재西齋 박명 선생의 서재에서 부친(옹방강)을 만난 적이 있었다. 그때가 건륭乾隆 갑진년甲辰年(1784) 1월이었으니, 어느덧 30년이 지난 일이 되었다.

김 군은 풍채가 좋고 박식하며 옛것을 좋아한다. 대대로 조선에 살았으며 거족巨族이다. 그는 당호堂號를 '자이당自怡堂'이라 했다. '지미공업인난필至微功業人難必, 진호운산아자이儘好雲山我自怡'에서 따온 것인데, 소강절邵康節(강절은 소옹邵雍의 시호)의 시구이다. 그는 또 서재에 '자이열재自怡悅齋'라는 편액을 걸었다. 이것은 '한중자이열閑中自怡悅, 묘

처절기미妙處絶幾微'라는 주자朱子의 시구에서 따온 것이다. 1794년 부친께서 '자이당自怡堂'이란 편액을 써주셨는데, 김 군이 이것을 가지고 귀국하자, 조선의 많은 문인이 이를 시제 삼아 시를 지었다.

올 여름 연경을 떠나기 이틀 전에 잘 만든 공책 하나를 소재에 남겨두었다. 부친의 글씨를 다시 얻고 널리 중국 사대부들의 제영題詠을 얻어 기념으로 삼기 위해서였다. 부친께서는 공책의 앞쪽에 예서로 쓰셨고, 진용광·유사관·섭소본 세 분이 이어서 시를 쓰셨다. 이것으로 두 번이나 중국을 관광한 김 군의 소원을 이루어준 것이다. 또한 30년 전 한묵翰墨으로 맺은 인연을 이어갈 수 있게 되었다. 그러니 이번 여행이 헛걸음이 되지는 않았을 것이다. 훗날 김 군이 이 책을 볼 때 당연히 자하紫霞 신위, 추사秋史 김정희, 약헌約軒 홍현주 등 여러 친구가 함께 밝은 창가 깨끗한 책상 위에서 서로 펼쳐놓고 감상하면 연경 여러 선비의 멋진 모임을 알게 되어 멋진 시도 더 늘어날 것이다. 또 시경헌詩境軒(옹수곤의 서재)에서 주인과 손님이 서로 시를 지으며 담소하던 모습을 회상하면 아련한 풍경이 마치 눈앞에 있는 듯할 것이다.[1]

물론 이 일은 몇 년 뒤의 일이지만 김정희는 이미 훗날을 예상이라도 한 듯이 연경의 학자들과 교분을 넓혀갔다. 그리고 늘 옹방강을 만날 생각을 하고 있었다. 옹방강에 관한 것이라면 무엇이든지 물어보고 정보를 수집했다. 사람들을 만나 필담을 나눌 때면 옹방강에 대해 묻곤 했다.

"옹담계 선생께서는 별일 없으십니다."

"형께서는 그분을 아십니까?"

"압니다. 오늘 아침에도 그곳에서 이야기를 좀 했습니다."

"옹담계가 계시는 곳이 어딘가요?"

"그분은 낯선 손님(生客)을 전혀 만나려 하지 않습니다. 사는 곳은 여기서 반리半里가 되지 않습니다. 그를 만날 수 있을지는 알 수 없습니다. 게다가 병이 많으니 천천히 알아보지요."

"세상에 어찌 낯선 손님이 있겠습니까? 한 번 만나면 곧 아는 사이인 거죠."[2]

하지만 옹방강은 외부 사람들을 잘 만나주지 않았다. 성격 탓이기도 했지만 그는 병이 많아서 낯선 사람들은 아예 만나기가 힘들었다. 그러나 김정희는 옹방강에 관해서라면 무엇이든지 알고 싶어 했다.

"선생께서는 옹공翁公(옹방강)이 어떤 분이라 생각합니까?"

"박식하고 옛 책을 많이 읽는 분입니다."

"매우 고아한 그의 글씨를 나는 아주 좋아합니다."

"그가 남에게 글씨를 잘 써주지 않은 지 오래됐습니다. 다음에 천천히 시도해보시지요."

"이번에는 글씨를 요청하려는 것이 아닙니다. 저는 그의 글씨를 많이 소장하고 있습니다."

"올해 그분 나이는 얼마나 됩니까? 팔십이 넘을 걸로 생각됩니다만."

"78세입니다."[3]

김정희는 조선에 있을 때부터 10년 동안이나 옹방강의 글씨를 수집했으며 그 서재를 '보담재寶覃齋'라 명명하기도 했다. 옹방강의 호는 담계覃溪인데, 담계를 존경한다는 의미로 서재를 '보담寶覃'이라 했던 것이다. 따라서 옹방강을 만나는 일은 그에게 아주 중요한 일이었다.

귀국할 날짜는 다가오고 있었지만, 김정희는 여전히 옹방강을 만날 길이 없었다. 김정희는 결국 이임송李林松에게 도움을 청했다. 이임송은 편지에서 옹방강이 근래에 사람들을 잘 만나지 않는다는 사실을 전해준다. 김정희는 무작정 옹방강을 찾아 나서기로 한다. 그가 향한 곳은 법원사法源寺였다.

김정희는 왜 법원사로 가려고 했던 것일까? 옹방강은 매년 새해 아침부터 하루에 한 장씩 금니金泥(금물)로 불경을 써서 그믐에 끝마쳤다. 그리고 그 불경은 법원사에 시주했다. 김정희는 이 사실을 잘 알고 있었다. 옹방강이 29일(그해 1월의 마지막 날)에 법원사에 나타날 것이라고 생각해 새벽에 찾아가기로 한 것이다. 이임송은 그런다고 만난다는 보장이 없다며, 조강과 상의하라고 알려준다. 조강의 친구가 법원사의 승려였다. 우여곡절 끝에 김정희는 옹방강을 만났고, 그의 서재인 소재를 방문하게 되었다. 소재를 방문한 그날, 김정희는 많은 자료를 보았다. 하지만 당시만 해도 김정희의 가장 큰 관심은 경

「**소재도蘇齋圖**」옹방강의 서재를 나빙이 그린 것이다. 상해박물관 소장

학經學에 있었다. 손성연孫星衍(1753~1818)의 제자와 나눈 필담에는
그런 정황이 잘 나타나 있다.

　"저는 독서를 아주 좋아하는데, 경설經說에 더욱 고심하고 있습니다.
이번 여행에서 완운대阮雲臺 선생과 옹담계 선생을 만나 뵈어 어리석음
을 깨우치고 어둠이 걷히게 되었습니다. 그러나 돌아갈 일정이 촉박하여
그 깊은 곳을 모두 알 수 없으니 참으로 안타깝습니다."
　"담계 노인은 시문에 힘을 쏟고, 완운대는 저술이 꽤 많습니다. 담계

노인의 경술經術은 한학漢學에다 송유宋儒를 참작하였는데 공평하다는 여론이 있습니다. 완운대는 한학만을 추구하는데 정확 명통精確明通합니다."

"두 선생님의 담론과 사고하는 능력 들으니 속이 후련해집니다."[4)

이처럼 김정희는 연행을 통해 뜻한 바를 이룰 수 있었다. 연경에서 여러 문사와 교유하게 된 김정희는 귀국 후 본격적으로 북학을 연구하기 시작했다. 무엇보다도 당대 최고의 두 학자인 완원과 옹방강을 만난 것은 그에게 커다란 성과였다. 귀국한 김정희는 이제 편지로 궁금증을 풀어나갈 수 있었다. 특히 경학에 관해서는 옹방강의 방대한 저술을 얻어볼 수 있었다. 하지만 이때까지만 해도 김정희는 금석학에 대해 깊이 있는 식견을 가지고 있지 않았다. 김정희가 금석학을 학문으로 인식하기 시작한 것은 귀국 후 옹방강 부자와 편지로 교유하면서부터라고 할 수 있다.

옹방강은 두 명의 부인에게서 7남 6녀의 자녀를 얻었다. 하지만 대부분 일찍 죽고 김정희가 옹방강의 서재를 방문했을 때 아들은 둘밖에 남아 있지 않았다. 4남 옹수배翁樹培(1764~1811)와 6남 옹수곤이 그들이었다. 옹수배는 자가 의천宜泉이며『천폐휘고泉幣彙考』16권을 저술할 정도로 고대 화폐를 깊이 연구했다. 그러나 옹수배는 김정희가 귀국하고 얼마 뒤 사망하고 말았다. 이 때문에 김정희와는 깊이 교유하지 못했다.

김정희와 깊은 교분을 나눈 것은 6남 옹수곤이었다. 김정희는 연행 당시에도 옹수곤을 만나 교분을 쌓았으며 귀국 후에는 편지를 주고받으며 더욱 가까운 사이가 되었다. 옹수곤은 자가 성원星原, 호는 홍두산인紅豆山人이다. 1786년에 태어난 김정희와 동갑으로 더욱 가깝게 지냈다. 또한 그의 생일은 12월 18일로 옹방강이 그토록 숭배했던 소동파蘇東坡의 생일인 12월 19일과는 하루 차이밖에 나지 않았다. 이 때문에 옹방강은 옹수곤을 더욱 아끼고 사랑스러워했다. 이후 김정희는 자신과 친분 있는 인물들이 연행 갈 때면 옹방강 부자에게 편지를 써서 소개해주었고, 옹방강 부자는 김정희를 통해 신분을 확인한 인사들을 중심으로 조선의 문사들과 교유하게 된다. 기록상 가장 빠른 것은 조용진曹龍振(1786~1826)이다. 김정희는 동갑내기 친구 조용진이 조윤대曹允大(1748~1813)의 자제군관으로 연경에 가게 되자, 전별시를 지어주고 옹방강을 찾아가 보라는 글도 함께 실었다. 아마도 조용진은 1812년 1월에 김정희의 글을 가지고 옹방강의 서재를 방문했을 것이다.

내가 존경하는 분은 소재 옹방강 선생이시다. 동갑내기 친구 조용진이 연경에 가니 이런 뜻을 알려준다. 선생을 찾아뵙고 내가 선생님께 가르침 받은 인연을 이어가기 부탁한다.[5]

이후에도 김정희는 연경에 가는 조선의 문인들을 옹방강에게 소개해줬는데, 대표적 인물이 자하紫霞 신위申緯(1769~1847), 두실斗室 심상규沈象奎(1766~1838), 영명위永明尉 홍현주洪顯周(1793~1865), 소화小華 이광문李光文(1778~1838) 등이다. 홍현주는 연경에 간 적은 없지만 편지를 주고받으며 옹수곤과 교유했다.

〖 중국 최초의 조선 금석문 연구가 옹수곤 〗

이들 중 제일 먼저 연행을 떠난 사람은 신위였다. 그는 1812년 7월에 서장관으로 연경에 도착했다. 김정희는 연행을 떠나는 신위를 위해 송별시를 지어주었다. 그 시에는 옹방강과의 인연을 비롯한 연행의 길잡이가 될 만한 이야기들로 가득했다. 신위를 옹방강에게 소개하는 일종의 소개장이었던 셈이다. 김정희의 소개장을 손에 들고 옹방강을 방문한 신위는 옹방강 부자로부터 극진한 접대를 받았고, 옹방강의 시학詩學에 푹 빠져 귀국하게 된다. 이때 신위는 정조의 사위 홍현주의 편지를 옹수곤에게 전해주었고, 그 편지를 받은 옹수곤이 홍현주에게 답장하면서 교유가 시작되었다. 가경嘉慶 임신년(1812) 10월 1일에 쓴 옹수곤의 답장은 당시 김정희의 영향력이 대단했음을 잘 보여준다.

　　이번 사신 중에 신자하 선생이 서장관으로 연경에 와서 소재를 방문했습니다. 선생의 편지를 읽다 보니 "자하의 시문과 서화가 조선에서 큰 명성이 있다"고 했더군요. 추사 경형庚兄(동갑인 상대에 대한 호칭)과 동방의 이름 있는 선비로 나와 일찍부터 안면 있는 사람들은 모두 한결같이 칭찬한 것입니다. 처음에는 사람들이 모두 좋게 말해도 반드시 잘 살펴봐야 진짜 인물을 얻을 수 있다고 생각했습니다. 그러다가 자하 선생과 인사를 나누게 되자, 매우 기뻐서 첫눈에 늦게 만난 것을 안타깝게 여기며 마치 오랜 친구처럼 되었습니다. 비록 옛날 사람이라고 해도 우정의 밀도와 깊이가 이보다 더하지는 못할 것입니다.

이제야 비로소 김추사의 여러 친구의 말이 입에 발린 칭찬이 아니라는 것을 믿게 되었고, 선생이 친구를 사귐에 반드시 정중하다는 것을 더 잘 알게 되었습니다. 김추사는 나와 동갑입니다. 나와 만난 이름 있는 선비들은 모두 추사 한 사람을 통한 것이었습니다. 나는 이런 말을 한 적이 있습니다. "오륜五倫 안에는 좋은 친구가 빠질 수 없고, 좋은 친구 안에는 김추사가 없어서는 안 된다."

사람이 살면서 아주 즐겁거나 아주 어려운 지경에 이르면 피붙이를 마주하여도 이야기하지 못할 것이 있는데, 나의 좋은 친구에게는 흉금을 터놓고 이야기하지 못할 게 없습니다. 마치 돌이나 쇠붙이에 글자를 새기는 것과 같습니다.[6]

조선의 많은 지식인이 연행에서 돌아온 김정희를 통해 옹방강 부자와 인연을 맺게 되었다는 사실을 알 수 있다. 옹수곤이 믿는 사람은 오직 김정희 한 사람뿐이었던 것이다. 옹수곤은 이때 편지와 함께 수많은 선물을 홍현주에게 보냈다. 거기에는 각종 문방구나 시전지(시나 편지 따위를 쓰는 문양 있는 종이)뿐만 아니라 손수 홍현주의 이름을 새긴 인장, 향, 차, 향로, 화병 등이 있었다. 또한 홍두紅豆 두 알도 들어 있었다. 홍두는 일명 상사두相思豆라고 하는데, 옛날 사람들은 '홍두기상사紅豆寄相思'라고 하여 멀리 있는 사람을 그리워한다는 의미를 부여했다. 홍두는 본래 중국 남방에서 생산되어 구하기가 쉽지 않았는데, 옹수곤은 자신과 교유를 시작한 조선의 문인들에게 이 홍두를 선물하곤 했다. 그래서 자신의 호를 '홍두주인紅豆主人'이라고도 하였다.

이렇게 시작된 홍현주와의 교유는 편지를 주고받으며 계속되었다. 옹수곤의 편지를 받은 홍현주는 그해 겨울 동지사로 연행을 떠나던 심상규 편에 편지를 보냈고, 옹수곤은 계유년(1813) 상완上浣 8일에 홍현주에게 답장을 보냈다. 그런데 이때 홍현주에게 보낸 편지에는 당시 조선 금석문의 연구 상황에 관한 중요한 정보가 담겨 있다.

동국東國의 비각 중에서 보고 들은 것을 열거해보면 이렇습니다.
「당문황반절비唐文皇半折碑」는 당나라 태종의 글씨를 집자하고 고려 태조왕이 글을 지은 것인데 이것이 「흥법사비」인가요?
「신라석남산비新羅石南山碑」는 김생의 글씨로 비석은 백제의 옛 도읍에 있는데, 바로 「백월비」인가요?

「신라진감선사비新羅眞鑑禪師碑」는 최치원이 글씨를 썼다.

「평백제탑平百濟塔」에는 홍양호7)의 발문이 있다.

「유인원비劉仁願碑」는 하수량賀遂良이 글을 짓고 권회소權懷素가 글씨를 썼다.

　무릇 비문은 시기나 크기를 막론하고 모두 글을 지은 사람의 이름이 제일 중요합니다. 비석마다 모두 몇 줄이고 한 줄에 몇 자인지 기록해야 합니다. 사람들은 비석에 글자가 없어지거나 돌이 깨진 곳이 있으면 종이와 먹을 아끼느라 전체를 탁본 뜨지 않으려 합니다. 빗돌에 잔결殘缺이 있는 곳이 바로 글자의 고정考訂과 관련 있는 곳이라는 것을 어찌 알겠습니까? 비석은 언제 만들어진 것이고, 무슨 일에서 비롯된 것인지 전말을 자세히 기록해주면 더욱 좋겠습니다.8)

　그런데 옹수곤은 조선의 금석문에 관한 정보를 어디서 얻었을까? 옹수곤이 조선 금석문 연구를 시작하기 이전에도 조선 금석문의 일부가 알려져 그들의 저술에 실리기도 했다. 선행 연구가 있었던 것이다. 손성연과 형주邢澍(1759~?)가 엮은 『환우방비록寰宇訪碑錄』 12권(1802년 간행)과 왕창王昶(1725~1806)이 엮은 『금석췌편金石萃編』 160권(1805년 간행)이 대표적이다. 『환우방비록』에는 「평백제비」 하나만 싣고 간단한 해설을 붙인데 불과하지만, 『금석췌편』에는 「평백제국비」와 「낭공대사탑명朗空大師塔銘」이 실려 있다. 특히 「평백제국비」는 비에 관한 기본 정보만이 아니라 비문 전문을 판독하여 실었다. 더구나 홍양호의 발문을 실어놓았고, 비문의 내용에 대해서도 상당히 자세하게 연구해놓았다. 이 때문에 『금석췌편』의 「평백제국비」는 후대까지도 많은 영향을 주었다. 유희해의 『해동금석원』, 오경석의 『삼한금석록』뿐만이 아니라, 김정희의 『해동비고』에도 영향을 주었다. 또 「낭공대사탑명」의 경우에도 전문을 판독하여 싣고 언조표言朝標(1789년 진사進士)의 발문을 인용했다. 발문에 따르면 일찍이 조수삼趙秀三 (1762~1849)이 연행에 가지고 갔다가 선물한 것이라고 한다. 비록 금석문은 두 편밖에 실려 있지 않지만, 그 형태나 내용은 매우 충실하다고 할 수 있다. 이 때문에 후대까지도 영향을 주었던 것이다. 이후 육요휼陸耀遹이 편찬한 『금석속편金石續編』 21권(1874년 간행)에는 「유인원기공비」를 포함한 9종의 비문 전문과 간단한 해설이 첨부되어 있다. 옹수곤 역시 조선 사행을 통해 유입된 금석문을 모으기 시작했던 것이다. 그리고 김정희를 만나면서 본격적인 조선 금석문 수집에 나서게 된다. 연경에서 막 불기 시작한 조선 금석문 수집 및 연구 열풍을 옹수곤이 주도했던 것이다. 이어지는 편지에서 옹수곤은 홍현주에게 탁본 뜰 때의 유의 사항을 전달하고 있다.

이 밖에 고정攷訂에 도움이 되는 비각碑刻, 책, 금석문자, 정이전주鼎彝篆籀(고대 청동기에 새겨진 글자)가 있으면 널리 수집하고 솜씨 좋은 사람을 찾아 탁본을 잘 떠 주십시오.

「금석췌편」과 「금석속편」 수경실 소장

먼저 깨끗한 물로 빗돌 위의 모래와 진흙을 제거한 다음, 아주 얇은 종
이를 깔아 연한 먹으로 탁본을 뜨십시오.

아울러 선본을 많이 떠서 잘 포장한 다음 보내어 동호인들이 함께 공
유할 수 있기를 바랍니다. 동방의 후학들이 점차 금석문 고증, 교감校勘
과 훈고訓詁를 알게 되었고, 처음에 우리 두 사람은 시작하지 않은 게 없
습니다. 오형吾兄(홍현주)께서 풍아風雅에 마음을 다하고 있다는 것은 잘
알지만, 이 일은 반드시 혼자서 책임지고 잘해주십시오. 지체하지 않았으
면 좋겠습니다. 이 일은 자하나 추사처럼 마음이 맞고 옛것을 좋아하는
좋은 벗들과 모두 함께 상의해주십시오.[9]

옹수곤이 본격적으로 조선 금석문을 수집하기 시작했음을 시사하
는 자료다. 이를 위해 옹수곤은 탁본 뜰 때의 유의 사항을 자세히 적

어 보낸 것이다. 그 다음 해에도 이들의 편지는 계속되었다. 사신 편에 홍현주는 「백월비」, 「인각사비」 등의 탁본을 보냈다. 옹수곤이 조선의 금석문에 지대한 관심이 있다는 사실을 알고 있었기 때문에 자신에게 보낸 그 많은 선물에 대한 보답으로 탁본을 보내준 것이다. 편지와 선물을 받은 옹수곤은 1814년 1월 19일에 답장을 썼는데, 금석문에 관한 이야기로 가득했다.

「백월비」 탁본은 정묘하고 뛰어난데, 안타깝게도 표구가 예스럽지 못합니다. 행간에 빈 곳이 많아 원래 비문의 순서대로 정리할 수 없습니다. 저는 일찍이 이 비석의 비도를 그렸는데 자세한 것은 『비목碑目』 안에 들어 있습니다. 그 대략을 보면 저의 고심을 알 수 있을 겁니다. 「인각사비」는 「백월비」보다 더욱 고아합니다. 여러 해 동안 생각만 했지 한 번도 보지 못했는데 이제 이렇게 선물을 받게 되니 어찌 재물과 비교하겠습니까? 탁본이 정리되지 않고 표구가 되어 있지 않아 심정審定할 길이 없었지만 열흘이나 고생한 끝에 비로소 차례를 분별했습니다. 다만 앞에 결락된 12줄은 보철補綴할 길이 없습니다. 매우 안타깝습니다. 이 비문은 광탁廣拓을 다시 구해 보내주시기를 간절히 바랍니다.[10]

홍현주는 「백월비」, 「인각사비」의 탁본을 옹수곤에게 보내주었지만 여기에는 문제가 약간 있었다. 「백월비」는 옹수곤이 이미 가지고 있었고, 이 비석에 대한 비도까지 그려둔 상태였다. 「인각사비」는 이야기만 듣고 구하지 못해 안타까워하던 차에 홍현주를 통해 받아 보기는 했지만 완전한 상태가 아니었다. 이 때문에 옹수곤은 제대로 된 탁본을 다시 구해달라고 했던 것이다. 이때만 해도 조선의 지식인들은 여전히 탁본을 완상용으로만 인식하고 있었다. 따라서 비문 전체를 탁본으로 뜬 것은 별로 없었다. 비문 전체의 길이와 폭, 1행의 글자 수 등이 필요했던 옹수곤의 입장에서는 난감할 수밖에 없었다.

　옹수곤은 부친인 옹방강의 저서 『동척고銅尺考』와 방한건초동척仿漢建初銅尺이라는 자 하나를 홍현주에게 선물했다. 홍현주에게 자를 선물한 것은 금석문의 길이를 잴 때 방한건초동척을 사용하여 측정하라는 의미였다. 이 자는 한나라 건초建初(76~84) 연간에 구리로 만든 자를 그대로 본떠서 옹방강이 자단紫檀으로 만든 것이었다. 후한後漢 장제章帝 때의 동척銅尺으로 고대 건축물이나 기물을 측정할 때 표준이 되었다. 곡부曲阜의 공상임孔尙任이 강희 26년(1687)에 강도江都 민의행閔義行의 집에서 입수한 것으로 옹방강은 건륭 37년(1772)에 그 탁본을 얻게 되었다. 이후 옹방강은 곡부의 공씨 집을 찾아가 동척을 빌려 자단목으로 똑같이 만들었는데, 그때가 1792년이었다. 1812년에는 옹방강의 제자 섭지선葉志詵(1779~1863)이 구리로 세 개를 만들어 완원과 옹방강에게 하나씩 선물하고 자신도 하나를 가졌다.[11] 이 자의 탁본은 김정희에게도 전해졌는데, 옹수곤은 이를 홍현주에게도 선물했던 것이다. 다음은 옹수곤이 홍현주에게 보낸 편지의 일부이다.

이 목척木尺은 모방하여 만든 지 여러 해가 되었습니다. 늘 사용하다 보면 쉽게 마모될까 염려하여 원래의 자에 비해 반 푼 정도 작게 제작된 것 같습니다. 추사에게 지난번에 보낸 진짜 자의 탁본이 있으니 빌려다 비교해보면 길이에 차이가 없을 것입니다.[12]

이처럼 조선 금석문 수집을 위한 옹수곤의 집념은 대단했다. 두 번째 편지를 받은 뒤 1813년에 홍현주는 옹수곤에게 「문수원중수비文殊院重修碑」, 「척주동해비陟州東海碑」, 「청허사비명淸虛寺碑銘」 등의 탁본을 보내주었다. 이 편지가 1814년 10월 24일에 옹수곤에게 도착하자, 옹수곤은 다음 날 25일에 긴 편지를 써서 홍현주에게 보냈다. 특히 옹수곤은 「문수원기」를 고증하기 위해 『고려사』 등의 자료를 보내달라고 부탁했다. 이후에도 조선의 금석문이 중국에 전해지는 빈도가 잦아지면서 중국의 지식인들은 조선의 고대사에 관심을 갖기 시작했고, 『고려사』와 같은 조선의 역사서를 보내달라는 부탁을 하곤 했다. 또한 옹수곤은 향후 금석문의 탁본을 보내줄 때 비문의 전말과 소재지 등 비문에 관한 기본 정보를 함께 보내달라고 부탁했다. 중국인의 입장에서는 비문에 관한 정보가 전혀 없는 상태에서 조선의 비문을 연구한다는 것이 무척 힘들었기 때문이다. 편지와 더불어 옹수곤은 중국에서도 얻기 힘든 「화도사비化度寺碑」, 「한희평석경잔자漢熹平石經殘字」 등의 탁본을 보내주었다. 향후 편지와 탁본을 보낼 때 주의 사항을 함께 적어 보내기도 했다.

「한건초척」 탁본 옹방강 부자
가 보내준 「한건초척」의 탁본을
근거로 김정희가 만든 「한건초
척」의 탁본. 소장처 미상

부탁드린 고비古碑는 제게만 보내주시면 물건이 제자리를 찾는 것입니다. 경솔하게 다른 친구에게 보내서 제가 좋아하는 것을 빼앗기는 일이 없도록 해주십시오.[13]

조선과 청나라 지식인들의 교유가 활발해지면서 연행은 두 나라 지식인들의 선물 교환 수단이 되었다. 그 양은 상상할 수 없을 정도로 많았다. 그렇다 보니 중간에 배달 사고도 잦았다. 특히 조선 금석문 수집의 열풍이 불면서 조선에서 보낸 금석문 탁본이 중간에 사라지는 일도 빈번했던 것으로 보인다. 그들 중에는 조선 금석문을 수집하여 책을 만들려는 사람들이 여럿 있었다. 당연히 그들 사이에 경쟁이 일어났다. 옹수곤은 조선의 금석문 탁본을 독점하고 싶었기 때문에 다른 사람에게는 보낼 필요 없고 자신에게만 보내달라고 부탁했던 것이다. 이를 위해 옹수곤은 홍현주에게 보낸 편지에 아주 특별한 자료를 보냈다. 바로『비목』이라는 책자였다. 자신이 구하고 싶은 비문의 목록을 작성한 것인데, 옹수곤은 홍현주뿐만이 아니라 심상규, 김정희 등에게도 같은 내용의 자료를 보냈다.『비목』앞부분의 내용을 보자.

비문마다 전액篆額(비석의 제목에 해당하며 주로 전서로 씀) 부분까지 연결되도록 탁본을 떠서 보내주십시오. 비문의 사방은 여백을 남겨서 원비原碑의 길이를 고정考定하기 편하게 해주십시오. 보내달라고 부탁드리는 것들은 중요한 건들이므로 이 종이를 형의 자리 한쪽에 붙여두시고 가끔

생각하면서 제가 곁에 있는 듯이 여겨주십시오.[14)]

옹수곤은 이미 조선의 금석문에 관해 상당한 정보를 가지고 있었다. 물론 김정희를 비롯한 조선의 학자들이 제공한 것을 토대로 작성한 것이기는 했지만, 사이사이 자신의 생각을 적어 넣은 곳도 있다. 「신라북순비」조에서는 "한예漢隸 중에서 가장 오래되었다"고 설명하였으며, 「신라인각사비」조에서는 다음 설명이 추가되어 있다.

> 이 탁본은 지난해 형께서 보내주신 것입니다. 앞쪽 18행이 없어서 매우 안타깝습니다. 전탁全拓을 구할 수 있도록 힘써주시기 바랍니다. 원정元貞 원년元年에 사문沙門 죽허竹虛가 왕희지의 글씨를 집자한 것입니다. 비문 전체와 전액을 구해주십시오.[15)]

옹수곤은 34종의 비명을 열거하고 하나하나 간단한 설명을 붙였다. 끝에 다시 한 번 부탁하는 말을 남겼다.

> 이상의 비석들은 모두 탁본을 보내주십시오. 많을수록 좋습니다. 성원星原은 간절히 바랍니다.[16)]

옹수곤의 금석문 수집에 대한 열정은 대단했다. 1812년 동지정사였던 심상규와 함께 서장관으로 갔던 이광문도 1813년 1월 옹수곤을 만났는데, 옹수곤은 이들에게도 똑같은 부탁을 했다. 이광문은 귀국한 그해 10월에 동지정사로 떠난 한용탁韓用鐸(1759~1817) 편에 선물을 보내주었다. 이에 옹수곤은 1814년 1월 21일 답장에『비목』도 함께 보내 조선 금석문을 보내달라는 부탁을 했다.

> 형께서는 나를 알고 아껴주시니 만 리 먼 곳에 있는 친구의 부탁을 저버리지 않을 것입니다.[17]

옹수곤은 이와 함께 서적을 비롯해 여러 가지 선물을 보내주었다. 특히 옹방강이 기윤을 위해 쓴 대련의 탁본을 보내면서 이 선물들은 조선 금석문 수집을 부탁하기 위한 것이라고 떳떳하게 밝히고 있다.

> 이것은 가대인家大人(옹방강)께서 기문달紀文達(기윤) 공을 위해 쓴 구절입니다. 일찍이 목판에 새겨 유통되었는데, 제가 형을 위해 손수 탁본을 떠서 보내드립니다. 앞으로 형께서 저를 위해 널리 금석문을 구해달라는 부탁을 하려고 이렇게 먼저 선물을 드리는 것입니다.[18]

옹수곤이 조선 금석문 수집을 위해 얼마나 많은 노력을 기울였는지 알 수 있는 대목이다. 이뿐만이 아니었다. 옹수곤은 조선의 금석문을 연구하기 위해 조선의 역사책에 대해서도 관심을 두고 있었다. 그 중『고려사』는 가장 중요한 책이었다. 금석문 중에는 고려 시대 인물들에 관한 정보가 필요했기 때문이었다. 하지만 당시 『고려사』는 조선에서도 완질을 구하기 힘들어서 조금씩 채워 나갈 수밖에 없었다. 이 때문에 옹수곤은 이광문에게도 편지를 보내 『고려사』 31권과 39권을 보내달라는 부탁을 했다.[19] 최근에는 조선 문인이 청나라 문인에게 보낸 『고려사』 필사본이 영국 케임브리지대학교 도서관에 소장되어 있다는 사실이 알려지기도 했다.[20] 이 책에는 유희해의 장서인과 함께 옹수곤의 제지題識가 남아 있다. 옹수곤의 글을 보자.

> 이 책은 모두 여덟 상자다. 계유년(1813) 12월 1일에 빌려와 집에 소장하고 있던 책과 대조해보았다. 갑술년(1814) 삼월 삼짇날 뒤 닷새 만에 비로소 끝마치고는 책상머리에 두었으니 모두 108일이었다. 당나라 때 장서가로 유명했던 업후鄴侯 이필李泌의 집 서가에 꽂혀 있던 3만 축의 책을 생각해보니 정밀하게 섭렵한 사람이 아니고는 감히 옛것을 즐긴다고 쉽게 말하지는 못할 것이다. 대흥大興 옹수곤은 기록한다.[21]

장서인으로 볼 때 유희해가 소장하고 있던 책을 옹수곤이 빌려다 본 것으로 추정되는데, 금석문 연구를 위한 청나라 문인들의 『고려사』에 대한 관심을 엿볼 수 있다.

1812년 10월 이광문과 함께 동지정사로 연행했던 심상규 또한 귀국한 그해 10월에 연행사를 통해 옹수곤에게 선물과 함께 소식을 전했다. 옹수곤은 조선의 금석문 탁본과 서적을 구해달라는 부탁을 하

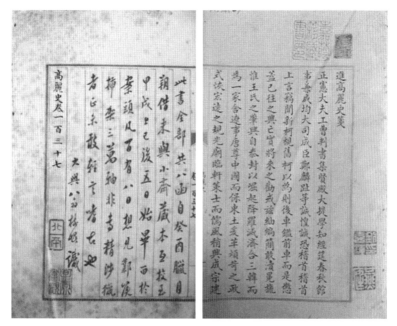

『고려사』 필사본 조선 문인이 청나라 문인에게 보낸 책이다. 유희해의 장서인과 옹수곤의 제지가 남아 있다. 국외소재문화재재단 사진 제공. 영국 케임브리지대학교 도서관 소장

였고, 『비목』을 함께 보냈다.

> 널리 탁본을 구하여 보내주십시오. 목록을 첨부하였으니 신경 써서 구하신 후 보내주시기 간절히 바랍니다.[22)]

옹수곤이 조선 지식인들과 긴밀하게 연락을 취하며 금석문 연구에 몰두할 수 있었던 것은 누구보다도 김정희 덕분이었다. 신위, 심상규, 이광문, 홍현주 등도 김정희의 소개가 있었기에 교유가 가능했던

것이다. 그만큼 김정희와 옹수곤의 관계는 긴밀했다. 특히 옹수곤은 자신의 자인 '성원星原'과 김정희의 호인 '추사秋史'에서 한 글자씩 따서 '성추星秋'라는 인장을 새겨 사용하기도 했다. 얼마 후 김정희의 소개로 자하 신위와 정벽貞碧 유최관柳最寬을 알게 되자, 자신의 서재에 '성추하벽지재星秋霞碧之齋'라는 편액을 걸기도 했다. 그것은 '성추星秋'에 '자하紫霞'의 '하霞', '정벽貞碧'의 '벽碧'을 더하여 만든 서재 이름이었다.

이처럼 조선 문사들과 교유가 깊어지면서 옹수곤의 서재에는 김정희를 비롯한 조선의 문인들이 보내준 금석문 탁본이 가득했다. 그러나 금석문에 대한 학문적 연구 상대는 김정희 한 사람이었다. 필자는 김정희가 옹수곤에게 보낸 편지 초고를 확인했다. 실물이 아닌 복사본이라는 게 아쉬웠지만 금석문을 매개로 두 사람의 교유를 확인할 수 있는 중요한 자료였다.

사실 귀국 당시만 해도 김정희는 금석학보다는 경학에 관심이 더 많았다. 그의 관심은 온통 경학과 옹방강의 저술을 구하는 데 있었다. 이미 간행된 것들은 별 문제가 없었지만, 문제는 간행되지 않고 필사본 형태로 남아 있는 자료였다. 하지만 일은 뜻대로 진행되지 않았다. 이에 김정희는 옹수곤에게 편지를 보내 도움을 요청하곤 했다. 옹수곤 역시 조선의 금석문에 온통 마음을 뺏기고 있었다. 김정희는 옹수곤에게 금석문의 탁본을 보내는 것은 물론이고 금석문을 해독하는 데 필요한 정보도 제공했다. 김정희가 옹수곤에게 보낸 편지 초고에서도

「성추하벽지재」 옹수곤이 조선의 인사에게 명나라 이동양의 글씨를 보내면서 '성추하벽지재홍두주인기증'이라 새긴 탁본도 함께 보냈다. 홍두주인은 옹수곤의 별호다. 수경실 소장

그 일단을 확인할 수 있다.

「묘향비妙香碑」의 고증은 명확하고 논거가 방대하여 고염무, 주이준, 염약거, 호곤胡琨 등이 말할 수 없는 내용입니다. 『고려사』는 과연 우리 나라에서 아주 희귀합니다. 저희 집에 소장한 것 또한 온전치 못합니다. 이에 먼저 ○○○권을 베껴서 드립니다. 이외에는 남인南人에게서 빌려 다 베끼고 있는데, 아직 돌려받지 못했습니다. 내년 가을 사신이 갈 때는 넉넉히 보낼 수 있을 것입니다.

정인지鄭麟趾(1396~1478)란 인물은 장헌왕莊憲王(세종) 때 사람으로

인품이 매우 좋지 않아 정국靖國 때에는 옛 임금을 저버렸습니다. 게다가 그가 편찬한 역사책은 사실을 속인 곳이 많습니다. 주이준이 「국휼편國恤篇」을 칭찬한 것은 오히려 이 책의 사실을 자세히 알지 못했기 때문입니다. 한 가지는 사실에 어긋나는 것이고(失實), 한 가지는 쓸데없이 잡스러운 것이고(蕪襍), 한 가지는 구성이 간략한 것이고(設略), 한 가지는 아첨한 것(諛筆)입니다.

저는 『고려사규오高麗史糾誤』를 지으려고 했는데 미처 책으로 엮지는 못했습니다. 예를 들면 고려 말의 충신들이 모두 본조(조선)에 들어가 있는데 이 뜻이 어디에 있겠습니까? 제 조상 중에 상촌선생桑村先生이 계신데 휘諱는 ○○입니다. 고려 말에 순절하셨는데 당시에 이런 만사輓詞가 있었습니다. "효도를 하면 충성하기 어렵고, 충성을 하면 효도하기가 어렵다네." 선조께서는 또한 「효행여묘비孝行廬墓碑」가 있었는데, 바로 그 효도를 표창한 것이었습니다. 그래서 시인이 앞에서 말했던 게 바로 이것입니다. 이 한 부분을 보면 그 나머지는 추측할 수 있을 것입니다. 또 이둔촌李遁邨(이집李集)의 경우 고려가 망하기 몇 해 전에 죽었는데도 본조에 포함되어 있습니다. 어찌 우스운 일이 아니겠습니까?

우리 동국의 문헌은 중국의 정강靖康의 난과 같은 임진왜란을 거치면서 서액書厄으로 하나도 남은 게 없습니다. 이 책 중에 남아 있는 것은 모두가 임진왜란 이전의 책들입니다. 이 때문에 흩어져버리고 완전한 책이 없습니다. 완질을 소장한 집은 겨우 몇 집입니다. 형께서 기록한 우리나라의 책들은 모두가 고려 시대의 것들인데 전쟁으로 남아 있지 않습니다. 고려 시대의 책 중에서 남아 있는 것은 4~5종으로 이 또한 모두 문인들의 시집뿐입니다. 쪼가리 문자라곤 보잘것없는 금석문에서만 전형을 살필 수 있으니 슬픈 일입니다. 비록 금석을 가지고 이야기한다 해도 왜인들이 모두 부숴버리고, 선본의 경우에는 그 나라로 싣고 갔습니다. 「흥법사비興法寺碑」 역시 싣고 가다 중간에 실수로 비석이 반으로 끊어지자 결국 버리고 가버렸습니다. 「신라태종비新羅太宗碑」, 「유인원비劉仁願碑」 또한 그 반을 부숴버렸습니다. 지금 남아 있는 것은 그 전액篆額뿐입니다. 상고해보면 알 수 있을 것입니다. 『복초재집復初齋集』에 있는 「진사명절구晉祠銘絕句」를 보니 '신라일본대양동新羅一本大洋東'이라 한 게 있던데, 「흥법비興法碑」를 가리키는 것입니다. 정확한지는 모르겠습니다.[23]

김정희가 이미 『고려사』의 문제점을 알고 『고려사규오』를 편찬할 계획까지 세우고 있었다는 것은 놀라운 일이다. 그리고 일부 금석문에 대한 상당한 정보를 가지고 있었을 뿐만 아니라, 이를 해독하기 위해 우리 역사서를 깊이 연구했음을 방증하는 기록이기도 하다. 왜적들이 싣고 가다가 버렸다는 「흥법사비」에 대해서는 일찍이 홍양호가 기록을 남겨두었다.

원주原州 영봉산靈鳳山의 「반절비」는 고려 태조가 글을 짓고 최광윤이 왕명을 받들어 당나라 문황제文皇帝의 글씨를 집자했다. 임진왜란 당시에 왜놈들이 수레에 싣고 동쪽으로 가다가 죽령竹嶺에 이르렀을 때 비석이 둘로 끊어지자 반절만 끌고 갔다. 임진왜란이 평정되자 관동關東 수령이 다시 원주에 끌어다 놓아「반절비」라 불렀다.[24]

김정희의 편지에서 알 수 있듯이 김정희는 금석문에 대해서도 많은 정보를 가지고 있었다. 당연히 옹수곤은 그런 김정희에게 무한한 신뢰를 보냈다. 따라서 탁본의 석문을 만들고, 비도를 그린 다음 김정희에게 보내 교정을 부탁하였고, 추가 정보를 얻기도 한 것이다.

1815년 1월 19일 옹수곤은 김정희에게「인각사보각국존정조탑비탁본麟角寺普覺國尊靜照塔碑拓本」을 필사한 책을 보내왔다. 이 비의 앞면은 민지閔漬(1248~1326)가 글을 지었고, 뒷면은 승려 입산立山이 글을 지었으며 사문沙門 죽허竹虛가 왕희지의 글씨를 집자하여 1295년에 청분淸玢이 세웠다. 옹수곤은 이전에 홍현주에게서 받았던 이 비석의 탁본을 근거로 해석을 시도하여 다른 사람에게 정사淨寫를 시켰다. 그리고 본문의 앞뒤에는 자필로 궁금한 사항을 질문해놓았다. 또한 빠진 글자를 보충하여 기록해달라는 부탁과 함께 소장하고 있는 정탁본精拓本이 있으면 보내달라고 요청했다. 이 책의 앞면에는 다음 글이 실려 있다.

을해(1815) 봄에 추사 경형께 보내드립니다. 살펴보시고 바로잡아 주십시오. 이 절의 내력이 조선의 역사책에는 기록되어 있지 않습니다. 자세하게 상고하고 전문全文을 기록하여 겨울 사행 편에 보내주시기만을 기다리겠습니다.

인각사비〔성원의 석문〕

이 비문의 전면은 민지가 지은 것 같습니다. 전에 보내드린 『비목』 중에서 "앞에 12줄이 빠졌다"고 한 것은 바로 약헌(홍현주)이 보내준 구장본舊裝本입니다. 제가 그 차례에 따라 상고하여 1책으로 기록하여 보내드립니다. 형께서 보시고 그 앞에 빠진 부분을 대신 보충하여 써주십시오. 혹은 약헌과 함께 원비原碑를 찾아 바로잡아 주십시오.[25]

옹수곤은 『비목』을 홍현주, 심상규, 이광문뿐만이 아니라 김정희에게도 보냈다. 옹수곤에게는 조선에서 친구들이 보내준 탁본들로 석문을 만들고 고증하여 조선 금석문에 관한 연구서를 편찬할 계획이 있었던 것이다. 또 이 책의 뒷부분에는 다음 기록이 있다.

형에게 양면이 온전한 구탁본이 있으면 한 부 보내주십시오. 혹은 큰 종이를 이어 붙여 앞뒷면의 탁본을 뜨면 고경攷鏡(참고하여 거울로 삼음)에 자료가 될 것입니다. 글 안에 '보령팔십사寶齡八十四'라 했으므로 실제로는 개희開禧 2년 병인(1206)에 태어나 원나라 지원至元 26년 기축(1289) 7월 8일 을유에 입적했습니다. 이 비는 원나라 성종成宗 원정元貞 원년元年 을미(1295)에 세워졌으므로 대사가 입적한 후 7년만의 일입니다. (바빠서 자세하게 살피지 못하고 우선 이대로 두고 연구를 기다립니다.)

가경 을해(1815) 1월 19일 대흥 옹수곤 씀. 〔성원星原/심정審定)[26]

이때 옹수곤은 김정희에게 「인각사보각국존정조탑비 탁본」만 보내
온 게 아니었다. 옹수곤은 「평백제탑비」의 비문 역시 동일한 방법으로
제책하여 김정희에게 보내주었다. 이 책의 앞부분에는 다음 글이 실
려 있다.

비액碑額 2행을 제외한 가로 길이는 목장척木匠尺으로 가로 4장丈 6
척尺 2촌寸, 높이는 5척尺 2촌寸 5푼分, 모두 118행입니다. 앞부분은 70
행인데 매 행마다 16자이고(碑文), 뒷부분은 47행인데 매 행마다 20자(碑
銘)입니다. 이 책은 비도에 따라 석문을 만든 것입니다. 기효람紀曉嵐 선
생께서 주신 탁본과 홍양호의 발문이 있는 탁본, 그리고 형께서 보내주
신 구탁본을 합한 다음, 행을 따라 글자마다 고심하며 정밀하게 교정하여
30일 만에 완성했는데, 모두 1,631자입니다. 동국에는 틀림없이 구탁舊
拓의 완정한 선본이 있을 것입니다. 형께서 힘써서 알아봐주시고 전문을
모두 기록하여 보내주신다면 더욱 고맙겠습니다. 이 책에 틀린 곳이 있
으면 지적해주십시오. 꼭 별록別錄 1책을 구하여 겨울 사신 편에 보내오
기를 기다리겠습니다.

을해 1월 19일 수곤
유혜풍柳惠風(유득공)이 이 비에 대해 쓴 시에서 "당인唐人들이 모두

글씨를 잘 쓴다는 것을 비로소 믿게 되었지만, 권회소라는 이름이 사전 史傳에 보이지 않는다"고 한 것은 어찌된 일입니까?「유인원비」의 필법은 이 사람이 쓴 것이 아닌 것 같습니다.[27)

이어서「평백제탑비」의 석문이 정서淨書되어 있다. 그리고 끝에는 옹수곤이 쓴 다음 문구가 필사되어 있다.

이 비는 가군家君(옹방강)의 제발이 있습니다. 별지에 모사하여 보내드 리오니 자세히 살펴보시면 모두 알 수 있습니다. 가군의 편지 안에 첨부 했습니다.[28)

옹수곤은 이미 조선의 역사에 관해 상당한 정보를 가지고 있었다. 그래서 단기간에 깊이 있는 연구를 진행할 수 있었던 것이다. 김정희 는 옹수곤이 보내준 자료를 받아보고 장문의 글을 써서 옹수곤에게 보냈다. 하지만 그것이 마지막이 될 줄은 꿈에도 생각하지 못했다. 옹 수곤은 그해, 1815년 8월 28일에 요절하고 말았다. 옹방강은 김정희 가 보내온 자료를 받아보고 비통함에 잠겨 김정희에게 부음을 알렸 다. 중국 역사상 최초의 조선 금석문 연구가라 할 수 있는 옹수곤은 그렇게 짧은 생을 마감했다.

〖 옹수곤의 조선 금석문 연구 성과 〗

앞에서 검토하였듯이 김정희는 옹수곤과 편지를 주고받으며 조선의 금석문 탁본과 금석문 연구 자료를 보내주었다. 김정희의 문집에는 충청도 직산현감稷山縣監으로 떠나는 이에게 써준 전별시에서 「봉선홍경비奉先弘慶碑」를 찾아보라고 부탁하는 시가 실려 있다. 직산현감이 누구인지 나타나 있지는 않지만, 1816년에도 선산부사로 떠나는 홍세주洪世周에게 시를 지어준 적이 있는 김정희의 교유 관계로 볼 때, 1814년 1월에 직산현감이 된 홍세주일 것으로 추정된다. 김정희는 직산현감으로 떠나는 홍세주에게 시를 지어주며 그 비석의 탁본을 부탁했던 것이다.

위천渭川의 대나무도 부럽지 않고	不羨渭川竹
울림鬱林의 돌도 부럽지 않네	不羨鬱林石
부러운 건 옛 백성白城 여기저기에	獨羨舊白城
고적이 많이 있다는 것뿐	歷歷多古蹟
십제十濟 시기의 위례성慰禮城	慰禮城十濟
오색구름 끼는 성거산聖居山	聖居雲五色
「봉선홍경비奉先弘慶碑」는	奉先弘慶碑
멀리 흑수黑水의 각석刻石까지 거슬러가네	遠溯黑水刻
옛날에 듣기로 단전게丹篆偈에는	昔聞丹篆偈

구양순의 파책波磔²⁹⁾이 남아 있고	是歐陽波磔
오백 년 전의 이끼에는	五百年前苔
원기가 쌓여 흘러내린다네	淋漓元氣積
그대가 이번에 그곳으로 가는 걸 보니	君今此中去
묵연墨緣이 참으로 특별한 모양일세	墨緣儘奇特
10만 관의 돈은 쌓아둘 수 있어도	十萬貫可纏
돌 한 조각은 구하기 어려운 법	一片石難得
번거롭겠지만 그대에게 비결을 전해주니	煩君傳秘諦
나를 위해 탁본 하나 떠다 주시게	爲我試一拓
비바람 몰아치는 황폐한 덤불 속에	風雨榛荒處
나타났다 사라졌다 모두가 운수라네	顯晦有消息
나는 알고 있다네	吾知稷之民
직산의 백성들이 손들어 찬양하리라	擧手欣加額
어진 정치가 저 돌에까지 미치거늘	仁政及此石
하물며 백성들이야!	況復黎與赤³⁰⁾

김정희가 시에서 말한 「봉선홍경비」는 옹수곤이 『비목』에서 요청한 「봉선홍경사갈기」를 의미한다. 이 비석에 대해서는 일찍이 계곡谿谷 장유張維(1587~1638)도 다음과 같은 시를 남겼다.

평천平川에서 관도官道 따라	平川帶官道

가시덤불 수십 리를 가다 보면	莽蒼數十里
길옆엔 고려 시대 사찰 하나가	道傍前朝寺
언덕 위에 비스듬히 터만 남았네	坡陁留故址
안개는 어둑하니 참담한데다	風煙黯慘淡
언덕과 늪지대가 이어 있는데	原隰紛迤邐
샘물 마른 우물은 메워져 있고	泉枯井已堙
돌 빠진 석탑도 무너져 있네	石倒塔亦圮
그 곁엔 옛 비석 하나가 남아	唯有古碑在
덤불 속에 우뚝하니 솟아 있는데	突兀荒草裏
귀부와 이수가 온전한데다	龜龍未剝落
글자 획도 그런대로 볼 수 있다네	字畫猶可視
웅장한 가람은 고려의 건물	傑構叛麗代
뛰어난 문장은 한림학사翰林學士의 솜씨	鴻文出學士
지금부터 세월은 얼마나 흘렀을까?	去今知幾何
이미 오백 년이 지나갔구나	已過五百祀
문장이 웅장하고 화려한데다	詞釆頗巨麗
필적은 용과 뱀이 일어나는 듯	筆蹟龍蛇起
빗돌이 생산된 곳 어느 땅인가?	貞珉産何地
빛이 나고 매끄러워 흠 하나 없네	瑩滑無玷滓
처음 사찰을 세우던 그날	當其建立日
오늘 이리 될 줄 어찌 알았으리오	豈道今如此

건물은 흔적 없이 사라져버렸고	禪宮旣銷歇
고려도 멸망하고 말았네	麗鼎亦顚趾
물거품과 환영에 담긴 의미는	因知泡幻理
부처의 가르침을 증명하지만	盆證空門旨
문장만은 그래도 믿을 만하여	文章差可恃
세월 가도 사라지지 않고 남았네	獨不隨逝水
이리저리 쓰다듬다 차마 떠나지 못해	摩挲不忍去
우두커니 선 채로 지는 해 보내며	佇立送殘晷
탁본이 널리 퍼져서	願言廣墨本
오랜 세월 끊임없이 감상되길 바라네	傳玩無窮已[31]

평천은 충청도 성환成歡에 소속된 역참이다. 고려 현종顯宗이 직산 북쪽 15리 지점에 승려 형긍迥兢에게 사찰을 건립하게 하고, 병부상서 강민첨姜民瞻 등이 감독하여 200여 칸이나 되는 큰 사찰을 세웠다. 그리고 봉선홍경사奉先弘慶寺란 이름을 내렸는데 절은 없어지고 한림학사 최충崔沖이 글을 지은 비석만 남게 된 것이다.[32] 이 비석은 이미 조선에서도 널리 알려져 있었다는 사실을 확인할 수 있다.

이처럼 김정희는 옹수곤을 위해 금석문을 수집하고 연구했다. 그렇다면 옹수곤은 열심히 수집하고 연구했던 조선 금석문의 연구 성과로 무엇을 남겼을까?

옹수곤의 조선 금석문 연구 저작이 알려진 것은 서유구徐有榘(1764~

1845) 『임원십육지林園十六志』의 『이운지怡雲志』권5 「예완감상藝翫鑑賞」
에 부록으로 실린 「동국금석東國金石」조를 통해서다.[33] 서유구는 우리
나라의 금석문을 소개하며 옹수곤의 『비목쇄기碑目瑣記』를 여러 곳에
서 인용했다. 따라서 이를 근거로 옹수곤이 『비목쇄기』라는 조선 금
석문 연구서를 남겼을 것으로 추측할 뿐이었다. 실물은 확인되지 않
았기 때문이다. 그런데 이 책의 초고본이 북경대학교에 『해동문헌海東
文獻』이란 제목으로 소장되어 있다는 사실을 박현규 교수가 처음 소
개했다.[34] 이 책의 본문에는 '옹수곤인翁樹崑印'이라는 백문방인白文方
印(하얀 글씨의 네모난 도장)이 찍혀 있고, 도광 30년(1850)에 유위탄劉位坦
이 쓴 서문이 함께 실려 있다.

이 책은 소재(옹방강)의 아들 옹수곤 성원 선생의 찰기札記인데, 모두
동국(조선)의 금석문과 서적이다. 저술을 하려다가 마치지 못한 듯하다.
도광 초기에 옛날 종이 더미에서 찾은 것인데, 30년이 지나도록 상자 속
에 넣어두어 잃어버리지 않았다. 제성諸城 사람 유연정劉燕庭 방백方伯
이 모은 『조선금석지朝鮮金石志』와 비교해보면 이 책보다 수집한 것은
많아도 인용한 책은 미치지 못하는 것 같다. 이를 통해 성원이 당시에 얼
마나 부지런히 힘썼는지 알게 되었다. 더 이상 훼손되지 않도록 빨리 책
으로 꾸며서 보존한다.[35]

본래 이 책은 제목도 없고 상태도 좋지 않은 낱장 형태의 원고 뭉치

였다. 옹수곤이 조선에서 보내온 금석문을 정리한 원고였던 것이다. 아울러 여기에는 금석문을 이해하는 데 필요한 조선의 문헌도 기록되어 있었다. 원고의 내용이 범상치 않음을 알아본 유위탄이 이것을 책의 형태로 만들었고, 후에 이 책의 내용을 보고 누군가 '해동문헌'이란 제목을 붙인 것이다. 비록 일부만 남아 있지만, 『비목쇄기』를 살펴볼 수 있는 중요한 자료라 할 수 있다. 『비목쇄기』는 훗날 온전한 형태로 정리되어 조선에 전해진 것이 분명한데, 서유구가 인용한 서목에 들어 있다는 점이 그 증거다. 또한 옹방강이 『해동금석영기』「무장사비」에서 "발재쇄기지일책내跋在瑣記之一冊內(발문은 『쇄기』 1책 안에 있다)"라고 한 것으로 보아 『쇄기』가 이미 별도로 정리되어 있었다는 사실을 확인할 수 있다. 이후 옹방강은 옹수곤이 사망하자 김정희에게 편지를 보내 옹수곤이 조선의 금석문 연구에 몰두하였고, 또 상당한 성과를 거두었다고 자랑했다.

늙은이가 불행하여 넷째 아들이 여름이 끝나고 가을이 시작될 때 병이 들어 일어나지 못하더니 8월 28일에 세상을 떠났습니다. 늙은이가 이렇게 쇠약한 몸으로 이처럼 참혹한 변고를 당하고 보니 눈물을 억누르고 감히 슬퍼하지도 못합니다. 이 아이가 대아大雅(김정희)의 정성스럽고 간절한 가르침과 사랑을 자주 받았으니 더욱 고마울 뿐입니다. 이 아이는 일찍부터 친구가 적었고, 오직 존형과의 우정을 일찍부터 마음으로 맹세한 바이니, 존형이 이 소식을 들으면 너무도 슬퍼할 것입니다. 늙은이는 다른 학문이 없습니다. 이 아이는 아직 과거에 합격하지 못했고, 과거에 필요한 글은 끊어버렸습니다. 이 때문에 경학과 고정학考訂學은 제대로 공부하지 못했고, 시는 근체시만 조금 배웠으며, 고시古詩에 대해서는 아직 깊은 조예도 없습니다. 다만 금석金石의 고증考證은 그 성품상 일찍부터 즐기던 것인데, 몇 년 동안 오형吾兄이 멀리서 보낸 고비古碑의 탁본들을 받고 편지를 주고받으며 변석辨析하면서 얻은 것이 꽤 있습니다. 그 아이는 또 모방摹仿·향탑響搨·구록鉤錄·전랍氈蠟 등의 방법을 세밀한 데까지 파고들어 이 아이가 지은 금석문을 연구한 여러 건은 대아에게 한두 가지 자료가 될 만한 게 있을 것입니다.[36)]

이를 보면 옹방강은 아들의 죽음을 김정희에게 알리면서 옹수곤의 금석문 연구 성과를 함께 보냈을 것이 분명하다.

『해동금석영기』는 김정희 연구의 대가였던 후지쓰카 지카시藤塚鄰의 구장본으로, 2006년에 그 아들인 후지쓰카 아키나오藤塚明直가 과천시에 기증하면서 그 존재가 알려졌다. 당시 이 책은 옹방강의 저작으로 소개되었고, 언론 등에 공개된 표지와 한 장의 사진을 접한 필자도 석사학위 논문에서 옹방강의 저작으로 언급했다. 이후 과천문화원은 2010년 12월에 『해동금석영기』를 탈초, 번역 및 영인 출판했다.[37)] 이를 통해 필자 또한 면밀히 검토할 기회를 갖게 되었다. 내용을 검토한 결과, 표지 글씨 및 본문의 글씨가 옹방강 만년의 글씨로 보기는 어려웠다. 더욱이 서술 방식을 살펴보면 김정희와 옹수곤이 주고받은 편지와 제발을 초록한 것들이었는데, 서술의 주체가 옹방강이 아니라는 결론을 내렸다. 박현규 교수는 『해동금석영기』를 검토한 논문 발표에서 『해동금석영기』의 저자를 옹수곤으로 확정했다.

『해동금석영기』는 조선의 금석문에 대한 단편적 내용을 간략하게 기록해놓은 것이다. 옹수곤의 저작이긴 하지만 김정희 금석학에서도 중요한 의미를 지닌다. 옹수곤은 조선의 금석문에 관심을 가지고 수집과 연구를 병행했는데, 상당한 양의 탁본을 김정희가 보내줬고 그 탁본을 연구하는 데 김정희의 도움이 컸기 때문이다. 김정희의 금석학 연구는 옹수곤이 사망한 이후에 본격적으로 시작되었으며, 옹수곤 생전에는 금석학을 연구한 흔적을 찾기조차 어려웠다. 옹수곤에게 우리의 금석문 탁본을 보내주고, 옹수곤의 편지에 답을 하는 과정에서 자연스럽게 금석학 연구 방법론을 배워나갔다. 『해동금석영기』에는 김정희의 금석학 학습 과정이 잘 드러나 있다. 옹수곤은 탁본을 뜨는 방법부터 연구 성과를 정리하는 방법까지 세세히 알려줬다. 김정희 역시 옹수곤의 물음에 성실히 답했음은 물론이다.

『해동금석영기』에는 총 28종의 조선 금석문에 대한 상세한 기록이 남아 있다. 이 중 일부에는 김정희가 탁본을 보내주며 쓴 제발도 인용되어 있고, 김정희가 쓴 편지의 일부도 포함되어 있다. 인용처에 '추사秋史'를 별도로 표기한 것만 뽑아 정리하면 다음과 같다.

麟角寺碑 ☐廿七☐

☐☐云鉄前十二頁者手未知何謂也此碑係前

後面前面閔漬撰後面程山立述此碑之遺搨

碑之三面舒祇此苐署☐世苐次且正漢耳

漢之三面後庸礼失次之誤之三賢正碑之在

義興縣

年漬任知閔漬撰石殘後面之為山立述而之之之後係

礼年此批之

此批者君後面此一段係前面寫意閔漬撰塞在

年之此則有直接兰閔漬殿如羊君也此耳

達家藏本漬礼之次之之前後年漬未收致其好也北
　　麟角寺碑
　　後面釋山之述

「신라태종무열릉비전新羅太宗武烈陵碑篆」

신라 태종 김춘추의 비석으로 경주(계림)에 있다. 김인문이 전서를 썼다. 원래 비석은 명나라 만력 임진년에 왜적들이 부수어 이 전액만 있다. 『삼국사기』(김부식 지음) 신라 신문왕 12년에 당나라 중종中宗이 사신을 보내 구두로 내린 칙명이 있다. "우리 태조 문황제의 신묘한 공덕과 성스런 덕업은 천고에 뛰어나셨다. 그래서 돌아가신 날에 묘호廟號를 태종太宗이라 했다. 너희 나라의 선왕인 김춘추金春秋가 이와 묘호가 같으니 참 분수를 모르는 일이다. 빨리 고쳐야 한다."

왕과 여러 신하가 함께 의논하여 말했다. "조그만 나라의 선왕이신 춘추의 시호諡號가 우연히 성조聖朝의 묘호를 침범하여 칙령으로 고치게 하시니 신이 감히 명을 따르지 않겠습니까? 그러나 생각해보면 선왕이신 춘추는 참으로 어진 덕이 있습니다. 하물며 생전에는 어진 신하인 김유신을 얻어 한마음으로 정사를 돌봐 삼한三韓을 통일했으니 그 공업이 적지 않습니다. 돌아가신 날에 온 나라의 신하와 백성이 슬픔과 그리움을 이기지 못해 추존한 시호가 성조의 묘호를 침범한 사실을 깨닫지 못했습니다. 이제 칙명을 들으니 두려움을 이기지 못하겠습니다. 엎드려 바라옵건대 사신께서는 귀국하시어 이 뜻을 황제께 말씀드려주십시오."

이후 다시는 별다른 칙명이 없었다. 이 전액은 또한 동방에서 가장 오래된 전서이다. 서체는 사주史籀의 대전大篆과 이사李斯의 소전小篆

『**해동금석영기**』「인각사비」에 관한 기록이 보인다. 추사박물관 소장사이에 있다. 탑의 원래 비석은 부서져 제대로 읽을 수 없으니 사람들로 하여금 양흔羊欣(남조 송나라의 서예가), 박소지薄紹之(남조 송나라의 서예가) 이전을 생각하게 할 뿐이다.(추사의 원발原跋)[39]

·

「무장사비鍪藏寺碑」
비석은 경상도 경주, 즉 계림에 있다.(추사)[40]

·

「봉덕사종명奉德寺鐘銘」
추사의 원발에 말했다. "종은 신라 때 만들었다. 절은 현재 폐쇄되어 경주 남문 밖에 옮겨 걸었다. 글자는 대부분 뭉개지고 마멸되어 상고할 수 없다. 한림翰林 김필해金弼奚가 글을 지었다."(이상은 추사)[41]

·

「흥국사탑명興國寺塔銘」
고려 강감찬이 세우고 스스로 기록했다. 찬贊을 『고려사』에서는 찬贊으로 썼다. 이 또한 『고려사』의 오류를 보여주는 것이다. 현재는 고려의 옛 도읍에 있다.(추사)
고려 「흥국사탑명」은 고려의 옛 도읍에 있다. 강감찬이 세웠다. 강공의 유적은 단지 이 탑뿐이다. 찬贊을 『고려사』에서는 찬贊으로 썼다. 이

또한 오류를 바로잡아야 할 곳이다.(추사)[42]

●

「인각사비鱗角寺碑」

형이 말한 '12쪽 앞이 결실되었다'는 것이 저는 무슨 뜻인지 모르겠습니다. 이 비석은 전·후면이 있습니다. 전면은 민지가 글을 지었고 후면은 석산립釋山立이 서술하였는데, 이 비석 또한 파괴되어 현재 남아 있는 것은 이것뿐입니다. 제가 대략 그 순서를 바로잡았습니다. 또한 이계耳溪(홍양회)가 앞뒤를 나누지 않아 어지럽게 섞인 순서를 바로잡았습니다. 하나하나 살펴보시고 바로잡아 주십시오. 비석은 현재 의흥현義興縣(지금의 경북 군의군 의흥면)에 있습니다.

이계는 민지가 지은 것만 알았고 뒷면은 석산립이 서술한 것을 고찰하지 못했다. 그래서 앞뒤를 구분하지 않고 어지럽게 섞여 순서를 잃어버렸던 것이다.(추사)

이 비석은 앞뒷면이 있다. 이 부분은 전단前段으로 고려의 민지가 글을 짓고 왕희지의 글자를 집자했다. 여기에는 세로로 실선이 그어져 있는데, 후단後段에는 없다. 일찍이 홍이계의 집에 소장된 것을 보았는데 어지럽게 섞여 순서가 없었으며 앞뒤를 구분해놓지 않았다. 이계가 상고하여 바로잡지 못한 것이다.(추사)[43]

「신라김태사유신비新羅金太師庾信碑」

「신라태사김유신묘비」는 후인이 추가로 세운 것이지 신라 때 비석이 아니다.(추사)[44]

「상촌선생정효비桑邨先生旌孝碑」

바로 제 선조先祖이신데 고려 말에 절의를 세웠습니다. 이 비석은 효행으로 시묘하는 곳에 세워졌습니다. 휘諱는 옛날엔 '자子'로 불렸는데, 후에 '자自'로 고쳤습니다. 『고려사』에는 고치기 전 휘로 기록되어 있습니다. 이 또한 『고려사』의 바로잡아야 할 곳입니다. 비석은 안동부에 있고, 지금도 시묘했던 터가 아직 남아 있습니다.[45]

「승가굴석불후석선배명자僧伽窟石佛後石扇背銘字」

양주 승가굴의 석불 뒤에 있는 석선石扇의 뒤쪽 글씨는 굴이 깊고 어두워 탁본을 뜨기가 아주 어렵습니다. 지금까지 우리나라 금석가金石家 중에서 이를 이야기한 사람이 없습니다.(추사)[46]

「성덕대왕신종지명聖德大王神鐘之銘」

추사가 말하기를 "문장이 대부분 뭉개지고 마멸되어 상고할 수 없다"
고 했다.[47]

여기에 나온 기록들은 김정희의 문집에도 보이지 않을 뿐만 아니
라, 옹수곤과 교유하며 조선의 금석학 연구를 시작하던 김정희의 모
습을 살필 수 있는 유일한 자료들이다. 한편 옹방강은 주로 제발의 형
식을 빌려 조선 금석문의 연구 성과를 남겼다. 문집에 실려 있는 글을
중심으로 살펴보면 다음과 같다.

「발평백제비跋平百濟碑」·「발신라낭공대사탑명跋新羅朗空大師塔銘」·
「발신라무장사비잔본跋新羅鍪藏寺碑殘本」·「발신라쌍계사비跋新羅雙溪
寺碑」·「발고려영통사대각국사비跋高麗靈通寺大覺國師碑」·「발고려중수
문수원기跋高麗重修文殊院記」[48]

옹방강 부자의 조선 금석문 연구 성과는 고스란히 김정희에게 전
해졌고, 김정희는 이들의 연구 방법이나 성과를 자신의 금석문 연구
에 반영했다. 그러나 무엇보다도 옹방강이 김정희에게 끼친 가장 큰
영향은 금석학 연구에 임하는 자세다. 옹방강의 『소재필기蘇齋筆記』에
실린 내용이다.

무릇 일을 하거나 학문을 할 때에는 '부작무익不作無益(쓸데없는 일을 하

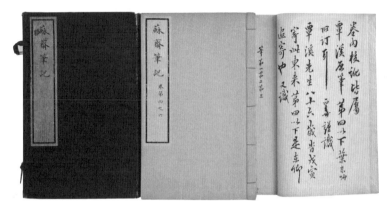

옹방강의 『소재필기』 옹방강 학문의 요약집이라 할 수 있다. 오른쪽은 김정희의 친필이다. 원본의 소재는 알 수 없고 1933년에 영인된 책이 전한다. 수경실 소장

지 않는다'이라는 네 글자를 좌우에 걸어놓아야 한다. 이제 금석문을 저록著錄하는 한 가지만 가지고 이야기해보자. 반드시 그 사건 그 문장 그 자취를 살펴보아서 내게 유익함이 있다고 판단되어야 힘을 쏟는 것이 옳다. 예를 들어 비문을 고증하여 사실史實을 증명하는 것은 본래 하는 것 인데, 진실로 치란治亂의 대국大局과 출처出處의 대절大節에 관계되는 것이라면 비석 하나를 고증하여 역사에서 언급하지 못한 것을 보완하는 일이므로 비록 천백 마디 말이라도 자세하게 변론하는 것은 쓸데없이 벌이는 일이 아니다. 만약 그것이 우연히 한 사람의 역관歷官·연월年月이 역사와 일치하지 않거나 우연히 한 집안의 세계世系와 전후前後가 역사와 상응하지 않으면 역시 전후를 고증하고 대국大局의 경중輕重에 어떤 관계가 있는지 살펴보아야 한다. 만일 그 기록이 우연히 잘못되었다면 일단 고쳐서 바로잡아야 그 사람과 그 책에 보탬이 되므로 자세히 고찰

해보는 것이 옳다. 크게 중요하지 않은 경우라면 고금 석각石刻의 문장 중에 서로 차이가 있는 부분이 얼마인지 알 수 없는데 어떻게 그것들을 보는 것마다 따라다니며 모두 바로잡을 수 있겠는가?[49]

이런 가르침은 김정희가 금석학을 학문으로서 받아들이고 연구하는 데 큰 지침이 되었고, 이후 김정희는 금석문을 연구할 때 옹방강의 이 가르침을 절대 잊지 않았다.

4장
비석 한 조각이 역사를 말한다

.

〖「북한산 진흥왕순수비」, 옛 비석의 정체를 밝혀내다〗

옹수곤이 사망한 그 다음 해부터 김정희는 본격적으로 조선의 금석문을 연구하기 시작했다. 마치 옹수곤이 못다 이룬 꿈을 대신 이루려는 듯 금석문 연구에 매달렸다. 첫 번째 목표는 북한산에 있는 옛 비석이었다. 무학비無學碑 또는 도선비道詵碑라고 전해오던 비석이었다. 김정희는 그 비석의 실체를 확인하고 싶었다. 김정희가 당시 북한산의 비석을 찾아다니던 모습을 살펴볼 수 있는 편지 한 통이 남아 있다.

아침이 되고 보니 날씨가 참 쾌청합니다. 별일 없으리라 생각합니다. 내일 약속은 어떻게 하실 생각이십니까? 제 생각으로는 승가사僧伽寺에 올라가 비석을 찾아보고 아울러 달구경을 하는 것이 제일 좋을 듯합니

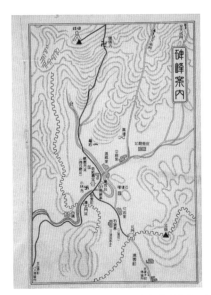

「**비봉 안내도**」 일제강점기에 제작된 비봉 답사 안내도이다.

비봉의 모습 일제강점기에 찍은 것으로 맨 위에 조그맣게 비석이 보인다.

다. 어떻습니까? 내일이 지나면 저 역시 일이 있습니다. 그러나 앞서 하신 말씀은 반드시 함께할 수 있을지 모르겠습니다. 이만 줄입니다.[1]

이 편지의 수신자는 누구인지 알 수 없지만, 김정희가 누군가와 함께 북한산 승가사에 올라가 비석을 찾아보기로 약속하는 내용이다. 그리고 1816년 7월 어느 날, 김정희는 북한산 승가사 뒤쪽의 비봉碑峰에 올라가 마침내 그곳에 무학비 또는 도선비라고 구전되어오던 옛 비석의 정체를 밝혀낸다. 김정희는 당시 상황을 기록으로 남겨놓았다.

이 비석이 무엇인지 아는 사람은 아무도 없었다. 그래서 "요승 무학이 잘못 찾아 여기에 이르렀다는 비(妖僧無學枉尋到此之碑)"라고 잘못 알려져 왔다. 가경 병자년(1816) 가을에 나는 김경연金敬淵과 함께 승가사에 놀러갔다가 이 비석을 보게 되었다. 비면碑面에는 이끼가 두껍게 끼어 마치 글자가 없는 것 같았다. 그런데 손으로 문지르자 글자 형태가 있는 듯했다. 뿐만 아니라 글자가 뭉개지고 이지러진 흔적이 있었다. 그때 해가 뉘엿뉘엿 넘어가고 있었는데 이끼 낀 비면을 비추어 보자 이끼가 글자를 따라 들어가 있었고, 파임 획(波)이 끊어지고 삐침 획(撇)이 뭉개진 것을 어렴풋이 알아볼 수 있었다. 종이를 대고 탁본을 떠서 살펴본 결과 자체字體는 황초령비와 아주 흡사했고, 제1행 진흥眞興의 '진眞'자는 약간 뭉개져 있었지만 여러 번 탁본을 떠 보았더니 '진'자가 틀림없었다. 그래서 마침내 이를 진흥왕의 옛 비석으로 확정했다. 1200년 전의 고적古

蹟이 하루아침에 크게 밝혀져서 무학비라고 하던 황당한 이야기를 변파辨破하게 된 것이었다. 금석학이 세상에 도움이 된다는 것은 바로 이와 같은 것이다. 이것이 어찌 금석의 인연으로만 그치겠는가?[2)]

탁본을 떠서 집에 돌아온 김정희는 그 탁본의 내용을 판독하기 위해 무던히 고심했다. 친구들에게도 이 소식을 알리고 탁본을 보내 서로 연구했다. 그러던 중 「황초령 진흥왕순수비」 탁본과 비교해보던 김정희는 북한산의 비석 글씨가 「황초령 진흥왕순수비」와 밀접한 관련이 있다는 사실을 깨달았다. 그리고 북한산의 그 비석이 「진흥왕순수비」임을 확인했다. 김정희는 조인영趙寅永(1782~1850)에게 편지를 썼다. 자신이 연구한 내용을 정리하여 조인영에게 알린 것이었다.

비바람 몰아치는 가운데 사람을 생각하니 그리운 정을 풀 길이 없습니다. 형은 무슨 생각을 하면서 문을 굳게 닫고 혼자 지내십니까? 재차 비봉의 고비를 가져다가 반복하여 자세히 훑어보니, 제1행 진흥태왕眞興太王 아래 두 글자를 처음에는 '구 년九年'으로 보았었는데 '구 년'이 아니고 '순수巡狩' 두 글자였습니다. 또 아래 '신臣'자 같이 생긴 것은 '신'자가 아니고 '관管'자였습니다. 그리고 '관'자 밑에 희미하게 보인 것은 '경境'자이니, 이것을 전부 통합해보면 곧 '진흥태왕순수관경眞興太王巡狩管境' 여덟 자가 되는 것입니다. 이 예는 이미 함흥 초방원草芳院의 북순비北巡碑에 나타났습니다. 그리고 제7행의 '도인道人' 두 글자는 또 초방원 북순비의 '시수가사문도인時隨駕沙門道人'이란 말과 착오 없이 딱 들어맞습니다. 또 제8행에는 '남천南川'이란 두 글자가 있는데, 이 두 글자는 이 비의 고실故實에 있어 가장 중요한 곳입니다. 진흥왕 29년에 북한산주北漢山州를 폐하고 남천주南川州를 설치하였으니, 이 비는 의당 진흥왕 29년(568) 이후에 세운 것이지, 진흥왕 16년(555)에 북한산주에 순행巡幸하여 봉강封疆을 탁정拓定할 때에 세운 것이 아닙니다. 또 제9행의 '부지급간미지夫智及干未智' 여섯 자는 저 초방원의 비에서 수행한 여러 사람의 관작官爵과 성명을 기록한 것과 부합되니, '부지급간미지' 이 여섯 자는 관명과 인명인 듯하나, 어느 것이 관명이고 어느 것이 인명인지는 알 수가 없습니다.

그리고 역사책의 직관職官에서는 예전부터 빠진 글이 많아서 또한 자세히 고증할 수가 없고, 대체로 초방원의 비와 동시에 세운 것만은 확실한데, 진흥왕 때에 세운 것이라고 보는 데 대해서는 감히 확실하게 증거를 댈 수가 없습니다. 그러나 진평왕眞平王 26년에 남천주를 폐하고 다시 북한산주를 설치하였으니 이 비가 진평왕 26년 이전에 세워진 것이 분명합니다. 진흥왕 29년에 남천주를 설치한 이후로 진평왕 26년까지 모두 38년간인데, 초방원의 비에서 지금 비로소 상고해보니, 그것이 진지왕眞智王 때에 세운 것이었습니다. 어떻게 진지왕 때에 세운 것임을 아는가 하면 그 까닭은 다음과 같습니다.

진지왕은 진흥왕의 아들입니다. 진지왕 때에는 거칠부居漆夫를 상대등上大等으로 삼았었는데, 초방원 비문의 수행한 사문도인沙門道人 법장法藏·혜인慧忍 두 사람 아래에 '○등거等居' 등의 글자가 있으니 제 소견으로는 본디 좀으로부터 손상을 입은 것이라고 봅니다. 위의 이지러진 글자는 마침내 그것이 없어졌으나 다른 본에는 반드시 남아 있는데, 그것이 바로 대大자의 왼쪽 삐침 획이라는 것을 의심할 여지가 없습니다. 그리고 아래의 이지러진 글자의 상반上半은 이것이 원래 이지러진 것으로 그것이 칠漆자의 윗부분임을 의심할 여지가 없습니다. 거칠부가 상대등이 된 때가 진지왕 원년인데 진지왕은 4년간 왕위를 누렸고, 이어 진평왕이 즉위한 원년 8월에는 이찬伊湌 노리부弩里夫를 상대등으로 삼았으니, 거칠부가 상대등으로 있었던 기간은 곧 진지왕이 재위한 4년 동안에 해당합니다. 그렇다면 초방원의 비 또한 진흥왕 때에 세운 것이 아니고 진지왕 때에 세운 것으로 진지왕도 일찍이 북쪽으로 순수巡狩를 했던 것입니다. 그리고 진지왕이 북쪽으로 순수한 사실은 역사에서 상고할 데가 없고, 역사에 기재된 지리는 비열홀比列忽에 불과하지만, 초방원의 비를 통해 비열홀 이북의 200리 지역이 신라의 영토로 꺾여 들어왔음을 알 수 있습니다. 진지왕이 북쪽으로 순수한 사실은 역사에서 상고할 데가 없으나, 거칠부가 수행한 것으로 말하자면 진지왕이 일찍이 북쪽으로 순수했던 것을 의심할 여지가 없습니다.

　이 두 비의 문자가 서로 같은 곳이 많은 것을 보면, 두 비를 동시에 세운 것이 확실하고, 그 시기 또한 모두 진지왕 때에 있었던 듯합니다. 모르겠습니다마는 어떻게 생각하십니까?[3]

김정희는 처음에 북한산의 비석이 진흥왕의 순수비라는 사실까지는 모르고 있었다. 그러다가 황초령 순수비와 비교해보면서 자신이 글자를 잘못 판독한 사실을 깨달았다. 아울러 황초령 순수비와 내용도 비슷하고 같은 시기에 세워졌다는 사실 또한 밝혀냈다. 그런데 여기에는 중요한 사실이 하나 있다. 김정희는 이 비석이 진흥왕 29년, 즉 568년에 세운 것이라고 주장하고 있다. 훗날 그가 진흥왕 16년(555)에 세운 것이라고 주장한 사실과는 배치된다. 김정희는 이 사실을 조인영에게 알렸다. 1817년 6월 8일, 조인영은 김정희와 함께 북한산에 올라가 비석을 살펴보고 그간의 경과를 기록으로 남겼다. 「승가사방비기僧伽寺訪碑記」라는 글이다.

북한산 남쪽에 승가사가 있고, 그 위 봉우리를 비봉이라 부른다. 서울 운종가雲從街에서 비스듬히 북쪽을 바라보면 봉우리 꼭대기에 기둥 하나가 우뚝한데, 마치 사람이 서 있는 듯하다. 속설에는 고려 때 스님인 도선道詵의 비석인데 지금은 글자가 없다고 전해온다.

병자년(1816) 가을에 추사秋史 김원춘金元春이 내게 말했다. "제가 비봉에 올라갔는데 비석에 글자가 남아 있었습니다. 알고 보니 신라 진흥왕의 비석이었습니다."

나는 이 말을 듣고 미칠 듯이 기뻐서 그와 함께 찾아가보기로 약속했다. 다음 해 6월 8일에야 그 약속을 실천하게 되었다. 공인工人은 탁본을 뜰 도구를 가지고 따라왔다. 승가사 뒤의 기슭을 지나 돌 비탈길 수백 걸

「**북한산 진흥왕순수비**」일제강점기의 모습이다.

음을 돌고 돌아가니 석벽에 새겨진 불상이 있었는데, 아주 크고 좁다란
상이었다. 오른쪽으로 고개 등성이를 따라 벼랑을 붙잡고 올라갔다. 동쪽
으로 용문산 등 여러 산에서 남서쪽으로 바다에 이르기까지 한눈에 들어
왔다.

마침내 공인에게 탁본을 뜨게 하여 자세히 심정해보니 완전히 없어져
억지로 판독할 수 없는 것을 제외하고, 점획이 남아 있어 판별할 수 있거
나 확실하여 의심의 여지가 없는 글자는 모두 92자였다. '진흥왕眞興王'
세 글자, '순수巡狩' 두 글자, '남천南川' 두 글자는 실제 역사책에서 증명

할 수 있었고, 역사책의 글과도 들어맞았다. 『삼국사』를 살펴보면 진흥왕 36년에 왕이 북한산주를 순행하여 봉강을 탁정하였으며, 29년에는 북한산주를 없애고 남천주를 설치했다. 이 비석은 아마 그 사적을 기록했을 것이다. 비문에 '진흥'이라는 두 글자가 있는데, 「지증왕본기智證王本紀」에 따르면 신라의 시법諡法은 지증왕에서 시작되었다고 하였고, 지증왕 뒤로 법흥왕法興王을 거쳐 진흥왕에 이르게 되므로 진흥왕 때에는 그 시호를 미리 부르지는 않았을 것이다. 따라서 진흥왕 뒤에 세운 듯하다. 『삼국사』에 따르면 진평왕 26년에 남천주를 폐쇄하고 다시 북한산주를 설치했다. 그런데 비문에 '남천'이라는 두 글자가 있으므로 또한 남천주를 폐쇄하기 전일 것이다. 진흥왕 원년은 양梁나라 무제武帝 대동大同 6년(540)이고, 진평왕 원년은 진陳나라 선제宣帝 대건大建 11년(579)이므로 중요한 것은 양나라와 진나라 사이에 새긴 것이라는 점이다. 또 살펴보니 함흥부 초방령에 「진흥왕북순비」가 있었는데 지금은 없어지고 단지 탁본만 있을 뿐이다. 자체는 해서 같기도 하고 예서 같기도 하여 아주 고아했는데, 이 비석과 함께 같은 사람의 손에서 나온 듯하므로 같은 때에 새긴 것이라 생각되었다. 신라와 고려의 비목碑目을 두루 헤아려봤지만 참으로 상승上乘이었다. 그러나 『여지승람輿地勝覽』과 『북한지北漢誌』 등 여러 책에는 모두 빠져 있으니 어찌된 일일까? 비석 좌측에 날짜를 새겼다. 처음에 김정희가 비석을 찾았을 때에는 동리東籬 김경연(자는 시연時硯)이 함께 갔었다.[4]

탁본을 떠서 김정희의 연구 내용을 직접 확인한 두 사람은 데리고 온 각수刻手에게 비석의 왼쪽 측면에 다음과 같은 글자를 새기도록 했다.

此新羅眞興大王巡狩之碑丙子七月金正喜金敬淵來讀
丁丑六月八日金正喜趙寅永同來審定殘字六十八字

이것은 신라 진흥대왕의 비석이다. 병자년 7월에 김정희와 김경연이 와서 비문을 읽었다.
　정축년 6월 8일에 김정희와 조인영이 함께 와서 남아 있는 글자 68자를 심정했다.

　처음 비석을 찾았을 때와 다시 찾아와 심정한 내용을 각기 다른 글자체로 새겨 넣었다.[5] 참으로 역사적인 순간이었다. 모화주의자가 아닌 청대의 학술과 예술에 정통한 동아시아 최고의 지성으로 자리매김하는 의미 있는 사건인 동시에, 조선 지식인들에게는 금석학이라는 새로운 학문 분야를 일깨워준 시발점이었다. 또한 청조 문사들에게는 조선 금석학에 대한 광적인 수집은 물론 조선의 고대사에 대한 관심이 확대되는 중대한 사건이었다. 이런 과정을 거치면서 김정희는 청조 문화에 대한 해박한 지식을 바탕으로 조선 문화 전반에 걸친 연구자로서도 청조 학단에 우뚝 서게 된다. 김정희의 한마디 한마디에 청

「북한산 진흥왕순수비」 탁본

「북한산 진흥왕순수비」 측면 각자 탁본
김정희가 쓴 글씨를 새긴 것이다.

조 문사들은 귀 기울였고, 김정희와 인연을 맺기 위해 온갖 노력을 다했다.

〖 김정희의 경주 답사 〗

김정희가 「북한산 진흥왕순수비」를 고증한 일은 탁본과 함께 중국에도 알려졌다. 김정희는 일약 조선 금석문 연구의 선두 주자가 되었다. 이후 김정희는 금석문 연구에 박차를 가하기 시작한다. 그리고 마침내 고적 답사를 위해 경주로 떠난다. 경주는 신라의 고도古都로서 수많은 유적이 있는 곳이기도 하지만, 김정희의 금석문 연구에 도움이 되었던 홍양호나 유득공이 언급한 중요한 비문들이 있는 곳이기도 했다. 게다가 부친 김노경이 경상도 관찰사로 재임하고 있었다. 김정희가 경주 일대를 답사 지역으로 선택한 것은 이런 이유 때문이었다. 김노경은 1816년 11월 8일에 경상도 관찰사로 임명되었다가 1818년 12월 16일에 이조참판으로 임명되어 서울로 돌아오게 된다.

당시 김정희가 경상도 일대를 답사한 사실은 김정희가 1817년 5월 5일 난동蘭洞에 살고 있던 자형姉兄 이서李墅에게 보낸 편지에서도 확인된다. 이서는 김정희의 양부養父인 김노영金魯永(1757~1797)의 사위였다.[6]

저는 이곳에 온 지 얼마 되지 않아 부산과 경주를 유람하고 15일 만에 돌아왔습니다. 깊이 숨겨져 있던 것을 찾아내어 오랜 바람을 이룰 수 있었습니다. 그 사이 안부 편지를 보내야 했지만 이 때문에 그러지 못했습니다. 돌아온 지 하루되었습니다. 마침 서울 가는 인편이 있어 간단히 소식을 알려드립니다.[7]

이때 승려 초의艸衣(1786~1866)는 불국사에서 김정희가 오기를 기다리고 있었다.

김추사가 영영嶺營(경상도 감영)에서 부친을 뵙고 고적을 답사하는 여행을 했다. 나는 그 절(불국사)에 이르러 그를 기다렸다.[8]

김정희는 초의와 1815년에 처음 만난 뒤로 평생 가장 가까운 방외方外의 친구로 지내게 되는데, 마침 경주에 와 있던 초의가 김정희를 만나려 했던 것이다.[9]

이렇게 시작된 김정희의 경주 답사는 1817년 4월 하순 경부터 5월 초까지 계속되었다. 주요 목적은 금석문을 찾는 것이었다. 김정희는 답사를 통해 우리 금석문 연구사에 획을 그을 만한 성과를 거두었다. 대표적으로 「진흥왕릉眞興王陵」, 「화정국사비和靜國師碑」, 「문무왕비」, 「무장사비」 등의 비석을 발굴하고 고증한 일이었다.

김정희는 진흥왕의 무덤을 찾아 나섰다. 북한산에 있던 「진흥왕순

불국사 전경 일제강점기에 제작된 우편엽서에 실린 사진으로 폐허가 된 불국사의 모습을 전한다. 무너진 담장 너머로 석가탑과 다보탑이 보인다. 김정희가 방문했을 당시의 풍경도 이와 비슷했을 것이다. 수경실 소장

수비」를 고증했던 터였고, 함흥의 「순수비」와 함께 진흥왕에 대해 깊이 연구하고 있었다. 하지만 무덤의 위치조차 명확하지 않았다. 그러자 김정희는 그곳 노인들 몇 사람과 함께 진흥왕의 무덤을 찾아 나섰다. 그 내용을 고증한 글이 바로 「신라진흥왕릉고新羅眞興王陵攷」이다.

태종무열왕릉太宗武烈王陵 위로 사대릉四大陵(네 개의 큰 무덤)이 있는데 읍내 사람들은 조산造山(인공으로 만든 산)이라고 생각한다. 그러나 조산이라 부르는 것은 모두가 무덤이다. 봉황대鳳凰臺 동서쪽으로 조산이 가장 많은데 연전에 산 하나가 무너졌다. 그 속은 뚫려 있었고 검푸른 빛이 감돌았는데, 깊이가 한 자 남짓이나 되었으며 모두 돌을 쌓아 만들었

다. 이는 대개 옛날 왕릉이지 조산이 아니다. 이것이 바로 조산이 왕릉이라는 한 증거이다.

『지志』에는 "진흥왕릉은 서악리西嶽里에 있고, 진지왕릉은 영경사永敬寺 북쪽에 있다"고 하였는데, 영경사의 북쪽이란 곳이 서악리이다. 태종의 무덤도 영경사의 북쪽에 있다고 하였는데, 영경사의 북쪽이 곧 서악리라는 것은 이 때문이다. 그리고 문성文聖·헌안憲安 두 왕릉은 모두 공작지孔雀趾에 있다고 하였는데, 공작지란 것도 서악리의 또 다른 이름이다. 어떤 곳에서는 서악리라 하였고, 어떤 곳에서는 영경사의 북쪽이라 하였으며, 어떤 곳에서는 공작지라 한 것은 모두 같은 곳인데 글만 각각 조금씩 다르게 쓴 것이다. 이 때문에 태종릉 위의 사대릉은 조산이 아니라 바로 진흥·진지·문성·헌안 등 네 임금의 무덤인 것이다. 문성왕과 헌안왕은 모두 태종 뒤의 임금이므로 당연히 태종릉의 위에 있어서는 안 되는 것이지만, 도장倒葬(무덤의 위치가 거꾸로 됨)하는 법은 후대 사람들이 금기시했던 것이고 옛날에는 그렇지 않았다. 게다가 태종릉은 사대릉과 기슭 하나를 사이에 두고 있지만 약간 우측으로 간격을 두었으므로 서로 방해될 것은 없다. 그러니 사산四山이 바로 사릉四陵임은 의심할 여지가 없다. 내가 그 고을의 나이 든 노인 여러 사람과 함께 그 부근을 두루 찾아보았지만 다른 무덤은 없었다. 지리地理로 점검해보고 사지史志로 상고해보아도 사릉과 사산의 숫자가 이렇게 하나하나 딱 들어맞았다.

아! 진흥왕 같이 위대한 공을 세운 분도 그의 유해가 묻힌 곳이 없어져 전해지지 않는데, 그 아래 세 왕릉에 대해서 또 무슨 말을 하겠는가.[10]

태종무열왕릉 뒤쪽에 조산이라고 전해 내려오던 네 곳의 인공 산이 바로 네 임금의 무덤임을 고증한 글이다. 김정희는 역사책에 기록된 내용과 실제 지리를 하나하나 맞춰가며 그중 하나가 바로 진흥왕의 무덤이라고 주장한 것이다. 물론 비석도 없고 다른 기록도 나타나 있지 않았지만, 현장 실사로 이 사실을 밝혀낸 것이다.

분황사 터에 방치되어 있던 「화정국사비」의 비부碑趺(빗돌받침)도 찾아냈다. 이미 사라진 비석은 찾아내지 못했지만 비부는 찾아내어 다음과 같이 새겨놓았다.

此新羅和靜國師之碑趺　金正喜 題記
(이것이 신라화정국사비 비부이다. 김정희 씀)

이 비부는 지금도 분황사 터 한쪽에 방치되어 있다. 보관이 잘못되어 글자의 마멸이 심한 상태이다. 한때 비부碑趺를 비월碑跀로 잘못 읽어놓고 월跀이 부趺의 이체자라 하기도 하였고, 김정희가 화쟁和諍을 화정和靜으로 잘못 알고 새겼다는 억측도 있었다.[11] 그러나 마지막 글자는 월跀이 아니라 부跗이며, 이것은 부趺와 동일한 글자이다. 따라서 비부碑跗는 비부碑趺와 같은 말이다. 화쟁和諍의 쟁諍 또한 정靜과 통용자이며, 18세기 중반에 편찬된 『금석기』에서는 「화정국사비和靜國師碑」로 표기한 것을 볼 때 단순히 김정희가 잘못 알고 새겼다고 할 수는 없다.

「화정국사비」 비부 각자 탁본 김정희가 찾아내 새겨놓은 것이다.

뿐만 아니라 김정희는 「문무왕비」의 비편을 새롭게 발굴했다. 「문무
왕비」에 대해서는 홍양호가 남긴 「제신라문무왕릉비題新羅文武王陵碑」
를 통해 먼저 그 존재가 알려졌다. 홍양호는 1760년 7월부터 1762년
6월까지 경주부윤으로 재임하는 동안 문무왕릉을 찾아갔지만 이를
증명할 만한 돌 조각 하나 발견하지 못했다. 그 후 36년이 지난 정조
말년에 경주의 한 지역민이 밭을 갈다가 들판에서 고비古碑를 발견했
다. 그것이 「문무왕비」의 일부였는데, 글씨는 한눌유가 쓴 것이었다.
홍양호는 이 중에서 몇 구절을 인용하였는데 현전하는 내용과 큰 차
이가 없다.[12] 이때 홍양호는 탁본을 떠서 「문무왕비」를 보았던 것으로
추정되며, 이 사실은 유득공의 기록을 통해서도 확인할 수 있다.[13]

홍양호와 유득공의 기록을 살펴보면 당시 홍양호가 가지고 있던 탁

분황사탑 일제강점기에 제작된 우편엽서에 실린 사진이다.
정리되지 않은 모습인데, 김정희가 방문했을 당시에도 비슷했을 것이다. 수경실 소장

본은 상태가 그리 좋지 않았던 것으로 보이나, 4면의 탁본을 모두 가
지고 있었던 듯하다. 그러나 이후 「문무왕비」는 자취를 감추어버렸
다. 그러다가 1817년 경주에 갔던 김정희가 다시 발굴했다. 홍양호가
탁본으로만 보았던 「문무왕비」가 다시 나타난 것이다. 홍양호가 탁본
을 구한 지 20년이 흐른 뒤에 김정희가 다시 발굴한 것인데, 비석의
하단부는 밭두렁의 돌무더기 속에 묻혀 있었고, 상단부는 풀 속에 버

려져 있었다. 이는 홍양호가 금석학자는 아니라는 사실을 반증한다. 본인이 직접 현장을 찾아가 확인한 것도 아니고, 단지 사람을 시켜 탁본만을 얻어 보았기 때문이다. 그에게 금석문은 감상의 대상이었을 뿐이다. 이후 김정희는 자신이 직접 발굴한 「문무왕비」를 친구들과 함께 판독하고 연구하기 시작했다. 그 당시의 정황을 알려주는 편지가 한 통 남아 있는데, 수신자는 확실하지 않다.

땅거미가 어스름하여 답답함을 풀 수 없었는데, 형으로부터 붉은색으로 점을 찍어 교정한 「문무왕비」의 잔자殘字 석문을 받고 보니 다시 정정해야겠습니다. 또한 「무장사비」의 석문도 받았는데 아마 눈은 달처럼 밝고 팔에도 눈이 있는 모양입니다. 게다가 사격絲格(원고지처럼 칸을 친 것)은 아주 정밀하고 필획은 치밀하므로 멀리 있는 사람들(청조 문인들)에게 자랑할 만합니다. 참으로 다행스럽습니다. 「문무왕비」의 석문을 여기 다시 부쳐드립니다.[14]

이 편지는 김정희가 친구들과 함께 여러 차례 수정을 거쳐 석문을 완성해나갔다는 사실을 알려준다. 하지만 「문무왕비」는 또다시 자취를 감추었다. 이후 하단 부분이 1961년 경주 동부동 민가에서 우연히 발견되었고, 최근에는 사라졌던 상단이 경주의 한 개인집 우물가에서 발견되었다.[15] 이로써 김정희가 발굴했던 비석의 조각들은 모두 발굴되었지만, 김정희 당시만큼 상태가 좋지는 않다.

「문무왕비」 이외에도 김정희는 「무장사비」를 찾아 나섰다. 「무장사비」는 경주 동북쪽 30리 암곡촌暗谷村 북쪽에 있었다. 비석은 깨지고 부서져 한 조각만 남아 있었다. 그것은 비석의 오른쪽 조각이었다. 김정희는 그곳에서 비석을 찾기 시작했다. 그러다가 풀 속에서 잔석殘石 하나를 발견했다. 그것은 비석의 왼쪽 조각이었다. 김정희는 죽은 옹수곤을 생각했다. 1815년 옹수곤은 기존에 남아 있던 오른쪽 조각을 가지고 비도를 그린 다음 김정희에게 보내주었는데, 첫 줄 앞에 "이곳에 한 줄이 더 있는 것 같다"고 했다.[16] 비석을 본 김정희는 옹수곤의 그 말이 떠올랐다. 실제 살펴보니 옹수곤의 말이 맞다는 사실을 확인할 수 있었다. 김정희는 함께 온 각수에게 비편碑片에 글자를 새겨 넣게 했다. 먼저 기존에 있는 오른쪽 조각에 글씨를 새겼다.

이 비석은 예전에 한 조각뿐이었다. 내가 이곳에 와서 샅샅이 뒤진 끝에 풀 속에서 또 한 조각을 발견하고는 너무 놀라고 기뻐서 소리를 질렀다. 이에 두 조각을 합치고 연결하여 절 뒤쪽의 행랑에 옮겨두어 비바람을 피하게 했다. 이 비석의 서품書品은 당연히 「백월비」보다 위에 있다. 「난정서蘭亭叙」에 있는 '숭崇'자의 점 세 개는 이 비석에서만 온전한데, 옹담계 선생께서는 이 비석을 가지고 증명하셨다. 동방의 문헌으로 중국에서 칭찬을 받는 것은 이 비석만 한 게 없다. 내가 여러 번 어루만지며 옹수곤이 하단을 보지 못한 것을 거듭 안타까워했다.

정축(1817) 4월 29일 김정희가 쓰다.[17]

그리고 자신이 새로 발견한 왼쪽 조각에도 글씨를 새겨 넣었다.

> 이 비석은 왼쪽 조각이다. 어떻게 하면 구천에서 옹수곤을 일으켜 이
> 금석의 인연을 함께할 수 있을까? 이 비석을 얻은 날 정희正喜는 또 쓰고
> 탁본을 떠간다.[18]

15일 동안 경주 일대를 돌아본 김정희는 이처럼 엄청난 성과를 거
두었다. 그것은 탁본과 책을 통해서만 보고 연구했던 내용을 실사로
확인하는 작업이었다. 이때의 현장 실사는 김정희 금석학의 주요 핵
심이라 할 수 있다. 그리고 15일간 여행은 그의 연구 업적 속에 고스
란히 반영되었다. 이후 서울에 돌아온 김정희는 금석학 연구에 더욱
매진하게 된다. 김경연金敬淵(1778~1820)의 기록은 당시 김정희가 금
석학 연구에 얼마나 몰두했었는지 알려준다.

> 정축년(1817) 가을 황산黃山·추사秋史가 내 동리서당東籬書堂으로 찾
> 아와「역설易說」과「시의詩義」몇 조목을 서로 토론하고 금석문자 1천 권
> 을 읽었다.[19]

이 글을 보면 금석문자 1천 권을 읽었다는 말이 있다. 다소 과장된
이야기로 들릴 수도 있지만 따지고 보면 과장이라고만 하기는 어렵
다. 김경연은 바로 200책이 넘는 거질의『금석록』을 만든 김재로의 봉

「무장사비」 측면 각자 탁본 김정희의 글씨를 새긴 것이다.

사손奉祀孫이기 때문이다. 김경연의 집에는 수많은 탁본이 있었을 것이다. 그리고 김정희는 바로 김경연의 집을 방문하여 김재로가 수집해둔『금석록』을 보았을 것이다. 현전하는『금석록』을 검토해보면『금석록』1책에는 적어도 4종 이상의 금석문이 실려 있다. 따라서 금석문자 1천 권을 읽었다는 김경연의 발언은 과장된 숫자라고 할 수 없다. 특히 김경연과는 이후에도 잔비의 석문을 함께 해석하고 비도를 만드는 일에 함께 참여했음을 알 수 있다.

전정篆幀(전서를 쓴 족자) 및 비도 원본과 함께 잘 받았습니다. 보내주신 비도 덕분에 수고 하나를 덜었으니 그지없이 고맙습니다. 다시 자세히 고증하겠습니다. 전정은 과연 가품佳品으로 자법字法이 벽락문碧落文(당나라 때 비문 벽락비의 글자)에 가까워 대체로 속필은 아닙니다. 마땅히 걸어놓고서 차분히 감상할 생각입니다.[20]

이처럼 김정희와 그 친구들은 지금까지 감상을 목적으로 제작하여 전해오던 각종 금석문 자료들을 읽고, 새로운 비석들을 찾아내 고증하는 데 이용했다. 수백 년 동안 선배들이 이루어놓은 업적들을 학문의 하나로 성립시킨 것이다.

〖 사라진 비석을 찾아서 〗

김정희는 지방관으로 나가는 사람이 있으면 금석문을 찾아달라고 부탁하곤 했다. 1820년 하양현감河陽縣監으로 떠나는 이태승李台升에게 지어준 전별시 「송황정이두신출재하양送黃庭李斗臣[21]出宰河陽」[22]에서도 김정희는 예외 없이 비석을 찾아달라는 부탁을 했다.

나는 본래 금석문을 좋아하고 　　　　　　　　我本癖金石

그대는 시가詩歌를 잘도 짓지 　　　　　　　　君自善歌詩

화성花城은 옛날의 이지梨旨 땅인데	花城古梨旨
예부터 폐현비廢縣碑 남아 있다네	舊有廢縣碑
그 옛날 은銀 바친 일 거슬러가서	遠溯貢銀事
불화不花의 시대를 증명한다네	並徵不花時
승격했다 폐지한 일 운수運數이려니	升廢各有定
최해崔瀣의 글 속에 분명하구나	歷歷崔瀣詞
석묵石墨이 영남嶺南에 많기도 한데	石墨擅嶺南
대개는 사탑寺塔의 유물이라네	多是寺塔遺
유독 이 비석은 그렇지 않아	此碑獨不然
실제 일들을 알 수 있다네	實事尙可追
이끼 꽃 오백 년 세월 흘러도	苔花五百年
교리蛟螭(이무기)에 낀 이끼 벗길 사람 없으니	無人剝蛟螭
나를 위해 구석구석 찾고 더듬어	爲我窮搜索
탁본 뜨는 일일랑 아까워 말게	莫惜費氈椎
지금은 백성들 일이 많으니	方今民事殷
전정田政이 무엇보다 우선이겠고	田政且亟其
이것은 쓸데없는 일이다 보니	而此汗漫事
신경 쓸 겨를 없을 듯도 하지만	似若無暇爲
한 조각 비석까지 혜택 미치면	片石承惠澤
백성들은 어진 원님 마음을	黎黔可類推
미루어 알 수 있게 되리라	

나는 비도碑圖가 늘어서 좋으니   我添賀碑圖

그대 또한 노래로 한번 읊어 보게나   君又一歌之

  이태승이 하양현감으로 떠나자 김정희는 하양현에 있을 것으로 추정되는 「영주리지은소승위현비永州利旨銀所陞爲縣碑」를 찾아달라는 부탁을 했다. 사실 그 비석은 고려 문장가 최해崔瀣(1287~1340)가 글을 지었기 때문에 그의 문집에 글은 전해오고 있었다. 하지만 비석의 소재는 확인된 바 없었다. 그 비석에는 경상도 영주永州의 관내 이지은소利旨銀所를 현縣으로 승격시킨 전말이 기록되어 있었다. 이지利旨는 하양의 옛 이름으로 본래는 현縣이었다. 고려 시대에 그 현 사람들이 역모에 가담하여 은소銀所로 강등되었다가, 이후 1335년에 원나라 황제의 요구에 따라 다시 현으로 승격되었다. 그곳 출신인 원나라 황궁에서 환관으로 근무한 야선불화也先不花가 공을 세웠기 때문이다. 1339년에는 야선불화가 고려에 사신으로 와서 현으로 승격된 사실을 비문에 기록하게 하였는데, 그 전말을 최해가 지었던 것이다. 김정희가 애타게 찾았던 이 비석은 지금까지 그 소재가 파악되지 않고 있다.

  종성부사鍾城府使로 떠나는 이에게 지어준 시에서는 '고려지경高麗之境'이라는 네 글자가 잘 보존되어 있는지 묻고 있다.

이끼 낀 옛 글자 문드러진 옛터에   苔篆剝殘漫古墟

'고려지경' 네 글자는 잘 있는지요   高麗之境問何如

널린 석노石砮 행인도 얻어가니   尋常石砮行人得

그 옛날 주周나라에 바치고 남은 건가   此是周庭舊貢與[23]

    종성에는 공험비公嶮碑가 있는데 글자는 사람들이 갈아서 없어져 버렸지만, 돌부리에는 여전히 '고려지경'이라는 네 글자가 새겨져 있다는 사실을 김정희는 알고 있었다. 부임하면 그 비석에 대한 소식을 전해달라는 부탁인 셈이다. 그곳에서는 석노를 어디서나 쉽게 구할 수 있었다. 이것은 돌화살촉인데 중국에 조공으로 바치던 물건이었다고 한다. 김정희는 이 석노에 대해서도 강한 호기심을 가지고 있었던 것이다. 후에 김정희는 「석노시石砮詩」를 짓기도 했다.[24]

    1830년에는 고구려의 옛 성터에서 글자가 새겨진 석각을 고증했다. 김정희는 이 석각의 탁본에 자신의 글을 붙여 유희해에게 보내주었다.

    이 석각은 병술년(1766)에 출토되었다. 이제 64년이 되었는데 다시는 볼 수 없게 되었다. 또 석각 하나를 외성外城의 오탄烏灘 아래에서 발견했는데, 이것과는 조금 다르다. 여기서는 '서향西向'이라 했는데, 저것은 '향동向東'이라 했다. '소형小兄' 두 글자로 고구려의 고적古蹟이 틀림없다는 것을 알게 되어 여기에 보충해서 쓴다. 여기 '기축己丑'은 당연히 장수왕長壽王 때이다. 그 뒤 1381년, 김정희가 쓰다.[25]

「**고려지경도**」 '고려지경'이라 새겨진 비석을 세우는 모습이 담겨 있다. 고려대학교박물관 소장

이 기록에 따르면 김정희는 유희해에게 두 종류의 석각을 보내주었다. 『해동금석존고海東金石存攷』[26)에 그 내용이 기록되어 있는데, 하나는 정서의 원각본原刻本으로 '기축삼월이십일일己丑三月二十一日'로 되어 있고, 다른 하나는 김정희가 팔분체八分體로 쓴 것인데 '기축오월이십팔일己丑五月二十八日'로 되어 있다. 여기에는 연월이 나타나 있지 않지만, 김정희는 문장 속의 '소형小兄'이란 두 글자를 근거로 고구려 장수왕 때인 기축년(449)에 새긴 것으로 추정했다.

금석문에 관한 김정희의 호기심은 끝이 없었다. 금석문과 관련된 지역의 수령으로 나가면 반드시 금석문을 찾아달라는 부탁을 하였고, 그 역시 때때로 금석문을 찾아다녔다. 김정희가 이진수李璡秀를 전별하며 써준 시에서도 금석문 찾기에 몰두해 있던 김정희의 열정을 느낄 수 있다.

만 리 길 머나먼 곳 석묵연石墨緣을 전해주니	萬里遙傳石墨緣
백제 왕궁 기와 조각	濟王宮瓦賽甘泉
한漢나라 감천궁甘泉宮 기와 못지않네	
저수량褚遂良 글자 찾아 번거롭게 하였는데	褚河南字煩相覓
삿갓 쓰고 나막신에 돌아보니 스무 해라	笠屐回思二十年[27)

그런데 이 시에는 다음의 주석이 달려 있다.

저수량의 글자가 새겨진 잔석殘石이 촌가村家에 있었다. 지난날 널리 찾아보았지만 얻지 못했기에 치간稚簡(이진수의 자)의 이번 행차를 다시 기대하고 있다.[28]

김정희는 저수량(구양순·우세남과 함께 초당初唐 삼대가三大家의 한 사람)의 글자가 새겨진 잔석이 촌가에 있었다는 소문을 듣고 찾아보았지만 찾을 수 없었다. 그러자 이진수가 그곳에 간다는 소식을 듣고 전별하며 다시 한 번 찾아보라는 당부를 하고 있다. 이후 김정희가 이진수에게 보낸 것으로 보이는 편지가 남아 있는데, 여전히 그 잔석을 찾고 있다는 사실을 알 수 있다. 을미년(1835) 10월 3일에 보낸 편지다.

비석의 탁본은 마음대로 해도 좋지만 쉽지 않은 일입니다. 기와 조각의 경우에는 틀림없이 하늘의 도움이 있어서 그렇게 된 것이지 인력으로 해낼 수 있는 것이 아닙니다. 지금 제게 보내주신 것은 조잡한 것으로 옛날 것도 아니고 요즘 것도 아니며 격식에 맞지도 않습니다. 다시 마음을 깨끗이 하고 공력을 쌓은 다음에 찾아보는 게 어떻겠습니까?

저수량의 글자체가 있는 잔석 역시 시간을 두고 도모하는 것이 좋습니다. 가까운 장래에 처리할 것이 아닙니다. 다만 그대처럼 마음을 가진 사람은 틀림없이 성취하는 바가 있을 것입니다. 그렇게 되기를 빌겠습니다.[29]

무술년(1838) 4월 27일에 보낸 편지에서도 여전히 백제의 유물을 찾고 있는 김정희의 열정을 느낄 수 있다.

고기古器에 대해서는 그대 아들에게 대략 들었습니다. 보지도 않고 함부로 평할 수는 없습니다. 그렇지만 이것은 백제 궁중의 옛 물건입니다. 와주瓦注(기와로 만든 그릇)도 있습니까? 농사짓는 여가에 널리 찾아보게 하여 동호인들에게 공개하면 좋겠습니다. 어떻습니까?[30]

이 두 통의 편지에는 수신자가 나타나 있지 않다. 그러나 이진수의 아들이 사마시에 합격했을 때 거주지가 공주公州인 것을 볼 때 당시 이진수는 공주로 낙향했던 것으로 보인다. 김정희는 저수량의 글자가 새겨진 잔석을 찾기 위해 무던히 애를 썼으나, 결국 찾아내지 못하자 낙향하는 이진수에게까지 부탁을 했던 모양이다. 김정희의 부탁은 이진수에게만 한정된 것이 아니었다.

【『해동금석원』, 조선 문사들의 금석학 지식을 만나다】

조선의 금석문을 가장 깊이 연구한 사람은 유희해이다. 그는 『해동금석존고』와 『해동금석원』이라는 조선 금석문 연구서를 편찬했다. 이 중에서 『해동금석존고』는 1817년에 조인영이 보내준 책을 저본으로 증보와 정정訂正을 한 책이다. 이 책을 편찬하면서 유희해는 여러 차례 김정희의 동생인 김명희金命喜, 조인영 및 김정희에게 사본을 보내 정정과 증보를 요청했다. 특히 조인영은 조선의 탁본들을 유희해에게 보냈고, 이는 유희해가 조선 금석문을 연구하는 데 기초 자료가 되었다. 이 과정에서 유희해는『해동금석존고』를 편찬하게 된 것이다.

유희해는 자가 길보吉甫 또는 연정燕庭으로 청나라 옹정 때의 명신 유통훈劉統勳의 증손자이고, 청나라를 대표하는 서예가 석암石庵 유용은 그의 종조從祖이다. 부친 유환지는 일찍이 유득공이 연행했을 때(1790년) 완원과 함께 유득공을 찾아갔던 바로 그 사람이다. 이처럼 그는 명문가의 후예로 일찍부터 조선과 인연을 맺고 있었다. 유희해는 평생 금석문과 전폐錢幣 및 고기古器를 수집하여 책으로 만들었다. 금석문 5천 여 통으로 엮은『금석원』수백 권과 고전古錢 4,600개를 모아 만든『고천원古泉苑』101권은 모두 전하지 않고, 섬서陝西(중국 산시)에서 출토된 고기古器를 모아 엮어 간행한『장안획고편長安獲古編』3권은 전한다.

그가 조선의 금석문에 관심을 가지게 된 것은 조인영을 만나면서부터였다. 조인영과 유희해는 1816년 처음 만나 인연을 맺었다. 그때 조인영은 동지부사 조종영趙鍾永(1771~1829)을 따라 연경에 갔는데, 유희해를 만나 조선의 금석문 탁본 수십 종을 선물했다. 그리고 귀국한 조인영은 1817년 6월 8일에 김정희와 함께 북한산에 올라가 진흥왕순수비를 고증했다.

『**해동금석존고**』 인본 중국 서령인사西泠印社에서 활자로 간행한 책이다. 수경실 소장

이처럼 조선과 중국에서는 같은 시기에 조선의 금석문에 관한 본격적인 연구가 시작되었다. 그리고 그해 겨울 사행 편에 조인영은 북한산 진흥왕순수비 탁본과 함께 『해동금석존고』의 사본을 유희해에게 보냈다. 『해동금석존고』를 통해 조선 금석문의 현황을 알리기 위해서였다. 뿐만 아니라, 조선에서 가장 오래된 금석문을 발견하고 그 성과를 알리기 위한 것이었다. 여기에는 「신라진흥왕북순비」를 비롯한 97종이 등재되어 있었는데, 건립 연대·찬자·필자·소재지 등이 표기되어 있다. 13장의 조선산 괘지罫紙(매 행 20자)로 만들어졌으며, 책 첫머

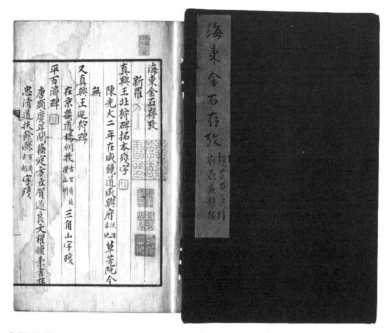

『해동금석존고』 고본 조인영이 보내준 책에 유희해가 주석을 달고 발문을 붙인 책이다. 추사박물관 소장

리에는 '조인영인趙寅永印'·'희경羲卿'·'운석산인雲石山人' 등의 인장을 찍었고 표제는『해동금석존고』라 했다.

이 책은 훗날 유희해가 편집한『해동금석원』의 모태가 되는 매우 의미 있는 책이다. 유희해는 이 책을 받자 여기에 자신의 주석을 추가했다. 자신이 소장한 탁본에 대해서는 "희해장유차종喜海藏有此種(내가 이 탁본은 소장하고 있다)"이라는 문구를 써넣었으며, 조인영이 오기誤記한 글자는 일일이 바로잡았다. 여백에는 조인영의『해동금석존고』에 등재되어 있지 않은 조선의 탁본을 추가로 넣기도 했다. 뒷면에는 '연

정장서燕庭藏書'·'동무유씨미경서옥장서인東武鐸氏味經書屋藏書印'·'갑
인인甲寅人'·'유劉'·'동무東武'·'가음이장서인嘉蔭簃藏書印' 등의 인장을
찍고, "통계십유삼혈統計十有三頁(모두 13장이다)"이라는 주기와 함께 발
문을 붙였다.

　　나는 어려서부터 금석문자를 좋아하여 수집하고 채록한 지 10여 년이
되었다. 지난번에 『금석록』을 읽다가 끝에 「일본국조日本國詔」가 있는 것
을 보았다. 매번 해외海外에 있는 금석문은 찾고 구하기 어렵다고 생각했
는데, 조명성은 이 한 종을 구하고는 보물처럼 떠받들었던 것이다. 병자
년(1816) 봄에 도문都門에서 조선의 조희경趙羲卿(조인영)을 만났다. 해동
海東의 금석에 대해 묻자, 여행 가방 속에 있던 것을 다 내주었다. 이후
에도 편지가 올 때면 꼭 보내준 것이 있었다. 3~4년이 지나자 수십 종이
되었다. 이제 다시 『해동금석존고』 1책을 보내주며 이렇게 말했다. "소장
하고 있는 것과 본 것들을 편집하여 책을 만들었다." 매 종마다 작은 발
문을 붙였고 사이사이 안어按語(글쓴이의 생각을 기록한 것)를 두었다. 고증
이 정밀하고 자세했으며 인용은 풍부했다. 금문金文 2종과 석문石文 95
종이 실려 있었다. 진陳 광대光大 2년(568)에서 시작하여 명나라 홍무洪
武 18년(1385)에서 그쳤는데, 신라와 고려는 전대前代이므로 모두 채록하
였고, 홍무 25년(1392) 이후는 고려에서 조선으로 바뀌었으므로 채록하지
않았다. 변별 또한 지당하다고 할 것이다. 고인들이 보지 못한 것을 내가
보게 된 것은 해외에 있는 참으로 훌륭한 벗 덕택이다. 이 책은 이미 각

종 비문과 함께 잘 싸서 진장珍藏하였다. 이에 몇 마디를 써서 금석지계金石之契를 기록해둔다.

가경 무인(1818) 중춘仲春 보름에 등불 아래서 연경씨 유희해가 가음이嘉蔭簃에서 발문을 쓰다.

목록 중에 내가 이미 가지고 있는 탁본은 모두 비목 아래쪽에 주석으로 밝혀두었다.

무인(1818) 취사명일醉司命日(12월 그믐날) 등불 아래서 또 쓰다.[31]

조명성의 『금석록』에는 2천 종이나 되는 금석문이 실려 있다. 그런데 외국의 것이라곤 일본의 「일본국고日本國誥」 하나만 마지막에 실려 있다. 조명성은 이에 대해 이렇게 설명했다.

이 「일본국고」에는 '강보康保 5년'이라 씌어 있다. 일본은 바다 동쪽에 있는데, 한漢나라 이래로 역사책에 보인다. 그러나 중국과는 교류가 없었다. 송나라 거공莒公의 『기년통보紀年通譜』에는 그 나라의 연호가 9개 실려 있는데, '강보'는 없다. 그 뒤로 필중순畢仲荀은 이 「일본국고」를 보고 『기년통보』의 끝에 기록했다. 그러나 '강보'가 중국의 어느 해에 해당하는지는 알지 못했다. 우리 집에 집록集錄한 금석각金石刻이 모두 2천 권인데, 외국 문자가 기록된 것은 이것뿐이다.[32]

그 유명한 조명성의 『금석록』에도 외국의 금석문은 하나밖에 없었다. 그것을 구한 조명성은 이를 아주 자랑스럽게 여겼다. 그런데 유희해는 이미 수십 종의 조선 금석문을 수집하였고, 조인영이 보내준 『해동금석존고』까지 있으니 조명성에 비해 훨씬 뛰어난 것이었다. 유희해는 이때 이미 조선의 금석문을 정리하여 책으로 엮을 생각까지 하고 있었다. 조선 금석문의 수집에 더욱 열을 올릴 수밖에 없었다. 1823년에는 김정희의 부친 김노경을 따라간 김정희의 동생 김명희와 교유했다. 이를 계기로 김정희와 교유하게 되었으며 김정희로부터 많은 금석문을 기증받기에 이른다. 이런 과정을 거치면서 유희해는 『해동금석존고』를 김명희, 조인영 등에게 보내 계속 수정과 증보를 요청했다.

현재 유희해가 산천 김명희에게 보낸 『해동금석존고』를 필사한 책이 영남대학교 동빈문고에 남아 있다. 이 책에는 서상우徐相雨(1831~1903)의 장서인과 함께 '추당교본秋堂校本'이라는 기록이 있어 김정희의 제자였던 서상우의 구장본이었음을 알 수 있다. 끝에는 유희해의 편지가 필사되어 있다.

이 목록은 아직 미비한 점이 많다고 생각합니다. 산천山泉 인형仁兄께서 저를 위해 보집補輯해주셨으면 좋겠습니다.

〔추신〕제가 이미 가지고 있는 것은 붉은색 ○로 구별했으므로 아직 얻지 못한 것은 보내주시기를 간청합니다. 마음에 담아두셨다가 구입하여 제게 보내주시기를 간절히 바랍니다. 연정燕庭이 부탁드립니다.[33]

특히 앞부분에는 유희해와 이장욱이 함께 정정했다는 의미로 '유희해劉喜海 연정燕庭 이장욱李璋旭 월정月汀 동정소訂'이란 문구가 있다. 조인영이 보낸 『해동금석존고』를 유희해와 이장욱이 함께 정정한 다음 이를 다시 김정희의 동생 김명희에게 보내 보완과 추가 수집을 요청했던 것이다. 이장욱李璋旭(1794~1852)의 자는 방적方赤 또는 예남禮南이고, 호는 월정月汀 또는 약정藥汀이다. 산둥(山東)의 제성諸城 사람으로 이름난 집안 출신이다. 가경 18년(1813)에 거인擧人이 되었고, 25년(1820)에 전시殿試에 합격하여 형부주사刑部主事, 사천사낭중四川司郎中, 양주태수楊州太守, 광동포정사廣東布政司 등을 지냈다. 김정희를 비롯한 조선의 문인들과도 깊이 교유했다.

이후 유희해는 『해동금석존고』의 뒤쪽에 「해동금석대방목록海東金石待訪目錄」(해동의 금석문 중에서 추기로 탁본을 구해야 할 목록)을 첨부한 다음 깨끗이 필사하여 조인영에게 보냈다. 그리고 그 앞쪽에 편지를 한 통 붙였다.

이 책은 정축년(1817) 겨울에 운석雲石(조인영) 존형尊兄이 손수 써서 보내준 것입니다. 정인지의 『동사東史』(『고려사』)와 각 서적들을 근거로 주석을 약간 손보았습니다. 오류가 있거나 글을 짓고 글씨를 쓴 사람의 성씨와 사적, 비의 연대와 소재지 등이 자세하지 않은 것은 운석 존형과 경보景寶(조병구) 형께서 자세히 고정考訂하여 책 안에 주석으로 밝혀주시기를 부탁드립니다. 이 밖에도 요즘 새롭게 나타난 것이 있으면 첨부하여 넣어주시기 바랍니다. 아울러 서문을 보내주시기 바랍니다. 겨울 사신 편에 먼저 돌려 보내주시면 좋겠습니다.

경인(1830) 2월 2일 연정 쓰다.[34]

1830년 2월에는 조인영의 조카 조병구趙秉龜(1801~1845)와 인연을 맺는데, 이 책은 이때 조병구 편으로 조인영에게 보냈을 것이다. 이 책은 고서점 통문관의 주인이었던 이겸로 씨가 예술의전당에 기증하여 그 존재가 드러났다.[35] 특히 이 책에는 유희해의 인장이 있어 유희해가 조인영에게 보내준 책이라는 사실을 입증하고 있으며, 김정희의 제자 고람古藍 전기田琦(1825~1854)와 위창葦滄 오세창吳世昌(1864~1953)의 인장이 있어 그 가치를 더해준다. 이 기록을 통해『해동금석존고』는 조인영이 유희해에게 보낸 책을 저본으로 유희해가 정정과 증보를 하여 완성한 책이라는 사실을 확인할 수 있다. 아울러 유희해는『해동금석존고』의 편찬이 완료되었음을 조인영에게 알리고, 조인영에게 서문을 부탁했던 사실도 확인할 수 있다. 하지만 조인영이 서문을 보낸 사실은 확인되지 않았으며, 이후 중국에서 간행된『해동금석존고』에도 조인영의 서문은 첨부되어 있지 않다.

흥미로운 것은 유희해가 조선으로 보낸『해동금석존고』는 다시 김정희의 후학들에게 유통되었다는 사실이다. 조인영이 처음 시작한 저술이 유희해의 주도로 조선과 청나라 문인들의 손을 거쳐 다시 조선으로 되돌아와 유통되었다는 점에서 당시 학계에서 차지한 금석문의 중요성과 함께『해동금석존고』의 위상을 살필 수 있다. 대표적인 것이 단국대학교 연민문고에 소장된『해동금석존고』이다. 14장으로 이루어진 1책의 필사본인데, 표제는 예서로 '해동금석존고海東金石存攷'라 묵서되어 있고, 표제 아래는 '백하제첨柏下題籤'이라 했는데, 백하가 누구인지는 알 수 없다. 표지 제첨 오른쪽에는 '신라新羅고려高麗자진흘명통계득일백영일종自陳迄明通計得一百零一種'(진陳나라에서 명나라에 이르기까지 모두 101종이 수록되어 있다)이라 했다. 또 '완당심정阮堂審定 추당교본秋堂校本 춘관참증春觀參證 와취헌장서臥醉軒藏書'라는 묵서가 있는데, 이는 "완당이 심정하고, 추당이 교정한 교본을 춘관이 참증한 와취헌의 장서"라는 의미이다. 이 책의 내력을 요약하여 기록한 것이다. 내제는 '해동금석존고'이며, 두 번째 줄과 세 번째 줄 하단에는 '유희해劉喜海 연정燕庭 이장욱李璋旭 월정月汀 동정同訂'이라 묵서되어 있어 동빈문고 소장본과 동일한 계열의 사본임을 알 수 있다. '완당심정'이라 했듯이 서미書眉(책 본문 윗부분의 여백)에는 김정희가 심정한 흔적이 두 군데 남아 있다. 즉,「쌍계사진감국사비雙溪寺眞鑑國師碑」,「옥룡사도선국사비玉龍寺道詵國師碑」 서미에 김정희의 간단한 주석이 남아 있다. '추당교본'은 이 책이 서상우가 교정한 책이라는 것을 말해준다. '추당'은 서상우의 호이다. 서상우는 추사의 말년 제자로 서경순徐慶淳의 아들이다. 본관은 달성이고 자는 은경殷卿, 호는 규정圭廷이다. 서미 주석 중에 '자천紫泉'이라 표기한 곳이 두 군데 있는데, '자천'은 서상우의 또 다른 호로 보인다. 또 '춘관참증'이라 했는데, '춘관'은 김영의金永儀(1854~?)의 호이다. 김영의는 김낙현金洛鉉의 아들로 본관은 광산光山이고 자는 양수陽叟이다. 고종 25년(1888) 무자戊子 별시別試 병과丙科에 28위로 합격하였고 승지를 지냈다. 서미에 '춘관'이라 표기한 주석이 두 군데 남아 있다. 끝으로 '와취헌장서臥醉軒藏書'라 했지만 '와취헌'이 누구의 호인지는 알 수 없다.

이후 유희해는 조인영, 조병구, 김정희, 김명희, 이상적, 조수삼 등 조선의 문사들과 교유하며 얻은 탁본을 정리하고 고증한 『해동금석원』 8권을 편찬하기에 이른다. 이 책은 현재까지도 조선 금석학 연구의 기본 자료로 이용되고 있다. 당시 조선 문사들의 금석학에 대한 지식은 유희해의 힘을 빌려 집약되었다고 해도 과언이 아니다. 유희해는 이 책을 완성한 후 김정희에게 편지를 보내 서문을 부탁하고 있다.

옛것을 좋아하는 벽癖은 사는 곳이 달라도 그 마음은 같습니다. 그대가 금석문자에 마음을 쓴 지 30년이 넘었다고 들었습니다. 수집의 풍부함과 고증의 정밀함은 평소 흠모하던 바입니다. 동국의 구양수이자 조명성이라 할 것입니다. 그대에게 『삼국금석고三國金石攷』의 편집이 있다고 들었습니다. 만일 책이 완성되었다면 먼저 읽었으면 좋겠습니다. 저는 어려서부터 금석문을 좋아하여 아주 궁벽한 곳까지 샅샅이 찾아다닌 지 20년이 넘었습니다.

『여지輿地』에 있는 탁본이 2천 여 종이 넘는데 매번 비교하며 읽고 수

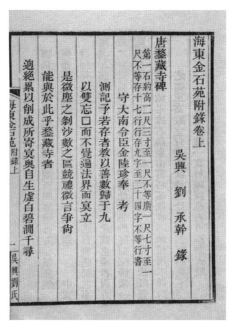

海東金石苑附錄卷上

吳興　劉　承幹　錄

唐鍪藏寺碑

第一石約高二尺三寸至一尺不等廣一尺七寸至一尺不等存十七行行九字至二十四字不等行書

守大南令臣金陸珍奉　考

測記予若存者敎以善敷歸于九

以雙忘口而不覺遍法界而冥立

是微塵之剎沙敷之區競競禮微言爭尙

能與於此乎鍪藏寺者

逈絶累以削成所寄冥與自生虛白碧澗千尋

海東金石苑附錄上　　　　　　　　　　吳興劉氏

유희해의「해동금석원」 수경실 소장

집하여 한 편을 만들어『금석원金石苑』이라 했습니다. 요즘에는 공무도 바쁘고 사람을 만날 일도 많아 한가한 시간이 없다 보니 뜻만 있지 세우지는 못하고 있습니다. 병자년(1816) 조운석(조인영)을 알게 되었고, 뒤에 다시 그대의 둘째 동생 산천(김명희)과 교유하며 수집한 해동의 금석문이 상자에 가득한데 50~60종 이상이 될 것입니다. 올 여름에 그 전문을 모아 8권으로 만들어『금석원』이라 짓고 앞에 '해동海東'이란 두 글자를 두어 구별했습니다. 아울러 제가 지은 제사題辭 한 통을 함께 보내드립니다. 틀린 곳이 있으면 알려주시기 바랍니다. 그대처럼 금석문을 좋아하는 동호인의 서문이 빠질 수 없습니다. 겨울 인편에 보내주시기를 바랍니

다. 간절히 기다리고 있겠습니다.[36)]

이상적이 쓴 제사는『해동금석원』에도 실려 있지만, 유희해가 김정희에게 편지를 보내『해동금석원』의 서문을 요청한 일은 처음 소개되는 사실이다. 특히 유희해는 자신이 쓴 제사도 김정희에게 보내 질정을 구하고 있는데, 유희해 사후에 간행된『해동금석원』에 실린 제사와는 약간 차이가 있다. 다만 김정희가 바로잡아준 것인지는 확인할 길이 없다. 현재까지 김정희가 써준 서문은 발견되지 않아 김정희가 서문을 써주었는지 여부도 확인할 길이 없다. 다만 이를 통해 당시 청나라에서 금석학에 관한 김정희의 위상을 다시 한 번 확인할 수 있다.

5장

추사 금석학의 국제적 명성

〚 **김정희를 아시나요?** 〛

「북한산 진흥왕순수비」, 「문무왕비」, 「무장사비」 등 조선 역사상 최고의 비문들을 김정희가 발견하고 그 탁본들이 청나라로 전해지자, 청나라 지식인들은 김정희와 인연을 맺기 위해 모든 인맥을 동원했다. 하지만 김정희는 그들 중 누구와도 쉽게 연락을 취하지 않았다. 연경의 친구들이 철저히 검증한 문사들과 선별적으로 교유할 뿐이었다. 이 교유 과정에서 김정희의 동생 김명희는 중요한 역할을 했다. 김정희를 대신하여 편지를 쓰기도 하였고, 김정희를 위해 그들과 교유하기도 했다.

앞서 살펴본 것처럼 1831년에 유희해는 김정희에게 편지를 보내 김정희가 편집한 『삼국금석고』가 완성되었으면 한 번 읽어보고 싶다는 뜻을 전했다. 유희해는 조인영을 통해 일찍부터 조선의 금석문을 수집하였고, 청나라 지식인들 중에서 조선 금석문 연구를 가장 깊이 한 학자였지만, 김정희와 교유한 것은 한참 뒤의 일이었다. 그것도 김정희의 동생인 김명희를 통해 교유했다. 김정희를 조선 금석학의 개창자로 여기고 김정희의 저작이 보고 싶다는 연락을 취해온 것이다. 유희해뿐만이 아니었다. 조선 사신들이 연경에 가면 그곳 금석학자들은 김정희를 아는지 물었고, 김정희와의 연락을 부탁하곤 했다.

1837년 1월에 청나라 학자 요함姚涵이 연경에 간 임백연을 만나 나눈 대화의 일부이다. 요함은 김정희에게 『해동금석록海東金石錄』이란 저작이 있다는 소식을 들었다는 말을 하고 있다.

> 염암恬葊(요함의 회)이 물었다. "추사 김시랑金侍郎께서 『해동금석록』 몇 권을 찬집했는데 고적古蹟이 많이 실려 있다고 들었습니다. 그 희귀한 보물을 한 번 감상하고 박고博攷의 자료로 삼고 싶지만 연줄이 닿지 않습니다. 그대가 귀국한 후에 저를 위해 제 뜻을 말씀드리고 옛 탁본 몇 장을 구해주실 수 있겠습니까?"[1]

이처럼 청조의 문사들은 당시 김정희에게 금석학 저작이 있다는 소식을 듣고 있었다. 하지만 그들 중 아무도 김정희의 저작을 보지 못했다. 『삼국금석고』나 『해동금석록』이 정확히 서명書名을 의미하는지 단언할 수 없지만, 김정희가 금석문 연구서를 편찬하고 있다는 소식만

큰은 분명히 청나라 문사들 사이에 전해졌던 것이다. 또 이상적과 교분이 깊었던 오식분吳式芬(1796~1856)의 편지는 금석학에 관한 김정희의 위상을 실감케 한다.

저는 젊어서부터 금석고정지학金石考訂之學에 대해 이야기하기를 좋아했습니다. 근래에 벼슬길에 나가 연경에 살면서 운대상국芸臺相國(완원)께 자세한 가르침을 받았고, 다시 동경東卿(섭지선)·연정燕庭(유희해)·맹자孟慈(왕희손)·계경季卿(한운해) 등 여러 사람과 함께 아침저녁으로 몰려다녔는데 모두가 김추사 시랑侍郞을 칭찬해 마지않았습니다. 가만히 마음속으로 그를 존경하게 되었고 얼굴 한 번 뵙고 싶은 지 오래되었습니다. 그런데 그대가 시랑의 고족高足(뛰어난 제자)이라 들었습니다. ……여러 가지 물건을 나눠주신 데 대해 갚을 길이 없습니다. 문득 금석각金石刻 탁본 13종과 고폐古幣(옛날 화폐) 4매가 있어 드리오니 감상하십시오. 해동금석문海東金石文을 널리 수집하여 기이한 것을 좋아하는 우리의 시야를 넓혀주시기 바랍니다. 또한 탁본과 옛날 화폐 한 봉은 추사 시랑께 드리기 바랍니다. 시랑께서는 지금 상중이라 들었습니다. 감히 편지를 올리지 못하오니 저를 대신하여 간절히 그리워하는 마음을 전해주시면 고맙겠습니다.[2]

이처럼 청나라에서 김정희가 금석학자로서 명성을 떨치면서 조선의 금석문은 교유의 중요한 매개가 되었다. 시간이 흐를수록 조선의 금석문에 대한 수요는 늘어났고, 연행을 통한 금석문의 전달은 빈번해졌다. 역관들이 그 중심에 있었다. 김정희의 제자 이상적은 열두 차례 다녀온 연행에서 수많은 금석문을 전달했다. 이상적에게 보낸 한운해韓韻海의 편지이다.

혹시 저를 위해 귀국 명현들의 시문집과 금석金石·비각碑刻 한두 가지를 구해주실 수 있다면 제게는 많은 돈을 주시는 것보다 낫습니다. 동방의 비각 다섯 가지와『청비록清脾錄』을 보내주신 데 대해 감사드립니다. 그 고마움을 다할 수 없습니다.[3]

섭명례葉名澧(1811~1859)의 편지를 통해서도 청나라 학자들이 조선 금석문에 얼마나 목말라했는지 알 수 있다.

어제 광성국廣成局에서 편지를 받았습니다. 각종 물건들을 보내주셔서 감사합니다. 석묵石墨 2종은 더욱 정묘하다고 할 만합니다.「문수기文殊記」는 역매亦梅(오경석)의『금석고金石考』에 수록된 전문과 비교해보니 끝에 50여 자가 빠졌습니다. 그러나 보물로 여기기에는 충분합니다. 이 때문에 미칠 듯이 기뻤습니다.[4]

귀국한 뒤에 금석 탁본을 구하면 보내주시면 좋겠습니다. 유자중劉子重에게 전해주는 것이 가장 편합니다.[5]

游荷仁兄閤下春正曾涨函儀計已早登
籤室長日如歲清風徐来每念
故人徒勞夢想月之望日偶過玉河忽遇
東友不禁神馳以為
海外知己如
閤下者必又有書至矣無何歸腐果得
琅函羨而縣之狂喜欲絶縱由
對山兄轉述
之言而趣叩

한운해 친필 편지 한운해는 조선의 많은 문사들과 교유했다.
사진은 조병구趙秉龜에게 보낸 편지이다. 수경실 소장

반조음潘祖蔭(1830~1890)은 오경석의 『삼한금석록』에 서문을 써줄 정도로 조선의 문사들과 가깝게 교유했고, 조선 금석문에 관심이 있었다. 그래서인지 반조음 역시 조선 금석문을 모아 책으로 만들고 있었음이 확인된다.

저는 근래에 『해동금석록海東金石錄』을 편집하고 있는데 아직 완성하지 못했습니다. 알려주실 게 있으면 좋겠습니다.[6]

졸저 『해동금석록』은 견문이 적어 아직 완성하지 못했습니다.[7]

반조음이 『해동금석록』의 편집을 완성했는지 알 수 없지만, 조선 금석문에 대한 청조 문사들의 관심을 방증한다. 또한 이장욱은 김정희를 비롯한 조선의 문사들과 교유했다. 김정희가 그에게 보낸 편지가 전해지며, 그가 조선의 금석문에 관심이 많았다는 사실도 확인된다. 앞서 살펴본 『해동금석존고』 중에는 유희해와 이장욱이 함께 정정하여 조인영에게 보낸 사본이 현전하는 것으로 보아 그가 조선의 금석문에 관심을 가졌던 사실을 확인할 수 있으며, 한필교韓弼敎의 『수사록隨槎錄』을 통해서도 이장욱 역시 『동국금석문東國金石文』 10권을 찬집한 사실을 알 수 있다.

월정(이장욱)이 물었다. "선생께서는 금석문을 아주 많이 가지고 계실 것으로 생각됩니다."

그러자 상사上使(홍석주)가 말씀하셨다. "글씨나 그림에 재주가 없고 감상도 할 줄 몰라서 수장이라 할 만한 것이 없습니다."

그러자 월정이 『동국금석문』 10권을 꺼내 보여주었다. 신라·고려 이하 명나라 천계天啓·숭정崇禎 연간에 이르기까지 자료 수집이 풍부했다.[8]

이장욱의 『동국금석문』 역시 현전 여부를 확인할 수 없다. 하지만 당시 청조 문사들의 조선 금석문에 대한 관심의 정도와 김정희의 영향력을 살피기에는 충분하다. 이 밖에도 『조선비전문朝鮮碑全文』[9], 『해동금석문자海東金石文字』[10] 등 편자 미상의 조선 금석문 연구서도 알려졌다.

조선의 금석문이 청조 문사들의 손에 들어가기 시작하면서 그들은 금석문을 판독하고 정리하는 과정에서 조선의 역사뿐만 아니라, 조선의 인물들을 공부하기 시작했다. 물론 그들이 관심을 가지는 목적이 다른 데 있을 수도 있지만, 새로운 문화를 접하는 순간 서로 공통된 흐름을 갖게 마련이다. 그런 면에서 그들이 조선 문화에 관심을 가지고 연구를 시작했다는 점에서 중요한 의미가 있다.

〖 추사 금석학의 계승 〗

김정희 사후 조선의 금석학은 역관을 중심으로 한 김정희 제자들을 통해 그 맥이 이어졌다. 대표적 저술로 오경석의 『삼한금석록』과 김병선의 『금석목고람』을 들 수 있다.

오경석의 자는 원거元秬, 호는 역매亦梅, 천죽재天竹齋 등이며 본관은 해주海州다. 대대로 역관譯官을 지낸 집안에서 태어나 1846년에 역과에 합격했다. 이상적의 제자로 김정희 문하에도 출입했으며 19세기 후반 조선을 대표하는 역관으로서 사신을 수행하여 여러 차례 청나라에 드나들며 청나라 문사들과 교유했다. 당시 청나라에 불던 조선 금석문 수집 열풍에 편승하여 그 또한 우리 금석문을 수집 연구했는데, 그 결과물이 『삼한금석록』이다.[11]

이 책은 그를 김정희 이후 최고의 금석학자 반열에 놓았다. 현전하는 『삼한금석록』에는 147종의 금석문 목록이 실려 있으나, 고석考釋을 한 것은 8종에 불과하다. 1858년에 쓴 하추도河秋濤의 서문을 보면 지금 남아 있는 8종이 당시에 완성된 전부일 것으로 보인다. 「범례」의 체계가 완정한 것으로 보아 나머지는 후에 고석을 할 예정이었던 것으로 추정된다. 「범례」에 따르면 현전하는 고려 시대의 금석문까지만 대상으로 삼아 『예석隷釋』의 체례體例를 따라 전문을 기록하고, 『금석췌편』의 예를 따라 다른 사람의 연구 성과를 그대로 싣는 것으로 되어 있다. 그 밖에도 비의 크기를 재는 것은 건초척建初尺을 사용하고, 글자는 표기하는 방법과 연대를 표기하는 방법 등을 자세히 정해놓았다. 이러한 점은 김정희의 저술과 견주어 한층 진전된 단계라 할 수 있다.

그런데 중요한 것은『삼한금석록』이 김정희의 금석학을 계승하고 있느냐의 문제이다. 이를 위해『삼한금석록』의 인용서를 보면 우리나라의 것으로는『문헌비고文獻備考』,『여지승람』,『해동역사海東歷史』,『나려임랑고』,『평양지不壤志』뿐이다. 홍양호의 발문은『금석췌편』에 실려 있는 것을 인용했을 것으로 보인다. 나머지는 모두 중국 문인들의 금석문 저작이나 문집에서 인용하고 있다.

국가	금석문 명칭	인용서
삼국	고구려고성각자 高句麗故城刻字 2종	『평양지平壤志』
삼국	진흥왕정계비 眞興王定界碑	『문헌비고주文獻備考註』, 『방희재금석외록滂喜齋金石外錄』
삼국	평백제탑비명 平百濟塔碑銘	『복초재집復初齋集』,『나려임랑고羅麗琳瑯攷』,『환우방비록寰宇訪碑錄』,『해동역사海東歷史』,『홍양호발洪良浩跋』,『금석췌편金石萃編』,『금석우지金石偶識』,『사적재집발思適齋集跋』,『방희재금석외록滂喜齋金石外錄』
삼국	유인원비 劉仁願碑	
삼국	낭공대사백월서운탑비 朗空大師白月棲雲塔碑	『언조표발言朝表跋』,『금석췌편金石萃編』
고려	흥법사진공대사비 興法寺眞空大師碑	『여지승람輿地勝覽』,『소미재난정고蘇米齋蘭亭考』,『해동역사海東歷史』,『방희재금석외록滂喜齋金石外錄』
고려	홍경사갈기 弘慶寺碣記	『여지승람輿地勝覽』,『나려임랑고羅麗琳瑯攷』
고려	진락공문수원기 眞樂公文殊院記	『복초재집復初齋集』,『나려임랑고羅麗琳瑯攷』

「고구려고성각자高句麗故城刻字」의 경우 김정희의 발문이 유희해에게 전달되어『해동금석원』에 실려 있는데도, 오경석은 한마디 언급이 없다.『해동금석존고』에도 언급되어 있으나 오경석은 전혀 모르고 있는 것이다. 또「진흥왕정계비眞興王定界碑」에 등장하는 '진흥眞興'에 대해 김정희는 유득공의 영향을 받아 생시生時의 이름을 사후에 시호諡號로 썼음을 고증하여 정계비가 진흥왕 생시에 세워졌다고 했지만, 오경석은 이를 모르고 '진흥'이 시호이므로 정계비는 진흥왕 사후에 세워진 것으로 고증했다.

이처럼『삼한금석록』은 외형적으로 김정희의 저작보다 진전되었지만, 내용상에서는 전혀 그렇지 않다는 것을 알 수 있다. 특히 정밀한 고증적 연구 방법이 추사의『예당금석과안록禮堂金石過眼錄』의 방법과 성과를 계승 발전시킨 것으로 보기도 했으나,[12] 고증한 내용을 볼 때『삼한금석록』은 김정희의 금석학과 아무런 관계가 없다. 조선 금석문에 관한 정보가 김정희를 통해 청나라 문사들에게 전해지고 그들이 이를 저술에 이용했는데도, 오경석은 이러한 청나라 문사들의 저작을 통해 조선 금석문을 연구했던 것이다.

김병선은 자가 이현彝賢, 호는 매은梅隱, 본관은 청양靑陽이다. 이상적의 제자로 1864년에 역과에 합격했다. 이후 사신을 수행하여 연경을 자주 왕래하면서 청나라 문사들과 교유가 많았다. 그가 엮은『금석목고람』 2권은 용원容媛이 엮은『금석서록목金石書錄目』에 실려 있어 일찍부터 알려졌다. 이 책은 국립중앙도서관에 소장되어 있는데, 1책의 필사본으로 표제는 '금석고편람 용계동제金石攷便覽 龍繼棟題'라 되어 있다. 이 책은 원본이 아니라 1926년에 전사한 것이다. 표지 제첨은 본래 청나라 문인 용계동龍繼棟(1845~1900)이 썼는데, 그의『괴려시집槐廬詩集』에는 김병선과 만나 쓴 시가 실려 있어 둘의 교유 관계를 알 수 있다.『금석목고람』에는 김병선이 쓴「금석목고람서金石目攷覽序」가 있고, 포강鮑康의「해동금석원서海東金石苑序」가 있으며 권1에는 48종, 권2에는 143종 등 총 191종의 금석문이 실려 있다. 1875년 12월에 쓴 서문을 보자.

지난 동치同治 계유년(1873) 여름에 오역매(오경석)가 내게 와서 우리나라 금석문 중에 전고典故가 될 만한 것을 찾았다. 나는 금석문자에 대해 잘 알지 못한다. 그래서 상자를 뒤져서 비목碑目을 찾아내고 남아 있던 각 본들에 그 차이를 주석했다. 위로는 기자箕子부터 아래로는 본조本朝에 이르기까지 모두 300종인데 3권으로 나누고 '금석목고람金石目攷覽'이라 제목을 붙였다. 그리고 이를 역매에게 물어 그 속편을 늘려나갔다.

을해년(1875) 봄에 역매가 연경에서 돌아왔는데 포자년鮑子年(포강)이 판각한『해동금석원』한 질을 얻어왔다. 이것은 유연정(유희해)이 각 비에 쓴 제발 70여 종으로 반백인潘伯寅(반조음)이 가지고 있었다. 유연정이 죽자 포자년과 반백인이 교열하여 계유년 겨울에 간행한 것이다. 아! 책 모양은 비록 전문과 자형을 함께 거론하지는 않았지만 건비 연대, 소재지,

찬서인명撰書人名 등을 자세히 알 수 있게 해놓아 훗날 그 원본을 구한 사람이 이것으로 고징考徵하면 진위를 쉽게 판별할 수 있으니 중국 사대부들의 박고博古의 공이 어찌 이처럼 깊고도 멀단 말인가? 하물며 그 서문과 발문을 거의 다 채집하였으니 이제 모두 나의 저술에 실어서 동호의 우의를 함께한다.[13]

이 글을 보면 김병선이 처음에 만든 것은 300종의 목록집이었다. 이를 3권으로 분류하여 『금석목고람』이라 했는데, 얼마 후 오경석은 연경에서 구해온 유희해의 『해동금석원』을 보여주었다. 이 책은 유희해가 우리나라 금석문에 쓴 제발만을 모아 간행한 책이다. 이를 본 김병선은 『해동금석원』의 제발을 자신의 『금석목고람』에 실었다. 이렇게 해서 『금석목고람』은 191종이 실린 2권 1책으로 다시 만들어진 것이다. 물론 이 책은 『해동금석원』의 제발을 대부분 싣고 있긴 하지만, 『해동금석원』을 통해 김정희 금석학의 일단을 접한다는 점에서 의미가 있다. 오경석의 『삼한금석록』에서는 김정희의 흔적을 찾을 수 없지만, 『금석목고람』에서는 김정희의 글을 인용하고 있다. 그중 일부는 김정희의 문집에서 직접 인용하고 있다. 그러나 여전히 『진흥이비고』와 『해동비고』의 흔적은 찾을 수 없다.

이처럼 김정희와 가장 가까이 있던 역관을 중심으로 금석학의 맥이 이어지는 듯했지만, 이들의 학문 수준은 오히려 김정희에게 미치지 못하고 퇴보하는 수준에 머물고 말았다. 그 원인은 김정희의 저술이 이들에게 제대로 전승되지 못했기 때문이다. 이는 당시의 학문 풍토와도 관련 있을 것으로 보인다. 즉, 김정희의 연구 성과는 그와 가까웠던 몇몇 사람들끼리만 공유되었고 외부로는 유출되지 않았던 것이다. 이 때문에 김정희의 후학들은 오히려 중국의 저술을 통해 조선의 금석학을 연구하는 수준이 되고 말았다. 이 점은 추사 금석학의 계승이 지니는 한계이기도 하다.

6장
추사학과 다산학의 만남

〖 다산과 추사의 학문을 계승한 윤정기 〗

방산舫山 윤정기尹廷琦(1814~1879)는 다산茶山 정약용丁若鏞(1762~1836)
의 외손자로 다산이 강진 유배 시절에 길러낸 제자들과 함께 다산 학
문을 계승한 대표적 인물이다. 특히 다산학단茶山學團의 인물로는 유
일하게 다산의 경학經學을 계승하였으며, 그의 주요 저술들은 다산의
저술을 보완하는 차원에서 이루어졌다. 다산학단에서 윤정기의 위상
이 중요한 이유는 다산학의 계승자일 뿐만 아니라, 추사학파 인물들
과 교유를 통해 다산학을 전파하고 추사학파의 학문적 성과를 수용
한 데 있다 할 것이다. 다산의 제자 중 일부는 다산 사후 김정희를 비
롯한 추사학파 문사들과 교유하며 그들의 활동 영역을 넓혀나갔는데,
윤정기는 그 대표적 인물이다. 19세기 학예學藝의 양대 축이라 할 수

있는 다산과 추사의 학문을 가장 가까이에서 지켜봤던 윤정기의 활동을 살펴보는 것은 그래서 더 의미 있다. 19세기 연구는 이 두 사람이 만들어놓은 학문적 성과를 넘어서야 하기 때문이다. 윤정기의 학문적 성과는 다산과 추사를 넘어서기에는 턱없이 부족하였지만, 두 사람의 학문을 연구하는 후학들에게 시사하는 바가 적지 않다. 윤정기의 노력과 성과를 주목해야 하는 것도 이 때문이다.[1] 「진흥왕북수비가眞興王北狩碑歌」는 바로 다산과 추사의 학문이 윤정기에게 어떤 영향을 주었는지 살펴볼 수 있는 작품이다.

「진흥왕북수비가」는 청나라의 금석학을 수용하여 조선 금석학을 학문으로 정립한 김정희의 대표 업적인 북한산 진흥왕순수비의 고증 내용을 시의 형식을 빌려 표현한 것이다. 추사의 금석학 연구 성과는 북한산 진흥왕순수비의 심정에서 처음으로 나타난다. 당시까지만 해도 이 비석은 도선이 세운 것으로 알려져 있었다. 김정희보다 앞서 이덕무가 남긴 기록은 이 비석에 관한 당시 지식인의 인식을 말해준다.

> 서암西巖에는 봉우리가 높이 솟아 있는데 황폐한 비석만이 홀로 서 있다. 도선道詵이 부참符讖을 새겨놓았는데 "요승무학오심룡도차妖僧無學誤尋龍到此"라 했다.[2]

이덕무는 비석에 새겨진 글씨를 판독한 것이 아니었다. 당시까지 전해오던 이야기를 글로 옮겨 놓았을 뿐이었다. 정동유鄭東愈(1744~1808)

「진흥왕북수비가」 윤정기의 문집 『방산선생유고』에 실려 있다. 수경실 소장

의 『주영편晝永編』에 실려 있는 이야기는 좀 더 자세하다.

　세간에는 이런 이야기가 전해온다. 건국 초창기 수도를 정하던 날 승려인 무학은 삼각산三角山에 올라가 산맥을 따라 내려오다가 양철평梁徹坪의 뒷산에 이르렀는데 도선이 세운 석비石碑에 "무학오심도차無學誤尋到此(무학이 길을 잘못 들어 여기까지 왔다)"라는 여섯 글자가 새겨져 있으므로 그곳을 포기했다. 다시 다른 산줄기를 따라 내려가다가 목멱산木覓山 동쪽 기슭에 이르자 또 도선이 써놓은 것이 있었는데, "왕심리枉尋里(잘못 찾은 마을)"라 하였으므로 낭패를 보고 돌아가 인왕산仁王山 아래 끄

트머리에 터를 잡았는데 바로 정도전이 점지한 경복궁景福宮이었다. 마침내 정도전의 설을 따랐다고 한다.[3]

이들은 모두 당대 최고의 지식인들이었지만 북한산 비봉에 남아 있던 비석을 도선이 세운 비석으로만 알고 있었던 것이다. 더 이상 호기심도 보이지 않았고, 지적 탐구도 이루어지지 않았다. 아직 조선에는 금석학이 학문으로 정착되지 않았고, 금석문은 단지 서법 연구의 수단이나 감상을 위한 자료로 여겼을 뿐이다. 그런데 김정희는 1816년과 1817년에 이곳을 직접 찾아가 비석에 새겨진 글자를 판독하였고, 마침내 그 비석이 「진흥왕순수비」임을 밝혀낸 것이다. 김정희는 이 연구 성과를 정리하여 『진흥이비고』(또는 『예당금석과안록』)를 편찬했다. 그러나 김정희가 진흥왕순수비를 연구한 이래 「진흥왕순수비」는 추사학파 인물들의 주요 관심사였을 뿐 다른 사람들은 그 존재조차 모르고 있었다. 대표적 기록으로는 김정희와 함께 북한산에 올라가 「진흥왕순수비」의 글자를 판독했던 조인영의 「승가사방비기」와 어당吾堂 이상수李象秀(1820~1882)의 「비봉기碑峯記」를 들 수 있다. 이상수가 남긴 「비봉기」를 살펴보자.

한양漢陽은 신라 시대에 북한산주北漢山州였다. 진흥왕 16년 봉강을 탁정할 때 이 북산北山의 승가사 뒤에까지 이르러 봉우리 정상에 비석을 세웠는데 바로 이것이다. 승려들에게는 도선이 세운 것이라고 전해오는

데 틀린 말이다. 사람들은 이를 가리켜 비봉이라고 하면서도 끝내 그 사실을 규명하지 못했다. 순조 정축년(1817) 여름 6월에 시랑侍郎 김추사와 상국相國 조운석이 그 아래에 나아가 잔결殘缺을 가려내 68자를 판독하고는 비석 왼쪽에 새겨서 이를 이록하였다. 그래서 잘못된 전설이 비로소 변파되었다.

을묘년(1855) 봄에 내가 찾아갔을 때에는 비석은 이미 모두 마멸되고 점획은 보이지 않았다. 오직 김정희가 새긴 글자만이 남아 있었다. 비석은 3단으로 끊어졌는데 승려들이 석회로 겨우 이어놓았다 한다. 이것은 벼락을 맞아 그렇다고 하는데 살펴보니 또한 잘못된 말이었다. 진흥왕 29년 무자년의 순수비는 함흥 초방령에 있다. 지금으로부터 1100여 년 동안 이 비는 그보다 앞서 있었으니 우리나라 금석문 중에서 이보다 오래된 것은 없다. 왕성王城에서 일사一舍(30리)도 안 되는 가까운 거리에 있어 아주 궁벽하거나 험준한 곳이 아닌데도 사대부들은 한번 가서 그 진위를 고정考訂해보지도 않고 승려들이 잘못 전한 이야기만 듣고서 그대로 믿었다. 오직 추사만이 옛것을 좋아하여 늠름하게 옛 글자의 면목이 묻히지 않게 하였고, 비석의 억울함도 이에 이르러 풀리게 되었다. 그렇지 않았더라면 끝내 도선비道詵碑가 되었을 뿐이다.

또한 어찌 기다리는 자가 있어서였겠는가? 그러나 39년 사이에 돌의 마멸이 이와 같으니 나는 저 이름을 좋아하는 자가 구구하게 조물주와 그 수명을 다투려 한 것을 서글퍼한다. 그것은 졸렬한 짓이 아니겠는가? 또한 1천여 세 된 사람이라면 어찌 능히 그 60여 글자를 보호했을까? 지

장암에서 바라보면 우뚝 홀로 서 있다.[4]

김정희가 고증한 지 39년이 지난 1855년에 북한산 비봉을 찾았던 이상수는 그간의 과정을 정리하면서 김정희가 고증한 성과를 높이 평가하고, 한편으로는 다른 지식인들의 무관심을 우회적으로 비판했다.

『「진흥왕북수비가」에 담긴 역사 이야기 』

이처럼 「북한산 진흥왕순수비」는 주로 추사학파 지식인들의 관심 대상이었고, 김정희 사후에는 김정희의 제자들을 중심으로 연구가 이어졌다. 그런데 다산의 외손자인 방산 윤정기는 「진흥왕북수비가」를 지어 「북한산 진흥왕순수비」에 관한 자신의 관심을 시로 노래했다. 윤정기의 「진흥왕북수비가」는 서문에 이어 64구로 이루어진 장편시이다. 현재 2종이 전하는데, 하나는 「진흥왕북수비가」란 제목으로 『방산선생유고舫山先生遺稿』권1의 『한상제금록漢上題襟錄』에 수록되어 있고, 다른 하나는 「신라왕비가新羅王碑歌」란 이름으로 『방산유고舫山遺稿』권2의 『황화옥한화黃花屋閒話』에 수록되어 있다. 윤정기는 다산학의 계승자로서 상당한 양의 저술을 남겼지만 그의 사후 60년이 지난 뒤에야 족제族弟인 윤정식尹廷植에 의해 정리되었다. 그의 행장 또한 윤정식이 1939년에 편찬하여 그의 일생을 대략 알 수 있게 되었다. 그

러나 당시에는 간행되지 못했고 1959년경에 『방산선생유고』(석인본)란 이름으로 간행되었다.[5]

　이와는 별도로 윤정기의 제자인 이종호李宗鎬는 윤정기로부터 받은 시초詩草 2권을 필사하여 4권 2책의 『방산유고』를 편집하였는데,[6] 여기에 「진흥왕북수비가」는 「신라왕비가」란 이름으로 실려 있다. 하지만 『방산선생유고』와 『방산유고』의 편집 체제가 전혀 달라 「진흥왕북수비가」와 「신라왕비가」의 선후 관계를 확정하기는 어렵다. 또한 「진흥왕북수비가」와 「신라왕비가」는 서문은 물론 자구에 이르기까지 상당한 차이가 있다. 다만, 전체적으로 『방산선생유고』에 수록된 시들에 붙인 주석이 훨씬 많은 점으로 보아 최종본에 가까울 것으로 추정된다. 또한 「진흥왕북수비가」라는 제목만 볼 때 「신라왕비가」 제목보다는 본래 의미에 더 가까우므로 여기서는 『방산선생유고』에 실린 「진흥왕북수비가」를 기준으로 살펴보기로 한다. 먼저 서문에 실린 내용을 살펴보자.

　　비석은 삼각산三角山 서쪽 등성이 구봉毬峰(속칭 공구암攻毬巖)의 서쪽 바위에 있는데, 세간에는 도선비道詵碑라고 전해온다. 바위 높이는 천 길이나 되고 바위 복판에는 구멍을 뚫은 흔적이 있다. 발을 옮기기가 어려워 비틀거리며 기어오르는데 정신이 아득해진다. 위험한 곳을 지나 정상에 다 이르면 돌 한 조각이 창공에 우뚝 솟아 있는데 바로 고비古碑이다.

　　비석은 일찍이 끊어졌으나 다시 이어놓았고, 전면全面은 마멸되어 글자의 형태는 남아 있지 않았다. 이리저리 자세히 살펴보자 비석에 음문陰文의 제각題刻이 있었다. "이것은 신라 진흥대왕의 비석이다. 병자년 7월에 김정희와 김경연이 와서 비문을 읽었다(此新羅眞興大王巡狩之碑 丙子七月金正喜金敬淵來讀). 정축년 6월 8일에 김정희와 조인영이 함께 와서 남아 있는 글자 68자를 심정했다(丁丑六月八日金正喜趙寅永同來審定殘字六十八字)."

절의 스님(산 아래에 승가사가 있다)에게 들으니 정축년(1817)에 심정한 뒤로 비석은 천복지액薦福之厄(벼락)을 만나 반으로 끊어졌고 68자 또한 찾아 증명할 수 없게 되었다. 내가 근래에 정축년에 심정한 탁본을 구해 읽어보니 68자 중에 '진흥대왕眞興大王'이라는 구절이 있었다. 내가 갑진년(1844) 4월에 산에 올라가 비석을 보았는데, 마침내 장편의 시를 지어 기록한다.[7]

윤정기는 이미 1844년 4월에 북한산 비봉에 올라가 「진흥왕순수비」를 직접 확인한 적이 있었다. 이상수가 등정했던 것보다 10여 년이나 빠르다. 서문은 『방산유고』에 실린 「신라왕비가」에도 비슷한 내용이 실려 있다. 다만 윤정기가 산행한 시기는 갑진년(1844) 3월로 되어 있고, 시를 지은 시점은 산행한 지 27년이 지난 뒤라고 기록해놓았다.[8] 따라서 윤정기가 이 시를 지은 해는 1871년으로 볼 수 있다. 또 윤정기가 1844년에 승가사에 갔다는 기록은 「추일유승가사秋日遊僧伽寺」의 주석에도 보인다. 여기에는 "갑진년(1844) 봄에 이래산李來山과 함께 승가사를 찾았다"는 주석이 달려 있다.[9] 이를 정리하면 윤정기가 북한산 비봉에 올라가 「진흥왕순수비」를 본 것은 1844년 봄의 일이고, 이로부터 27년이 지난 뒤에야 「진흥왕북수비가」를 지었던 것이다. 「진흥왕북수비가」의 내용을 8구씩 살펴보기로 하자.

삼각산 마루에 진흥비가 웬 말인가?	眞興碑何三角脊
사람들은 빤히 보고 옛 일 알지 못하네	見者瞠乎迷古昔
주흘산(조령의 주산) 남쪽 황수(낙동강)의 동쪽	主屹山南潢水東
궁벽진 한 구석에 신라가 건국되고	新羅建國一隅僻
계림의 옥적은 고개 넘지 못하니	鷄林玉笛不踰嶺
사람들은 이곳을 하늘 막힌 곳이라 하네	世人指爲天所隔
고개 북쪽 경계 삼아 고구려 땅이니	嶺北劃作句麗界
이 산마루 신라 비석 믿지 못할 일이라네	未信羅碑此山額

먼저 삼각산에 신라 진흥왕의 순수비가 있다는 사실에 사람들은 놀라워했다. 한반도 한쪽 구석에 위치한 신라의 영토가 어떻게 이곳까지 미칠 줄 알았겠는가. 그러니 사람들이 이 비석을 보고 아무도 신라의 비석이라고 생각지도 못했다는 것이다.

공적을 기록한 건 신비한 우왕의 구루비岣嶁碑인 듯	紀績幽秘夏侯岣
공적을 새긴 건 아득한 진시황의 역산비嶧山碑인 듯	勒功渺茫秦皇嶧

여름 벌레 얼음 본 듯 월粵의 개가 눈을 본 듯 夏蟲之氷粵犬雪
황홀하고 놀라워서 가슴만 답답하네 惝恍驚怪煩胸膈
이 늙은이 올라가서 한 번 본 적 있는데 老夫曾一陟見之
옛 일을 고증하여 그 의미 찾아보니 試爲證古重尋繹
신라와 고구려가 서로 영토 침략할 때 當時羅麗相侵壞
이쪽으로 저쪽으로 판세 어지러웠다네 一彼一此紛棊奕

윤정기 자신도 일찍이 그곳에 올라가서 직접 보았지만 믿기 힘들었던 것이다. 마치 여름에만 사는 풀벌레가 겨울의 얼음을 본 것처럼, 눈을 한 번도 본 적이 없는 광둥성(粵)의 개가 겨울에 내리는 눈을 본 것처럼 너무도 놀라웠다. 하지만 당시의 일을 역사책을 통해 고증해 보니 삼국은 계속되는 전쟁 속에서 판도가 바뀌고 있었다.

큰 공 세운 진흥왕(대창大昌과 홍제鴻濟는 연호)은 大昌鴻濟樹立煌
해동海東을 웅시하며 영토를 넓혀갔네 雄視海東遂荒宅
북쪽으로는 영토 넓혀 옥저 끝에 다다랐고 地拓北維窮沃沮
예맥 땅에는 신라의 팔관회八關會를 베풀었네 會設八關通濊貊
큰 활과 긴 창 든 재상 거칠부 大弓長棘居漆夫
고구려군 10개 뺏어 영토를 넓혔다네 戡麗十郡疆土闢
4년이 지난 뒤에는 한산주漢山州를 순수하고 粵四年巡漢山州
비열홀比列忽과 대방帶方 땅을 신라로 편입했네 比列帶方入版籍

특히 진흥왕은 신라의 영토를 넓혀 북쪽으로는 옥저까지 이르렀고, 불교 행사인 팔관회까지 열었던 것이다. 또한 거칠부는 고구려의 10개 군을 침공하여 죽령竹嶺 밖의 단양丹陽, 충주忠州 등과 한수漢水 이북의 영토를 빼앗았다. 그리고 4년 뒤에는 한산주를 순수하였고, 비열홀(지금의 함경도 안변安邊)과 대방(한수 북쪽) 땅을 신라 영토로 편입했다. 이 내용은 모두 역사책에 나오는 것들로 윤정기는 『동환록東寰錄』 권1 「역대歷代−신라新羅」의 '순행정계비巡幸定界碑'와 '팔관회' 항에 자세히 정리해놓았다.

다산은 일찍이 강진 유배 중에 『아방강역고我邦疆域考』를 저술했는데, 유배 생활로 완성하지 못했다. 윤정기가 『아방강역고』를 보완하여 저술한 것이 『동환록』이다. 윤정기는 『동환록』 곳곳에서 북한산과 황초령 「진흥왕순수비」를 언급하고 있다. 그의 저술에 중요한 자료로 이용한 것이다.

저렇게 빛나는 위대한 공적	如彼赫赫豐功烈
부아악(삼각산의 신라 이름) 서쪽 돌에 새겨놓았네	負兒嶽西勒之石
1천 년이 지나면서 산골짝은 깎여갔고	谷夷山刓一千年
글자는 흐릿해져 알아볼 수 없게 됐네	豕亥帝虎逢泯跡
글자는 바람 맞아 흔적은 뭉개졌고	龍篆風磨埋素鉤
글자 획은 연대 깊어 끝부분이 없어졌네	螺畫年深泐戈戟
이끼 낀 돌 붉은 글자 고증할 길 전혀 없고	石青字赤渺無徵

남은 흔적 날아가고 구름 빛만 쌓여 있네　　　　　劫灰飛盡雲光積

「북한산 진흥왕순수비」에는 바로 진흥왕의 위대한 공적들이 새겨
져 있었던 것이다. 그러나 1천 년이란 시간 동안 글자는 마모되고 흐
릿해져 알아볼 수 없게 되었다. 이끼 낀 돌을 바라만 볼 뿐 비석에서
는 고증할 방법이 없었다.

더벅머리 초동들이 도선비道詵碑라 전한 얘기　　　樵豎訛傳道詵碑

황당하고 근거 없어 옛 책에도 기록 없네　　　　　荒唐元不稽簡册

옛것을 좋아하는 큰 선비 완당阮堂 선생　　　　　阮堂好古之鴻儒

친구와 함께 올라 자료 수집 고생했네　　　　　　聯扁耶步危勞攟撫

초서草書 대가 삭정索靖의 글씨 보듯　　　　　　毾坐觀如耽索書

자리 깔고 보는 모습

불화佛畫 명수 조중달曹仲達의 그림 찾듯　　　　　手摸讀似尋曹畫

손으로 써가며 읽는 모습

뭇별들이 옛 탑 위로 어지럽게 흩어져 있어도　　　譬若衆星錯落古寶淪

북두성만 부르며 보물 얻은 듯한 모습이네　　　　　往往名斗而獲璧

이를 보고 '도선비'라는 이야기가 전해졌지만, 아무런 근거가 없었
다. 역사책에도 실려 있지 않았다. 그런데 김정희가 마침내 이 비석의
글자들을 판독해내었고, 신라 진흥왕의 순수비임을 밝혀낸 것이다.

기이한 형상 긁어내자 글자가 드러나고	爬抉奇形露薤倒
구석구석 긁어내며 푸른 이끼 쓸어보니	刔剔微角掃蘚碧
잡초 속의 가화嘉禾(큰 벼이삭)처럼	嘉禾缺月辨娟娟
구름 속의 조각달처럼 곱디고운데	
남은 글자 살펴보니 100자도 안 되네	審定殘字不盈百
신라왕이 순수巡狩한 일 옆면에 새겨 있어	側面特書羅王狩
보러온 사람들의 의문 바로 풀어주네	使來觀者疑快釋
옛 자취 숨었다가 이제야 나타났는데	往蹟從玆晦而顯
하늘은 도리어 사람들 아끼는 걸 시기하네	天公反猜人所惜

진흥왕순수비임을 밝혀낸 김정희는 조인영과 함께 비봉에 올라 비석 옆면에 이 비석이 신라 진흥왕의 순수비임을 기록해놓았다. 남은 글자는 100자도 안 되지만 김정희가 남긴 글자를 통해 사람들은 진흥왕순수비임을 알 수 있었던 것이다.

하루아침 벼락 쳐서 아랫부분 가져가고	一朝霹靂下取將
산속의 도깨비는 혼백을 앗아가니	山恠林魅爲褫魄
나머지 얽은 얼굴 창공에 묻혀 있고	但餘駁面涵碧虛
뜬구름 새 발자국 찾을 길 전혀 없네	浮雲鳥跡沒摸索
부스러진 모서리는 비에 젖어 검은데	殘稜剝了淋雨黑
이지러진 글자 획은 번갯불에 붉구나	缺畫鑠盡雷火赤

| 자세히 살펴지만 글자 어찌 고증하며 | 細觀那由證灡匾 |
| 읽어보려 하지만 번역하기 어렵구나 | 欲讀奈難飜象譯 |

하늘은 사람이 아끼는 걸 시기하는지, 어느 날 아침 벼락을 쳐서 이 비석을 두 동강 내고 말았다. 글자를 살펴보려 해보지만 고증할 길 전혀 없고, 읽어보려 해도 말이 이어지질 않았다.

머리 긁고 하늘 봐도 안개만 자욱하고	搔首問天巖煙鎖
글자 없는 석 자 비만 우뚝 홀로 서 있네	全碑沒字兀三尺
옆에 새긴 글자만이 순수비巡狩碑 말해주니	只憑傍鐫認狩碑
하나 남은 증거 들고 어디로 가야 하나	持此孤證將安適
한 조각 산의 돌은 말이 없으니	一片山石無可語
태곳적 그 시대를 누가 밝히리	年代蒼茫孰探賾
그래도 황초령 밑 비석 반절이	猶勝黃艸嶺下碑
항아리 받침 쓰인 일보단 낫네	秪有一半混入民家甕底覓

윤정기는「진흥왕순수비」의 내용을 판독할 수도 없었고, 더 이상 알아낼 것도 없었다. 결국 김정희가 새겨놓은 진흥왕순수비라는 글자를 통해 이 비석이 진흥왕의 순수비임을 알 수밖에 없었다. 윤정기는 역사서에 등장하는 내용들로 이 비석의 의미를 밝힐 수밖에 없었다.

그런데 여기서 윤정기는 중요한 기록을 하나 남기고 있다. 바로「황초령비」에 관한 기록이다. 김정희가 「북한산 진흥왕순수비」를 고증하는 데 결정적 자료가 된 것은 바로 「황초령 진흥왕순수비」였다. 문제는 「황초령비」는 탁본만 전해오고 실물이 전하지 않는 데 있었다. 김정희는 이 「황초령비」를 찾기 위해 온갖 노력을 다했다. 하지만 아무도 찾아내지 못했다. 그러다가 함경도 관찰사로 간 친구 권돈인權敦仁(1783~1859)으로부터 연락이 왔다. 「황초령비」를 찾았다는 전갈이었다. 김정희는 이 소식을 듣고 기뻐하며 권돈인에게 편지를 썼다. 다시는 비석이 사라지지 않도록 보존책을 세워달라는 부탁이었다. 권돈인은 임기가 끝나 서울로 돌아왔고, 얼마 후에 「황초령비」는 다시 사라지고 말았다. 윤정기는 이 「황초령비」에 관한 기록을 마지막 구절의 주석에 남겨놓았다.

> 함흥 황초령에는 옛날에 「진흥왕순수정계비眞興王巡狩定界碑」가 있었는데 사람들이 이를 알지 못했다. 헌종憲宗 을미년(1835)[10]에 이재彛齋 권돈인이 함흥감사(함경도 관찰사)가 되어서야 비석을 찾아냈다. 가운데가 끊어지고 반절만 남아 있었는데 그곳에 사는 백성이 가져다가 항아리 받침대로 사용하고 있었다. 물로 씻어내고 탁본을 뜨게 했더니 마모된 것 중에 흐릿하게 한두 글자 혹은 너덧 글자만 드문드문 있을 뿐이었고, 나머지는 고증할 수 없었다. 이후 또다시 소재를 알 수 없게 되었다.[11]

권돈인이 「황초령비」를 다시 찾아낸 것은 김정희의 글에도 나타나 있지만, 그 경위가 다른 곳에는 보이지 않는다. 그런데 윤정기는 그곳 백성이 가져다 항아리 받침대로 사용하고 있었다는 기록을 남겨놓았다. 윤정기의 기록처럼 다시 사라졌던 「황초령비」는 1851년 윤정현尹定鉉(1793~1874)이 함경도 관찰사로 갔을 때 다시 찾아냈고, 비석을 중령진中嶺鎭으로 옮기고 비각碑閣을 세워 보존했다. 아울러 비석을 세워 그 일을 기록하였다. 비문의 내용은 다음과 같다.

> 이것은 「신라진흥왕비」로 동북쪽의 경계를 정한 것이다. 옛날에 황초령에 있었는데 비석 위아래가 박락되고 남은 글자는 185자이다. 이제 중령中嶺으로 옮겨 비바람으로부터 보호하고 이를 벽에 끼워 넣은 것은 황초령과 멀지 않아 변방의 경계가 잘못될 염려가 없기 때문이다. 옛날 탁본을 가지고 고찰해보니 첫째 줄 '왕王'자 아래로 '순수관경간석명기야巡狩管境刊石銘記也' 아홉 글자가 있었는데 모두 누락되었다.
>
> 진흥왕 무자년 뒤 1285년 임자(1852) 가을 8월에 관찰사 윤정현 쓰다.[12]

황초령에 있던 비석을 다시 찾아 중령진에 비각을 짓고 옮겨 놓았지만 비석이 온전치 않아 세워 놓을 수 없자 별도의 벽을 만들어 끼워 넣었던 것이다. 윤정현이 황초령에 그대로 두지 않고 중령진으로 옮긴 것은 관리상의 편의를 위해서였겠지만, 황초령과 멀리 떨어져 있지 않아 이로 인해 변방의 경계가 잘못될 염려도 없었기 때문이었다.

「**황초령비**」 **비각** 일제 강점기의 모습이다.

윤정현은 김정희에게 이 소식을 알렸고, 김정희는 '진흥북수고경眞興
北狩古竟'이라는 편액을 써주며 비각에 걸도록 했다.

「진흥왕북수비가」는 방산 윤정기가 「북한산 진흥왕순수비」를 노래
한 것이다. 그러나 이 작품은 단순히 「진흥왕순수비」에 대한 자신의
감흥을 읊은 시가 아니다. 다산의 『아방강역고』를 보완하여 저술한
『동환록』의 기록을 바탕으로 「북한산 진흥왕순수비」를 고증한 것이
다. 여기에 등장하는 많은 전거와 역사적 사실은 자신이 쓴 『동환록』
이 바탕이 되었다.

김정희가 처음 고증한 이래 「북한산 진흥왕순수비」는 추사학파 지
식인들의 관심 대상이었다. 그러나 그들은 주로 금석학 측면에서 비

윤정현이 세운 이건비移建碑

석을 연구하고 관심을 표명했다. 따라서 서체나 금석문에 보이는 문구를 연구하는 데 몰두한 반면 다산의 외손자로서 다산학을 계승한 윤정기는 「북한산 진흥왕순수비」를 통해 역사책에서 누락된 당시 신라 강역의 지리적 측면을 부각시키고 있다. 김정희 이후 추사학파 인물들이 상대적으로 관심이 적었던 역사학적, 지리학적 측면에 대한 연구를 보완한 셈이다. 다산학과 추사학을 가장 가까이에서 지켜봤기에 가능한 일이었다.

윤정기는 함경도 관찰사로 떠나는 윤정현을 전별하는 시를 남기는

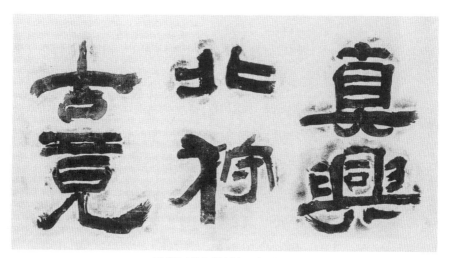

김정희가 쓴 「진흥북수고경」 편액 탁본

「진흥북수고경」 편액이 걸린 「황초령비」 비각의 모습

등 윤정현과도 가깝게 지냈다.[13] 권돈인이 있는 번리樊里 별업別業(별장)에 놀러 가기도 했다.[14] 이러한 친분으로 권돈인은 윤정기의 시에 비평을 남기기도 했다.[15] 또 김정희의 제자 김석준金奭準(1831~1915)과도 가깝게 지냈다. 이처럼 윤정기는 김정희, 권돈인, 윤정현으로 이어지는 추사학과 진흥왕순수비의 연구자들과 자연스런 교유를 바탕으로 김정희의 진흥왕순수비 연구 성과를 『동환록』에 고스란히 반영할 수 있었다. 앞서 보았듯이 「진흥왕북수비가」는 윤정기가 김정희의 연구 성과를 어떻게 수용했는지 보여준다. 「황초령 진흥왕순수비」의 현회顯晦에 관한 알려지지 않은 역사의 한 토막을 전하고 있다는 점도 평가할 만하다. 이는 다산학과 추사학의 만남이 이루어낸 의미 있는 성과라 불러도 무방할 것이다.

7장
『예당금석과안록』은 실재하는가?

〖 『**예당금석과안록**』의 등장과 이본 〗

『예당금석과안록』은 김정희의 대표 저서로 우리에게 인식되어왔다. 북한산과 황초령에 있던 신라 진흥왕의 순수비를 연구한 논문으로 일찍부터 그 가치를 인정받아왔고, 조선 금석학의 개창자로서 추사 김정희의 위치를 확인시켜준 명저이기 때문이다. 추사 김정희는 조선 금석학 연구의 대가로 일찍부터 나라 안팎에서 명성이 자자했지만, 1867년에 간행된 『완당척독阮堂尺牘』과 1868년에 간행된 『완당집阮堂集』에는 『예당금석과안록』이 실려 있지 않다. 당시 편자들은 『예당금석과안록』의 존재조차 몰랐다. 김정희의 금석학 저작이 『예당금석과안록』이라는 이름으로 처음 나타난 것은 김정희 사후 50년이 지난 20세기 초의 일이다. 그것도 우리나라 사람이 아닌 일본인 학자에 의해

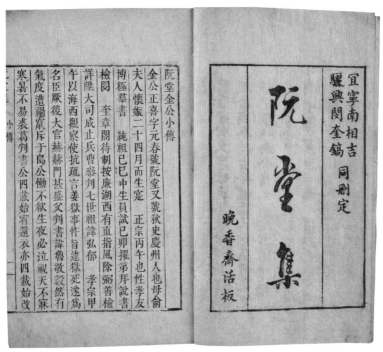

『완당집』 1868년에 전사자로 간행된 김정희의 문집이다. 개인 소장

발견되었다. 이 책에 관한 기록이 처음 보이는 것은 유승간劉承幹이 편간한 『해동금석원보유海東金石苑補遺』권1 「신라진흥왕순수비新羅眞興王巡狩碑」조에서다.

「신라진흥태왕순수비新羅眞興太王巡狩碑」는 조선의 북한산에 하나 있고 황초령에 하나 있다. 연정(유희해) 선생께서는 북한산에 있는 것만 기록하였고 황초령에 있는 것은 기록하지 못했다. 광서光緖 무신년(1908)에 내가 처음으로 그 글을 기록하여 『당풍루비록唐風樓碑錄』에 수록했다.

뒤에 일본에 있을 때 나이토 고난內藤湖南 박사에게서 김정희의『예당금석과안록禮堂金石過眼錄』을 보았다.[1]

이 글은 근대 중국의 대학자였던 나진옥羅振玉(1866~1940)의 기록이다. 이 기록에 따르면 나진옥이 나이토 고난內藤湖南(1866~1934) 박사가 소장하고 있던『예당금석과안록』을 본 것은 1908년 이후다. 나진옥이 말한 나이토 고난은 바로 동양 사학자 나이토 코지로內藤虎次郎인데, 그는 자신의 논문에서『예당금석과안록』이 오카다 노부토시岡田信利(1857~1932)의 소장본을 전초轉抄한 것이라고 증언하고 있다.[2] 또 이마니시 류今西龍(1875~1932)는 논문에서『예당금석과안록』은 오카다 노부토시가 일찍이 서울에서 구한 원본으로 볼 수도 있는 귀한 책이라고 언급하고 있다.[3]

이상의 기록을 종합해볼 때『예당금석과안록』은 오카다 노부토시가 1908년 이전에 서울에서 구한 필사본으로 원본이 아닌 전사본이었음을 알 수 있다. 하지만『예당금석과안록』의 원본은 지금까지도 발견되지 않았다. 오카다 노부토시가 서울에서 구한 원본으로 볼 수 있다고 했던 사본 역시 그 소재를 확인할 길이 없다. 현재『예당금석과안록』은 국내외 여러 공사 서가에 수장되어 있는데, 대표적으로 3종의 이본을 확인할 수 있다.

• 국립중앙도서관 소장본

이 책은 일본의 역사학자 후지타 료사쿠藤田良策가 소장하고 있던 책인데 일본의 미농지美濃紙에 정사되어 있다. 계선이 없는 백지에 필사되어 있지만 필사가 정치하다. 필사 시기는 확인할 수 없으나 오카다 노부토시가 서울에서 구입한 후 얼마 있지 않아 필사했을 것으로 추정된다. 비교적 빠른 시기의 전사본으로 보인다.

• 미국 UC버클리 아사미 문고 소장본

이 책은 필자가 아사미 문고에서 직접 확인한 사본이다. 특히 끝에 다음과 같은 필사기가 있어 매우 중요한 의미가 있는 책이다.

> 1909년 7월 10일 교정하여 오류가 없게 했다. 아사미 린타로淺見倫太郎(1869~1943)는 기록하고 수장한다(明治四十二年己酉七月十日校訂無訛淺見倫太郎識而藏之).

지금까지 확인된 사본 중에서는 필사 기록이 있는 가장 빠른 시기의 필사본이다.

• 육당六堂 최남선崔南善 본

육당 최남선이 소장하고 있던 사본이지만 현재 원본의 소장처는 알 수 없다. 다만 일제강점기에 만들어진 유인본油印本 끝에 필사기가 남아 있어 확인할 수 있을 뿐이다.

1929년 12월 갑신일, 육당이 소장하고 있던 사본을 다시 필사했다(歲次己巳冬十二月甲申日─再寫六堂所藏寫本).

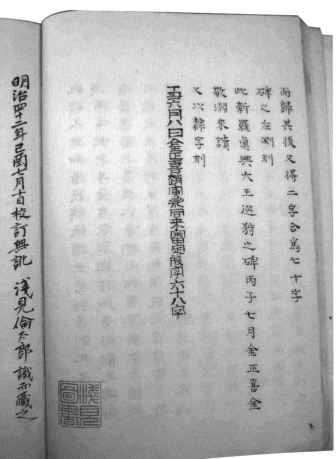

『예당금석과안록』
아사미 문고 소장본

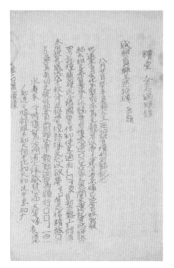

『예당금석과안록』 최남선 본

이 기록에 따르면 육당이 소장한 사본을 저본으로 만든 책이라는 사실을 확인할 수 있다. 이 책에는 특히 『완당집』에 수록된 편지 중에서 조인영과 권돈인에게 보낸 편지가 부록으로 실려 있다. 가장 널리 알려진 이본이다.

이들은 모두 일부 잘못 베낀 것을 제외하면 사실 하나의 사본에서 전사한 책들이라고 볼 수 있다. 즉, 『예당금석과안록』의 이본들은 오카다 노부토시가 소장한 사본 또는 그 사본을 저본으로 전사한 것이라고 볼 수 있다. 이 밖에도 여러 곳에 사본들이 소장되어 있지만 잘못 베낀 것을 제외하면 큰 차이점은 발견할 수 없다. 이는 오카다 노부토시가 발견한 필사본 『예당금석과안록』이 유일본이라는 방증이기도 하다.

〖『예당금석과안록』의 편찬 시기 〗

그렇다면『예당금석과안록』은 언제 편찬되었을까? 앞서 살펴본 것처럼 김정희가 본격적으로 금석문 연구를 시작한 것은 북한산 진흥왕순수비의 가치를 발견한 1816년경으로 보지만, 훨씬 이전부터 금석학에 관심이 있었다. 1831년 유희해는 김정희에게 편지를 보내 금석학에 관한 여러 의견을 나누는데, 그 편지에서 유희해는 김정희가 금석학에 마음을 둔 지 30여 년이나 되었다는 사실을 전하고 있다.[4] 유희해의 말대로라면 김정희는 이미 십대 때부터 금석학에 관심이 있었던 것이다. 이후 김정희는 24세 때 연행을 계기로 옹방강, 완원 등 당대 최고의 금석학 대가들과 교유하게 되고, 귀국한 뒤에도 청조의 문사들과 서신으로 교유하면서 조선 금석문 연구에 몰두하게 된다. 물론 그 중심에는 옹방강, 옹수곤 부자가 있었다. 그 첫 번째 성과는「북한산 진흥왕순수비」를 심정한 일이다.

그러나 김정희는「진흥왕순수비」연구를 시작한 지 15년이 되도록 마무리 짓지 못하고 있었다. 북한산의 순수비 상태가 너무 좋지 않아 비문 자체에서 많은 정보를 얻을 수 없었던 까닭도 있었지만, 더 큰 이유는「황초령비」의 실물이 확인되지 않았기 때문이다. 이에 김정희는 황초령에 있던 순수비를 찾는 데 주력했다. 하지만 황초령의 순수비 역시 사라진 지 오래여서 탁본 이외에는 확인할 방법이 없었다. 그러던 중 함경도 관찰사로 가 있던 권돈인이 황초령에 있던 진흥왕의 순수비를 발견하여 그 탁본을 보내왔다. 그러나 권돈인이 발견하여 보내온 비문의 탁본은 이전 것보다 못했다.[5] 김정희는 「진흥왕순수비」에 대한 연구 결과를 마무리하며 권돈인에게 저술 사실을 알렸다.

제가 이 비석에 대해 연구한 것이 한 권 있습니다. 글자 하나, 획 하나, 지명 하나, 관명官名 하나까지 자세히 조사하고 증명해놓으니 한 권이나 됩니다. 제가 이번에 드리려고 했으나 아직 초고 상태여서 정리하지 못했습니다. 정리하고 난 다음에 보여드릴 수 있을 것 같아 보내드리지 못했습니다. 참 안타깝습니다.[6]

『완당척독』이나 『완당선생전집阮堂先生全集』에는 김정희가 이 편지를 쓴 날짜가 보이지 않지만, 권돈인에게 보낸 편지를 모아놓은 또 다른 필사본에는 '갑오년(1834)'으로 표기되어 있다.[7] 이 해 8월에 권돈인이 함경도 관찰사에서 물러나게 되므로 위 편지는 1834년 8월 이전에 보낸 것이 된다. 이 편지의 기록대로라면 김정희는 이때쯤 「진흥왕순수비」에 관한 연구를 마무리했을 것으로 추정된다. 즉, 1834년 8월 이전에 「진흥왕순수비」에 관한 김정희의 연구는 일단락 지어졌다고 볼 수 있다. 이후로는 「진흥왕순수비」에 관한 김정희의 언급은 찾아볼 수 없다. 김정희의 초고본 역시 아직까지 발견되었다는 소식을 듣지 못했다.

『예당금석과안록』의 서명, 무엇이 문제인가?

그런데 필자가 의문을 가졌던 것은 『예당금석과안록禮堂金石過眼錄』이라는 서명書名과 책 속에 담긴 내용이 불일치한다는 점이다. 왜 이런 문제가 발생했을까? 『예당금석과안록』이라는 서명은 정당한 것인가? 먼저 『예당금석과안록』이란 서명의 의미부터 생각해보자. 예당禮堂은 추사 김정희의 별호로 알려져 있다. 그러나 이 별호의 의미에 대해서는 아직까지 정확한 해석을 내리지 못하고 있는 듯하다. 예당이란 말을 처음으로 설명한 사람은 역사학자 이병도李丙燾로 보인다. 그는 「완당선생약전阮堂先生略傳」에서 예산禮山 출신으로 예경禮經을 중시했기 때문에 예당이란 호를 사용했다고 설명하고 있다.[8] 그러나 김정희는 당호를 지을 때에 기존의 형식과 틀을 완전히 벗어나 있었다. 그 같은 전통적 방법으로 예당이란 호를 지었다고 보기는 힘들다. 그렇다면 예당은 어디에서 유래한 말일까? 옹방강이 일찍이 김정희에게 보낸 편지에서 그 실마리를 찾아볼 수 있다.

정현鄭玄은 후한後漢의 대유大儒이다. 일찍이 예당禮堂에서 여러 경전을 사정寫定한 것은 백가들의 학설이 일치하지 않는 것을 정리하려고 했던 것인데, 어찌 정현의 학설이 정리되어 있지 않았을 것이라고 생각이나 했겠는가?[9]

이 글에서 '예당사정禮堂寫定'이란 말을 확인할 수 있다. 이 문구는 「정현전鄭玄傳」의 "부득어예당사정 전어기인不得於禮堂寫定 傳於其人"이란 문구에서도 확인된다. 여기서 '예당'은 예를 강론하던 강당을 가리킨다. '예당'이란 호 역시 바로 '예당사정'에서 유래했음을 추정할 수 있다. 이후 김정희는 '예당'을 자신의 호로 삼고 '예당'과 '예당사정'을 인장으로 만들어 사용했는데, 바로 정현과 관련된 글에서 유래했음을 확인할 수 있다. '과안록過眼錄'은 "자신이 본 것을 기록했다"는 의미이다. '예당금석과안록禮堂金石過眼錄'은 "예당이 본 금석문을 기록하다"는 의미가 될 것이다. 즉, '김정희가 본 금석문을 기록한 책'이라는 뜻이다. 그런데 과연 이 제목이 김정희의 「진흥왕순수비」 연구 논문의 제목으로 타당할까? 결론부터 말하면 적절치 못한 제목이다. 그 이유를 살펴보자.

첫째, 앞서 살펴보았듯이 이 책에는 북한산과 황초령에 있던 「진흥왕순수비」에 관한 글이 실려 있다. 그런데 과연 2기의 비석에 관한 연구 논문을 싣고 이렇게 거창한 이름을 붙일 수 있는 것일까? 내용 면에서 『예당금석과안록』은 「진흥왕순수비」에 관한 매우 전문적이고 치밀한 논문이다. 이렇게 치밀한 논문은 당대 중국에서도 그 유례를 찾기 힘든 최고 수준의 논문이라 할 수 있다. 결코 '김정희가 본 금석문을 기록한 책'이란 제목을 붙일 수 없는 저작이다.

둘째, '금석과안록'에는 석문石文만 있고 금문金文은 없다. 금석문이란 금문(쇠붙이에 글자를 새긴 것)과 석문(돌에 글자를 새긴 것)을 말하는데, 비문碑文은 석문일 뿐이다. 석문에 관한 논문을 싣고 '금석金石'이란 명칭을 붙일 수 있는 것일까? 당시 학자들은 금문과 석문에 관해 명확한 구분을 짓고 있었다. 유희해의 또 다른 저작 『해동금석존고』에도 금문 두 편이 실려 있다. 따라서 서명에 '금석'이란 말을 쓰는 데 아무 문제가 없는 것이다. 유희해는 일찍이 김정희에게 보낸 편지에서 금문과 석문에 관해 중요한 언급을 한 바 있다.

> 삼대三代 이후로 석문은 많고 금문은 적습니다. 돌은 육중하여 오랫동안 보존되고, 쇠붙이는 날카로워 쉽게 부서지기 때문입니다. 중국도 그렇습니다. 해동에는 봉덕사奉德寺, 연복사演福寺의 두 종과 용두사龍頭寺의 당간幢竿 이외에 어떤 것이 있는지 자세히 알려주십시오.[10]

물론 금석문의 대부분이 비문으로 이루어져 있기 때문에 비문을 금석문으로 통칭하는 경우도 있지만 김정희의 경우 자신의 연구 논문에 어울리지 않는 제목을 붙였다고 보기는 어렵다.

셋째, 김정희는 「진흥왕순수비」에 관한 기록을 남기면서 '금석과안록'이란 명칭을 사용하지 않았다. 대신에 '비고碑攷'라는 용어를 사용하고 있다. 비석과 비문에 대한 고찰이란 의미이다. 앞서 살펴본 것처럼 권돈인에게 보낸 편지에서 김정희는 "이 비석에 대해 연구한 것이 한 권 있다(此碑有考一卷)"는 언급을 했다. 또 「제북수비문후題北狩碑文後」에서는 구체적으로 '비고'에 대한 언급을 하고 있다.

> 내가 일찍이 구탁본을 구해 연월·지리·인명·관직을 고증하고 확정하여 '비고碑攷'를 저술함으로써『해동금석록海東金石錄』과『문헌비고文獻備考』의 오류를 바로잡았다.[11]

이 글에서는 명백히 '비고'를 저술한 사실을 적고 있는데, 위 글은 바로『진흥이비고』의 내용과 일치한다.

넷째, 뒤이어 살펴볼『해동비고』와 연관 지어볼 때 김정희의 연구 논문은 '비고'라는 명칭이 타당하다.『해동비고』에는 「진흥왕순수비」에 관한 연구 논문이 누락되어 있다. 앞서 김정희는 「진흥왕순수비」에 관한 글을 15년 동안이나 마무리 짓지 못하고 있었다는 사실에서 알 수 있듯이, 김정희의 금석문 연구 중에서는 가장 오랫동안 미결 상태로 남아 있었다. 그런데 이후로도 완전 탈고는 하지 못했기 때문에『해동비고』에는 싣지 않았을 것으로 보인다.

다섯째, 일제강점기에『완당선생전집』이 간행되면서『예당금석과안록』은『진흥이비고』라는 명칭으로 바뀌게 된다. 당시의 편집자들 역시『예당금석과안록』이란 서명에 문제가 있다는 점을 알았기 때문인 것으로 풀이된다. 단순히『완당선생전집』에 편입하려 했다면 '예당금석과안록'이란 제목으로 편입했더라도 아무 문제가 없었을 것이다.

결국「진흥왕순수비」에 관한 논문 두 편이 실린 책 제목을『예당금석과안록』이라 한 것은 적절하지 않다는 결론에 이르게 된다. 그런데 이 책에는 왜 이런 제목이 붙었을까? 먼저 '금석과안록'이란 말이 만들어진 과정을 살펴보자. 이 말이 제일 먼저 사용된 것은『완당집』에 실린「자제금석과안록후自題金石過眼錄後」라는 글이다.

이 비석이 무엇인지 아는 사람은 아무도 없었다. 그래서 "요승 무학이 잘못 찾아 여기에 이르렀다는 비(妖僧無學枉尋到此之碑)"라고 잘못 알려져 왔다. 가경 병자년(1816) 가을에 나는 김경연金敬淵과 함께 승가사에 놀러갔다가 이 비석을 보게 되었다. 비면碑面에는 이끼가 두껍게 끼어 마치 글자가 없는 것 같았다. 그런데 손으로 문지르자 글자 형태가 있는 듯했다. 뿐만 아니라 글자가 뭉개지고 이지러진 흔적이 있었다. 그때 해가 뉘엿뉘엿 넘어가고 있었는데 이끼 낀 비면을 비추어 보자 이끼가 글자를 따라 들어가 있었고 파임 획(波)이 끊어지고 삐침 획(撇)이 뭉개진 것을 어렴풋이 알아볼 수 있었다. 종이를 대고 탁본을 떠서 살펴본 결과 자체字體는 황초령비와 아주 흡사했고, 제1행 진흥眞興의 '진眞'자는 약간 뭉개져 있었지만 여러 번 탁본을 떠 보았더니 '진'자가 틀림없었다. 그래서 마침내 이를 진흥왕의 옛 비석으로 확정했다. 1200년 전의 고적古蹟이 하루아침에 크게 밝혀져서 무학비라고 하던 황당한 이야기를 변파辨破

하게 된 것이었다. 금석학이 세상에 도움이 된다는 것은 바로 이와 같은 것이다. 이것이 어찌 금석의 인연으로만 그치겠는가? 그 다음 해인 정축년(1817) 여름에 다시 조인영과 함께 올라가 68자를 심정하고 돌아왔다. 그 후에 다시 두 자를 더 판독하여 모두 70자가 되었다.[12]

이 글의 내용이 「진흥왕순수비」에 관한 것임을 금방 알 수 있다. 즉, 글의 내용이 '금석과안록'이라는 서명과 일치하지 않는다는 사실을 확인할 수 있다. 문제는 「자제금석과안록후」란 글이 『완당집』에 실려 있다는 점이다. 어떻게 된 일일까? 김정희가 붙인 서명이 맞는다는 이야기일까? 물론 그렇게 보기는 어렵다. 문제는 『완당집』 자체에 있다. 『완당집』은 김정희의 문집으로는 처음 간행되었다는 의미가 있지만 문제가 많은 책이다. 다른 사람들의 글이 섞여 있을 뿐만 아니라, 각 글의 제목을 마음대로 만들어 붙였다는 점에서 더 큰 문제가 된다.[13] 특히 김정희가 남긴 제발문 대부분은 제목이 달려 있지 않다는 점을 감안할 때 「자제금석과안록후」란 글 역시 원래의 제목이라기보다는 『완당집』의 편자들이 임의로 붙였을 것으로 보인다.

'금석과안록'이란 명칭은 어디서 온 것일까? 김정희 생전에 중국에서 간행된 서적에는 이 명칭이 보이지 않는다. 그런데 당시 조선에 『금석과안록』이란 책이 있었다는 사실을 확인할 수 있다. 바로 서유구의 『소화총서목록小華叢書目錄』에 실려 있다.[14] 여기에는 낭선군 이

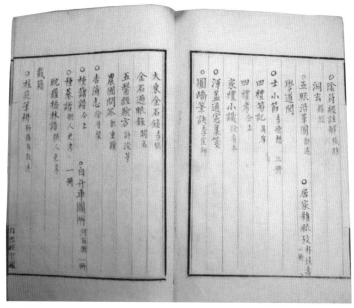

『소화총서목록』 '금석과안록'이란 서명이 보인다(왼쪽 면 둘째 줄). 미국 버클리대학교 아사미 문고 소장

우의『대동금석록大東金石錄』과 함께 '『금석과안록金石過眼錄』궐명闕名'
이란 기록이 있다. 문제는 서명 아래쪽에 '궐명'이라는 표기이다. 이
책의 편자가 누락되어 있어 확인할 수 없다는 말로 김정희의 저술이
아니라는 의미도 된다.

결국『금석과안록』이란 책은 존재했지만 김정희의『예당금석과안
록』과는 관련 없는 책이라 할 수 있다. 제목만 볼 때『금석과안록』이
현전하지 않아 확정하기는 어렵지만 금석문의 명칭과 간략한 설명이
딸린 목록집의 범주를 벗어나기는 어렵다. 즉, 낭선군 이우의『대동
금석록』이나 조인영이 청나라의 유희해에게 보냈던『해동금석존고』

의 초기 형태와 크게 다르지 않을 것이다. 따라서 『예당금석과안록』
은 김정희가 붙인 서명으로 보기는 어렵고 후대에 붙여진 것으로 보
는 편이 타당할 것이다. 이와 관련해 1834년 김정희가 권돈인에게 보
낸 편지에서 「진흥왕순수비」의 연구에 관한 언급이 보인 뒤로 김정희
의 다른 글에서는 이에 관한 언급이 더는 나타나지 않는다. 이후 윤정
기, 이상적, 오경석, 이상수 등의 글에서 「진흥왕순수비」에 관한 언급
이 있지만 김정희의 저작에 관해서는 한마디 언급도 없다는 사실 또
한 이를 방증한다.

8장

『해동비고』, 추사 금석학의 집대성

〖『해동비고』톺아보기〗

앞서 살펴보았듯이 김정희의『예당금석과안록』에 수록된 글은 분명 김정희의 저작이지만, 서명은 김정희가 붙인 것이라고 볼 수 없다. 또한 조선 금석학의 개창자이자 조선 최고의 금석학 연구가인 김정희가「진흥왕순수비」에 관한 연구 논문만 남겼다는 것도 납득하기 어려운 부분이다. 자신의 글을 두 번에 걸쳐 불태웠다고는 하지만 흔적조차 남아 있지 않을 수 있을까? 김정희는 과연「진흥왕순수비」이외에는 연구한 금석문이 없었을까? 이런 의문에 해답을 줄 수 있는 추사 김정희의 금석학 연구 저작이『해동비고』이다.

『해동비고』는 권차 구분 없는 1책의 필사본으로 전형적인 조선책이다. 판심版心(옛 책에서 책장의 가운데를 접어서 양면으로 나눌 때에 접히는 가운

「해동비고」 표지

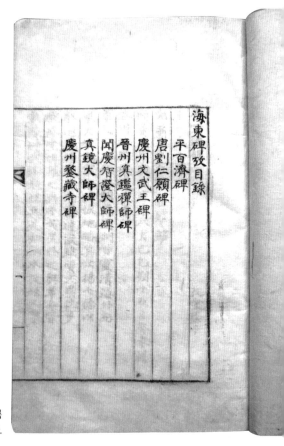

「해동비고」 목록
7종의 목록이 실려 있다.

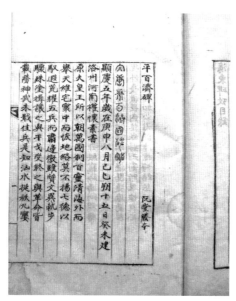

『해동비고』본문 첫면 '완당등본'이란 글자가 보인다.

데 부분) 위쪽에만 이엽화문어미二葉花紋魚尾(물고기 꼬리 모양에 꽃잎 두 장이 들어 있는 모양)가 있으며, 반장마다 10행의 계선이 인쇄되어 있고 매행에는 20자가 필사되어 있다. 표제는 '해동비고海東碑攷'이고 서근제書根題는 '해비海碑'이다. 맨 앞에는 해동비고목록海東碑攷目錄이 있고 서문이나 발문은 없다. 목록에는 7종의 금석문 제목이 적혀 있다. 이를 살펴보면 다음과 같다.

비명碑名	장수	건비 연대建碑年代
평백제비平百濟碑	11	660년
당유인원비唐劉仁願碑	6	663년
경주문무왕비慶州文武王碑	13	687년
진주진감선사비晉州眞鑑禪師碑	8	887년
문경지증대사비聞慶智證大師碑	14	924년
진경대사비眞鏡大師碑	9	923년
경주무장사비慶州鍪藏寺碑	5	800년

목록에 보이듯이 『해동비고』는 모두 7종의 우리나라 비문에 대한 연구서임을 알 수 있다. 김정희가 권돈인에게 보낸 편지에서 "이 비석에 대해 연구한 것이 한 권 있다(此碑有考一卷)"고 했던 사례와 「제북수비문후」에서 '비고碑攷'를 저술했다고 한 예에서 알 수 있듯이 '비고'라는 명칭은 김정희의 금석학 연구에서 매우 적절한 명칭이라 할 수 있다. 『예당금석과안록』에서처럼 내용과 서명이 불일치하는 점을 찾아볼 수 없다. 각 비문에 대한 고찰은 크게 비도碑圖 또는 석문釋文—비석碑石과 비문碑文의 개요—고증考證의 순서로 이루어져 있다.

또 「평백제비」 첫째 줄 하단에는 '완당등본阮堂謄本'이라는 네 글자가 필사되어 있다. 김정희의 저작을 완당阮堂(김정희의 당호)에서 필사한 책(혹은 완당의 책을 필사한 책)이라는 의미이다. 이 책이 필사된

시기는 나타나 있지 않지만 지질이나 장정 등으로 볼 때 1850년을 전후한 시기에 필사되었을 것으로 추정된다. 특히 이 책과 함께 발견된 『서책목록書冊目錄』[1])에는 『해동비고』라는 서명 아래쪽에 '김정희 편집金正喜編輯'이라는 표기가 있어 추사 김정희의 저술임을 알 수 있으며, 비문을 고증하는 중간에도 '정희안正喜案(정희가 생각하다)'이라는 문구가 있어 추사 김정희의 저작임을 알려준다. 각 비문에 대한 내용을 살펴보면 다음과 같다.

- 평백제비

이 비문은 부여 정림사지定林寺址 5층탑의 제1층 사면四面에 새겨져 있다. 「대당평백제국비명」이라는 제액이 있기 때문에 일찍부터 「당평백제비」, 「평백제국비」 등으로 불렸으며, 탑신塔身에 비문이 새겨져 있어 「평제탑」, 「평백제탑명」 등으로도 불렸다. 특히 「유인원기공비」와 성격이 비슷한 비석으로 후대에 다양한 명칭들이 사용되었다. 그중 대표적인 예를 들면 다음과 같다.

구분	평백제비	유인원기공비
청주목淸州牧 목판본(1554년)	당평백제비唐平百濟碑 (표제)	
『대동금석서大東金石書』	소정방평백제탑명 蘇定方平百濟塔銘	평백제비平百濟碑
이익李瀷, 『새설僿說』	평백제탑명平百濟塔銘	평제비平濟碑
편자 미상, 『금석기金石記』	소정방탑비蘇定方塔碑	평제비平濟碑
윤행임尹行恁, 『석재고碩齋稿』	소정방평백제비 蘇定方平百濟碑	
유득공柳得恭, 『사군지四郡志』	소정방비蘇定方碑	유인원비劉仁願碑
박지원朴趾源, 『삼한총서三韓叢書』	소정방평제기공비 蘇定方平濟紀功碑 평제탑平濟塔	유인원기공잔비 劉仁願紀功殘碑
이조묵李祖默, 『나려임랑고羅麗琳瑯攷』	평백제탑平百濟塔	
홍양호洪良浩, 『이계집耳溪集』	평제탑平濟塔	
서유구徐有榘, 『이운지怡雲志』	당소정방평백제탑 唐蘇定方平百濟塔	유인원기공비 劉仁願紀功碑
유희해劉喜海, 『해동금석존고海東金石存攷』	평백제국비平百濟國碑 평백제비平百濟碑	유인원기공비 劉仁願紀功碑 유인원비劉仁願碑
유희해劉喜海, 『해동금석원海東金石苑』	당평백제비唐平百濟碑	당유인원기공비 唐劉仁願紀功

매우 다양한 명칭들이 사용되었으며, 명칭이 혼용되는 경우도 있었음을 알 수 있다. 이 비석은 당나라가 백제를 멸망시킨 후 자신들의 공

적을 기리기 위해 세웠기 때문에 일찍부터 중국에 알려져 있었다. 그에 따라 조선에서도 이 비문에 대한 관심이 컸던 것으로 보인다. 1554년에는 청주목에서 목판으로 간행되기도 했으며, 김정희가 「진흥왕순수비」를 연구하기 이전까지 최고最古의 비석으로 주목받았다. 김정희의 「평백제비」에 대한 연구는 다른 비문과 마찬가지로 석문에서부터 시작한다.

앞서 언급했듯이 김정희 이전에도 「평백제비」에 대한 여러 사람의 석문이 전해져왔다. 그중 대표적인 것이 박지원의 『삼한총서』[2]에 등장하는 석문이다. 『삼한총서』 「금석록」에는 「동명왕경東明王鏡」을 비롯한 금석문 7편이 실려 있다. 대부분 석문과 함께 간략한 해제를 싣고 있는 정도이지만 우리나라 금석문을 석문과 함께 연구한 최초의 저작이라는 점에서 가치가 있다. 흥미로운 점은 이 책의 맨 마지막에 김정희의 인장이 찍혀 있다는 것이다. 「평제탑」의 석문이 끝나는 곳에 '정희금석문자正喜金石文字'라는 주문방인朱文方印(붉은 글씨의 네모난 도장)의 김정희의 인장이 찍혀 있고, 「평제탑」 석문 곳곳에는 빠진 글자를 보충하고 잘못 쓴 글자를 바로잡은 주필朱筆의 흔적이 아주 많이 남아 있다. 석문을 거의 새롭게 판독했다고 할 수 있을 정도로 수정한 것이다. 그런데 주필로 수정한 석문이 『해동비고』에 실린 「평백제비」의 석문과 일치하고 있음을 볼 때, 김정희가 직접 주필을 사용해 수정했다고 추정할 수 있다. 즉, 김정희는 기존에 전해오던 석문을 기초로 여러 탁본을 검토하여 「평백제비」의 석문을 완성했다고 볼 수 있다.

유득공도 일찍이 「평제탑」의 석문을 시도한 적이 있는데,[3] 김정희는 이들의 선행 연구를 기초로 새로운 석문을 시도했던 것으로 보인다. 이 석문의 다음에 나오는 「평백제비」의 개요를 살펴보자.

위의 「대당평백제비」는 현재 충청도 부여현 남쪽 2리에 있다. 부여현은 바로 백제의 고도古都이다. 비석은 사면이 정방형인데 돌을 쌓아 만들었다. 각 면은 4편片으로 되어 있으므로 모두 16편의 돌로 이루어져 있다. 위에는 중첨重簷이 덮고 있고 아래는 비부碑趺로 이어져 있어 형식이 마치 승가僧家의 탑과 같아 다른 비석과는 전혀 다르다. 비문은 전액篆額이 여덟 자이고 나머지는 모두 큰 해서楷書로 사면에 삥 둘러 새겨져 있다. 높이는 5척尺 2촌寸이고 1면의 넓이는 1장丈 1척尺 6촌寸이다.[4]

이 기록을 보면 김정희가 직접 현지답사를 하여 비석을 실측하고 작성했던 것으로 보인다. 묘사가 정밀하고 치밀하다. 비석에 대한 개략적인 설명을 마친 다음에는 16편에 새겨져 있는 글자의 시작과 끝, 새겨진 글자의 수, 뭉개져 판독할 수 없는 글자(刓)의 수 등을 기록한 다음 마지막에 다음과 같이 총괄하고 있다.

비석 4면은 16편이며 126행이다. 총 1,927자인데 뭉개져 판독할 수 없는 글자가 38자이고 남아 있는 글자가 1,889자이다.[5]

「**평백제비**」 일본인들이 정비하기 이전의 모습이다. 김정희 당시에도 이때와 크게 다르지 않았을 것이다.

「**평백제비**」 일제강점기에 제작된 우편엽서에 실린 모습이다. 접근을 막기 위한 시설이 있고, 뒤로는 초가들이 보인다. 수경실 소장

여기까지 비석과 비문에 대한 개략적인 설명을 마치고 본격적인 고증이 뒤따른다. 비문의 개략적인 설명에 이어 중요한 문구들을 고증하고 있다. 인용 서적은 『신당서新唐書』, 『구당서舊唐書』, 『통감고이通鑑考異』, 『삼국사기三國史記』, 『여지승람』, 『환우방비록』 등의 서적과 옹방강의 「제평백제탑 탁본題平百濟塔拓本」이 있다. 당시까지 중국과 조선의 「평백제비」에 관한 자료를 모아 정리한 것이다. 「평백제비」는 일찍부터 중국에 탁본이 전해졌는데, 왕창의 『금석췌편』에는 1798년에 홍양호가 쓴 「제평제탑題平濟塔」 및 석문과 함께 중국의 사료를 근거로 한 고증도 실려 있다. 김정희 또한 이러한 자료들을 참고했을 것으로 보인다. 특히 옹방강, 옹수곤 부자와 편지로 「평백제비」에 관한 자료와 연구 성과를 주고받았으므로 김정희의 입장에서는 그들의 도움 속에서 제일 먼저 연구에 착수한 비문이었을 것이다.

• 당유인원비

이 비석은 백제를 멸망시킨 당나라 장수 유인원劉仁願의 공적을 새긴 것이다. 김정희 당시에도 비석의 상태가 좋지 않았기 때문에 20행까지만 판독되어 있다. 이 비석에 대한 김정희의 설명은 다음과 같다.

위 「당유인원기공비」는 현재 충청도 부여현 서북쪽 3리에 있다. 「평백제비」로부터 2리 떨어져 있다. 만력 임진왜란 때 이 비석은 왜인들이 부숴 반절만 남아 들판에 엎어져 있다. 글을 지은 사람과 글씨를 쓴 사람의

「당유인원비」 일제강점기에 찍은 사진이다. 풀 속에 엎어진 채로 있다.

성명이 모두 빠져 있다. 어떤 사람은 저하남褚河南(저수량)의 글씨라고 한다. 그러나『구당서』「저수량전褚遂良傳」을 살펴보면 영휘永徽 원년元年(650)에 동주자사桐州刺史로 나갔다가 3년(652)에 이부상서吏部尙書가 되었으며 현경顯慶 3년(658)에 애주愛州에서 죽었다. 그러므로 백제가 멸망했을 때 저수량은 죽은 지 이미 2년이 되었다. 아마 하수량賀遂亮이「평제비」를 지었기 때문에 모르는 사람들이「당유인원기공비」를 저수량이 썼다고 잘못 생각했을 것이다. 전액篆額의 양문陽文은 돌기가 이미 모두 마멸되었고 단지 '위도상衛道上' 세 글자만 알아볼 수 있다. 당연히 유인원의 관함官銜일 것이다.[6]

그런데 이 글은『삼한총서』「금석록」에 실린「당유인원기공잔비」의 설명문을 거의 그대로 옮겨온 것이다. 게다가 석문 역시『삼한총서』「금석록」을 약간 수정하여 실었다. 김정희의 금석문 연구가 기존의 연구 성과를 수용하는 데서 시작하고 있음을 시사한다. 김정희는 이어서 비문에 실린 총 글자 수, 공격空格(글자 사이에 칸을 띄운 것), 불완전한 글자 수, 뭉개져 알아볼 수 없는 글자 수 등을 설명한 다음 중요 사항에 대해 고증하고 있다. 한 예를 들어보자.

안시성安市城은 현재 봉천부奉天府 개평현蓋平縣 동북쪽 70리 지점에 있다.『구당서』「설인귀전薛仁貴傳」에서는 안지성安地城으로 쓰고 있는데 이 비석에서도 안지安地로 쓰고 있다.[7]

여기에서도 김정희는『구당서』,『신당서』,『수서』,『일본서기日本書紀』,『삼국사기』,『해동금석록』 등을 인용하여 고증하고 있다. 글자의 판독에서는『삼한총서』「금석록」의 성과를 빌리고 있지만, 고증은 대부분 김정희 본인의 힘으로 이루어낸 것이다.

• 경주문무왕비

「문무왕비」에 대해서는 홍양호가 남긴「제신라문무왕릉비」를 통해 처음 그 존재가 알려졌다. 홍양호는 1760년 7월부터 1762년 6월까지 경주부윤으로 재임하는 동안 문무왕릉을 찾아갔지만 이를 증명할 만한 돌 조각 하나 발견하지 못했다. 그 후 36년이 지난 정조 말년에 경주의 한 지역민이 밭을 갈다가 들판에서 고비古碑를 발견했다. 바로「문무왕비」였는데 한눌유가 쓴 것이었다. 홍양호는 이 중에서 몇 구절을 인용하고 있는데 현전하는 내용과 큰 차이가 없다.[8] 이때 홍양호는 탁본을 떠서「문무왕비」를 보았던 것으로 추정되며, 이 사실은 유득공의 기록을 통해서도 확인할 수 있다.[9] 그런데 홍양호와 유득공의 기록을 살펴보면 당시 홍양호가 가지고 있던 탁본은 상태가 썩 좋지 않았지만, 4면의 탁본을 모두 가지고 있었던 것으로 보인다. 그러나 이후「문무왕비」는 자취를 감추어버렸다. 그러다가 1817년 경주에 갔던 김정희가 다시 발굴한 다음 비도와 함께 고증한 것이 바로 이 글이다. 김정희는 발굴 당시의 상황을 이렇게 묘사하고 있다.

「문무왕비」 상단부

「문무왕비」 하단부

위 「신라문무왕비」는 현재 경주 동북쪽 9리 낭산朗山 남쪽 기슭 선덕왕릉善德王陵 아래 신문왕릉神文王陵 앞에 있다. 비석은 오래전에 없어졌고 비부碑趺의 비석을 놓는 구멍(趺窩)만 남아 있다. 1817년 내가 경주에 가서 고적古跡을 찾아다니다가 백성들의 밭 가까이에 돌을 쌓아 둑(坊)을 만들어놓은 것을 보고 이를 파헤치고 싶은 생각이 들었다. 마침내 사람을 고용하여 열고 바닥에 이르렀는데 평평하고 네모진 돌 하나가 보였다. 흙을 씻어내자 글자를 새긴 흔적이 나타났다. 꺼내어 보니 바로 이 비석의 하단이었다. 가져다가 옛날 비부에 꽂았더니 조금도 어긋나지 않았다. 마음속으로 신기하다는 생각이 들었다. 또 돌 하나가 풀 속에 섞여 있는 것을 보았는데 살펴보니 이 비석의 상단이었다. 합쳐놓고 보니 가운데가 조금 없어졌고, 윗부분도 한 조각이 없어져 있었다. 그 없어진 부분은 다시 찾을 수 없었다. 참으로 안타까웠다.[10]

홍양호가 탁본으로만 보았던 「문무왕비」가 다시 나타나는 순간이다. 홍양호가 탁본을 구한 지 20년이 흐른 뒤에 김정희가 다시 발굴한 것인데, 비석의 하단부는 밭두렁의 돌무더기 속에 묻혀 있었고, 상단부는 풀 속에 버려져 있었던 것이다. 이 기록을 통해 중요한 사실을 확인할 수 있다. 지금까지 「문무왕비」의 발견 위치가 선덕왕릉 아래쪽이라고만 알려져 있었는데, 그것이 아니라는 점이다. 홍양호의 기록에는 이 비석의 발견 장소가 나타나 있지 않다. 홍양호 당시에는 「문무왕비」의 탁본이 청나라에 전해지지 않은 것으로 보인다. 이후 김정희가 이 비석을 발견한 뒤로 청조의 학자들에게 탁본이 전해지기 시작했는데 조인영이 보내준 자료를 기초로 유희해가 완성한 『해동금석존고』의 기록을 확인해보자.

당나라 개요開耀 원년元年(681)에 세웠다. 경상도 경주부 선덕왕릉 아래에 있다. 현재 잔석殘石 네 조각이 남아 있다. 글을 지은 사람의 성명은 없어졌다. 그러나 끝에 '대사인한눌유봉선서大舍人韓訥儒奉宣書'라고 하였다.

〔안按〕신라 문무왕은 김법민金法敏이다. 무열왕武烈王의 장자長子로 당나라 개요 원년 7월에 죽었다.[11]

『해동금석존고』의 기록에는 분명 선덕왕릉 아래에 있다고만 기록되어 있다. 이는 『해동금석원』에서도 마찬가지다. 이후 「문무왕비」의 연구에서 발견 장소는 '선덕왕릉 아래쪽'으로 확정되었다. 이를 근거로 일본 학자 이마니시 류는 사천왕사四天王寺 또는 그 부근에 원래의 비석이 있었다고 추정하기도 했다.[12] 김정희는 「문무왕비」의 잔편을 '선덕왕릉하善德王陵下, 신문왕릉전神文王陵前'에서 발견했다고 명확히 기술하고 있다.

이후 김정희는 자신이 직접 발굴한 「문무왕비」를 친구들과 함께 판독하고 연구하기 시작했다. 이렇게 판독한 석문을 김정희는 맨 앞에 비도의 형식으로 싣고 있다. 특히 이 비도는 방안지方眼紙에 작성하여

상하좌우를 확인하기 쉽다. 우리나라 금석문 연구에서 최초로 시도된 비도 형식이다. 수록된 비면은 전면 상단, 전면 하단, 후면 상단, 후면 하단의 순서로 되어 있다. 그런 다음 김정희는 비석의 전체 크기를 확인하기 위해 치밀한 고증을 시도하고 있다. 그 결과, 이 비석의 전면은 28행, 매 행 38자(없어진 상단 제외)이고, 후면은 22행, 매 행 33자임을 밝혀낸다. 특히 후면의 경우에는 명사銘辭(비문 마지막에 해당 인물을 칭송하는 운문체 시)의 압운押韻에 주목하여 글자의 위치를 추정하는 치밀함을 보여준다.

후면은 상단 7행에 비석을 세운 문구가 있으므로 이것이 이 비석의 마지막 줄이다. 제6행은 명사銘辭의 마지막 구절인데 운은 구久자이다. 아래로는 빈칸이고 하단 20행의 끝에 '효우孝友'라는 구절이 하나 있는데 우友자는 구久자의 상장운上章韻이다. 그러므로 상단과 하단을 합쳐서 보면 진津, 신薪, 신身이 그 운인데 협운叶韻이다. 그렇다면 구久자는 마지막 줄의 앞에 있는 줄이다. 우友자는 구久자의 앞줄에 있다. 두 단을 합쳐서 이야기하면 22행이 된다. 나머지는 자세히 알 수 없다.

매 행이 몇 자인지 보자. 하단의 제20행은 13자이고 상단의 제5행과 연결되며 상단은 16자이다. (위에 한 글자가 없어진 것도 함께 계산했다.) 중간에는 4자가 빠진 듯하다. 어째서 그런가? 아래쪽에 '분골경진粉骨鯨津'이 있고, 위쪽에 '장이적신葬以積薪'이 있는데, 신薪과 진津은 협운이므로 가운데에는 틀림없이 1구 4자가 빠져 있다. 그렇다면 모두 33자가 된다. 나

머지는 알 수 없다.[13]

이렇게 해서 김정희는 전체 비석의 외형을 복원해놓고 있다. 하지만 이에 관한 지금까지의 연구 성과를 보면 김정희의 고증에 미치지 못한다. 비형碑形의 복원 문제만 해도 근래에 와서야 겨우 김정희가 이룩해놓은 성과에 근접했다.[14] 그러나 뒷면 매 행의 글자 수를 37자로 추정한 것은 오류로 보인다. 김정희가 본 33자가 타당할 것이다. 37자로 보면 빠진 글자가 여덟 자가 되고 그렇게 되면 운이 맞지 않기 때문이다. 비도와 비석의 외형에 대한 설명을 마친 김정희는 본격적인 고증 작업에 착수한다. 그중 성한왕星漢王에 관한 대목을 보도록 하자.

성한왕은 김씨의 시조인 김알지金閼智이다. 후대에 왕으로 추봉되었다. 그러므로 「진철선사비眞澈禪師碑」에서도 '성한지묘星漢之苗(성한왕의 후예)'라 했던 것이다. 대개 신라 사람들은 알지閼智가 하늘에서 내려왔다고 여겼다. 이는 마치 하늘이 현조玄鳥를 보냈다는 것과 같은 종류의 이야기다. 그러므로 성한왕으로 추봉했던 것이다. 또 '강질원궁降質圓穹'이라 한 것이 바로 이것이다. 『삼국사기』에 따르면 알지가 세한勢漢을 낳았고 다음이 아도阿道─수류首留─욱보郁甫─구도仇道─말구末仇─내물왕奈勿王이고 내물왕의 증손이 지증왕智證王─입종立宗─진흥왕眞興王─진지왕眞智王─용춘龍春─태종무열왕太宗武烈王─문무왕文武

王이다. 우리 경주 김씨의 보첩譜牒도 이를 따르고 있다. 만약 문무왕을 기준으로 말한다면 성한왕은 16대조가 되어야 하는데, 이 비석에서 15대조라 한 것은 무열왕을 기준으로 말한 것이다.[15]

이 밖에도 이 비석이 무열왕과 문무왕 2대의 업적을 서술하고 있다는 고증을 하고 있으며, 비문에 등장하는 문구들에 얽힌 이야기를 치밀하게 풀어내고 있다. 그중 '천황대제天皇大帝'에 관한 부분을 살펴보도록 하겠다.

천황대제는 당나라 고종高宗의 시호諡號이다. 『당서』「고종본기高宗本紀」에는 홍도弘道 원년元年(683) 12월에 황제가 정관전貞觀殿에서 붕어하시자 시호를 천황대제라고 하였고, 천보天寶 8년(749)에는 천황대성황제天皇大聖皇帝로 시호를 고쳤으며, 13년(754)에는 천황대성대홍효황제天皇大聖大弘孝皇帝로 시호를 더했다고 했다. 또 「무후본기武后本紀」에는 광택光宅 원년元年(684) 8월 경인庚寅에 천황대제를 건릉乾陵에 장사 지냈다고 했다. 이를 근거로 알 수 있다.[16]

김정희의 고증 중에서 대표적인 것은 바로 이 비석의 건비建碑 연대다. 비문의 마지막 줄에 남아 있는 '입오일경진건卄五日景辰建(25일 병진일에 세웠다)'이라는 단서만 가지고 이 비석을 세운 날짜를 추적하는 김정희의 모습이 흥미롭다.

「당실제사융천대사비 탁본唐實際寺隆闡大師碑拓本」 당나라 때 비석이다. 끝에 '병인丙寅'을 '경인景寅', '병자丙子'를 '경자景子'로 쓴 것이 보인다. 수경실 소장

비문의 마지막 줄에 '입오일경진건卅五日景辰建'이라 했는데, 지금 생각해보니 경진景辰은 바로 병진丙辰이다. 당고조唐高祖(이연李淵)의 아버지 인공仁公의 이름이 병昞이기 때문에 당나라 사람들은 병丙자를 피휘避諱하여 모두 경景자로 대체했다. 『북사北史』에 "위魏나라 등국登國 5년 추秋 8월 경인景寅에 의신산意辛山으로 행차하였다"고 한 것, "천흥天興 원년元年 6월 경자景子에 국호를 정하였다"고 한 것, "영흥永興 4년 윤閏 6월 경진景辰에 동교東郊에서 군사들을 사열하였다"고 한 것, "수隋

나라 개황開皇 6년 2월 경술景戌에 자사刺史의 고과考課를 제정하였다"
고 한 것 등이 그 예이다.

지금 비석에는 일진日辰만 있고 위쪽의 연월은 마멸되어 언제 세워졌
는지 알 수 없다. 그러나 문무왕이 죽은 것은 당나라 개요 원년(681) 신사
辛巳의 일인데 비문에는 천황대제라는 호칭이 있으므로 이것은 당나라
고종을 장사지내고 시호를 올린 뒤의 말이다. 그러므로 반드시 무후 광
택 원년(684) 8월 이후의 일이다.

비문에서 "초상화는 인각에서 색이 바래고 죽백은 운대芸臺에서 훼손
되었다(丹靑渝於獜閣, 竹帛毁於芸臺)"라고 했으므로 이것은 문무왕이 죽
은 지 이미 여러 해가 되었다는 것이다. 비문에서 '사왕윤공 인심효우嗣
王允恭 因心孝友'라고 했으므로 틀림없이 신문왕神文王이 재위했을 때
일이다. 광택 원년(684) 갑신甲申을 상고해보면 신문왕 4년이고, 다음 해
는 을유년으로 수공垂拱 원년(685)이다. 신문왕은 12년 동안 재위하다 죽
었는데 당나라 여의如意 원년(692) 임진壬辰에 해당한다. 갑신에서 임진
까지 9년이므로 이 비석을 세운 것은 당연히 이 9년 사이에 있어야 한다.

『당서』에 따르면 갑신년(684)부터 병술년(686)까지는 25일이 병진인 때
가 없다. 또 무자(688)에서 임진(692)에 이르기까지도 25일이 병진인 경우
는 없다. 다만 수공 3년 정해(687)는 신문왕 7년에 해당하는데, 『당서』『무
후본기』 수공 3년 3월에 을축이 있고, 4월에 신축, 계축, 임술이 있으며,
을축에서 임술까지 58일이므로 2개월 숫자에 해당한다. 그러므로 이 해
3월 1일은 당연히 을축일이며, 4월 1일은 을미일이다. 또 5월에는 병인,

경오가 있고, 7월에는 정묘, 을해가 있으며, 8월에는 임자가 있으므로 이제 역법曆法의 대소월大小月 상간相間의 방식으로 구해보면 이 해 5월 1일은 당연히 갑자일, 6월 1일은 갑오일, 7월 1일은 계해일, 8월 1일은 임진일이다. 초하루가 임진일이면 25일은 당연히 병진일이 된다. 그렇다면 이 비석을 세운 것은 틀림없이 수공 3년 8월 25일 병진이다. 당시 인덕역법麟德曆法은 지금 자세히 알 수 없으므로 달의 크고 작음에 비록 추이推移가 있다고 해도 결국 8월 아니면 9월이다. 이 밖에는 9년 동안 다시 생각해볼 만한 것이 없으므로 이제 달리 구할 곳이 없다.[17]

결론적으로 김정희는 「문무왕비」의 건립 연대를 신문왕 7년(687)으로 확정했다. 이는 기존 학설과는 다른 결과다. 유희해는 681년, 이마니시 류는 682년으로 보았고, 가장 최근의 연구 성과에서는 신문왕 2년(682) 7월 25일로 보았다.[18] 그러나 김정희의 논리대로 하면 이러한 연대는 처음부터 자격도 없는 해에 속한다. 왜냐하면 당나라 고종의 시호인 천황대제를 올린 때가 684년 8월 이후이기 때문이다. 즉, 684년 8월 이후가 되어야 건비 연대로서 최소한의 요건을 갖추게 된다. 김정희가 건비 연대를 추적하는 과정을 요약하면 다음과 같다.

① 경진景辰이 병진丙辰임을 고증
② 당나라 고종의 시호인 천황대제를 통해 무후 광택 원년(684) 8월 이후로 범위 축소

③ 신문왕 재위(681~692) 시기로 범위 축소(684~692)

④ 25일의 간지가 병진인 시기를 추적

⑤ 초하루가 임진일인 달을 추적

⑥ 수공 3년 정해(687) 8월 25일 병진을 건비 연대로 추정

⑦ 윤달 등을 고려해 9월일 가능성도 염두에 둠

　　김정희는 이런 과정을 거쳐 687년 8월 25일을 건비 연대로 추정했는데, 『이십사삭윤표二十史朔閏表』를 확인해본 결과 수공 3년 정해(687) 8월 1일은 임진일이었으므로 당연히 25일은 병진일이 맞다. 또한 김정희의 염려대로 이 해 1월은 윤달이었기 때문에 실제로 9월 25일이 건비 연대일 가능성도 있었던 것으로 확인되었다. 따라서 김정희의 고증에 따라 「문무왕비」의 건비 연대는 687년으로 수정해야 한다. 「문무왕비」는 김정희가 발굴하여 고증한 대표적인 금석문이다. 고증의 치밀함과 방대함은 「진흥왕순수비」와 함께 김정희 금석학의 대표작이라 할 만하다. 한편 김정희가 발견한 문무왕비편은 한때 그 소장처를 알 수 없었으나 1961년에 하단부가 발견되었고, 2009년 9월 경주의 민가에서 상단부가 발견되었다.

- 진주진감선사비

진감선사 혜소慧昭(774~850)의 비문이다. 「진주진감선사비」에 대해서는 석문과 함께 비석의 소재, 크기, 글자 수만 나타나 있고, 고증에 관

한 것은 한 조목뿐이다.

비문에서 말한 혜소慧昭의 소昭자는 성조聖祖의 묘휘廟諱를 피하여 바꾼 것이다. 상고해보면 신라 민애왕愍哀王의 이름이 명明이다. 대개 진감眞鑑의 초명이 혜명慧明이었는데 피휘를 하느라 혜소慧昭로 바꾼 것이다.[19]

「진주진감선사비」처럼 비문을 이해하는 데 큰 문제가 없는 경우에는 자질구레한 고증을 하지 않았다. 여기서 고증에 대한 김정희의 자세를 확인할 수 있다. 그것은 옹방강이 가르친 '부작무익不作無益'의 자세이다. 즉, 불필요한 고증은 하지 않는다는 것이다.

• 문경지증대사비
앞에 석문을 싣고 있으며, 탁본뿐만이 아니라 세간에 유통되고 있던 등본謄本도 함께 수록했다. 비교적 상세한 고증을 하고 있는데 한 가지만 살펴보겠다.

신라 왕호에는 이사금尼斯今이라는 호칭이 있다. 방언으로 치리齒理(잇금)를 말한다. 이 비문에서 말하는 매금寐錦 역시 이사금을 말한다. 『화한삼재도회和漢三才圖會』에서는 '파사니사금婆娑尼斯今'을 '파사매금波沙寐錦'이라 했는데, 이를 근거로 알 수 있다.[20]

「**진감선사비**」 **두전 탁본** 『대동금석서』에 실려 있는 탁본으로 '당해동고진감선사비'로 판독된다.

신라의 왕호인 이사금에 관한 고증이다. 고증에 일본 서적인『화한삼재도회』를 인용한 점은 주목할 만하다. 그 밖에도 소도蘇塗를 비롯한 고대 불교에 관한 고증이 상당한 비중을 차지한다.

• 진경대사비

앞에 석문을 싣고 있으며 비석의 개요와 함께 자세한 고증을 더하고 있다. 특히 여기에는 임나任那에 대한 설명을 상세히 하고 있다.

> 옛날의 임나국任那國은 지금의 김해부金海府이다. 『삼국사기』「열전」을 보면 강수強首는 중원경中原京 사량부沙梁部 사람이었는데 강수의 말에 "신은 본래 임나가량인任那加良人입니다"라고 했다. 중원은 지금의 충주忠州이다. 이를 근거로 삼으면 임나는 충주라고 의심할 수도 있다. 그러나 『일본서기』「숭신천황崇神天皇 65년」에 "임나국에서 소나갈질지蘇那曷叱智를 보내 조공하였다"고 했고, 「수인천황垂仁天皇 2년」에는 "임나인 소나갈질지가 귀국하였다"고 했다. 『화한삼재도회』에는 "임나는 본래 이름이 가라加羅이다. 그 사람의 이마에 뿔이 있는데, '나는 의부가라국意富加羅國의 왕자이다'라고 하였다"고 했으며, 『일본기日本紀』「흠명천황欽明天皇 23년」에는 "신라가 임나를 멸망시켰다"고 했다. 『이칭일본전異稱日本傳』에는 '의부가라국意富加羅國'이라 했고, 『동국통감』에서는 대가락국大駕洛國이라 쓰고 "시조의 이름이 김수로金首露인데 훗날 신라가 그 나라를 멸망시키고 금관군金官郡이라 하였다"고 했다.

「봉림사 진경대사비」 일제강점기에 찍은 사진이다. 국립중앙박물관 소재

　이상의 여러 글을 근거로 볼 때 임나는 즉, 가라伽羅이며, 가라는 바로 가야伽倻의 발음이 바뀐 것인데 지금의 김해부가 바로 그곳이다. 그러나 일본의 숭신崇神 65년은 바로 한漢나라 원제元帝의 경녕竟寧 원년(기원전 33년)이고, 수인垂仁 2년은 한나라 성제成帝의 하평河平 원년(기원전 28년)이다. 그런데 우리나라 역사에서 가락국駕洛國 시조 김수로왕은 후한後漢 건무建武 18년(42년)에야 그 나라를 건국했으므로 서한西漢 시대에 일본과 교류했다는 것은 있을 수 없다. 대개 김수로왕은 변한弁韓 땅에서 일어났다. 임나는 바로 변한 시대의 나라 이름이다. 지금 이 비문을 보면 진경眞鏡은 김유신의 후예이며 임나왕족이라 했다. 김유신이 김수로

의 후손이므로 임나가 김해부라는 것은 적확하지 않겠는가?[21]

이 밖에도 신김씨新金氏, 흥무대왕興武大王(김유신金庾信), 진례성進禮城 등을 고증했다.

• 경주무장사비

현존하는 이 비석에도 김정희가 새겨놓은 기록이 남아 있기 때문에 비교적 잘 알려져 있다. 「무장사비」 역시 앞쪽에 비도를 싣고 있다. 아울러 비석을 발견한 과정, 비석의 개요 및 고증에 관한 조항이 실려 있다. 끝에는 김정희가 비석에 새겨두었던 글을 그대로 옮겨 실었다. 비도 다음에는 「무장사비」를 발견한 경위를 싣고 있다.

신라 「무장사비」는 현재 경주 동북쪽 30리 암곡촌 북쪽에 있다. 비석은 지금 깨지고 없어져 1단만 남아 있었다. 가경 정축년(1817) 내가 그 절에 도착하여 여기저기 고비古碑를 찾다가 풀 속에서 잔석殘石 한 조각을 찾았다. 바로 이 비석의 좌단左段이었다. 옛날에 남아 있던 1단과 합쳐보니 위아래가 모두 없어졌지만 남아 있던 부담趺窞(비석 받침대 아래쪽의 팬 곳)으로 그 아래쪽 넓이를 재어 양단兩段과 비교해보니 딱 맞았다. 참으로 기이하다.[22]

「무장사비」는 일찍부터 김정희가 관심을 두었던 비석이다. 특히 김

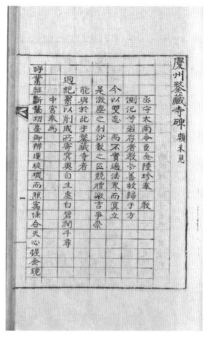

『해동비고』에 실린 「무장사비」

정희는 옛날부터 남아 있던 이 비석의 1단을 옹수곤에게 보내준 적이
있었다. 그러자 옹수곤은 1815년에 비도[23]를 만들어 김정희에게 보냈
다. 그러면서 앞쪽에 한 줄이 더 있는 것 같다는 이야기를 했다. 김정
희는 직접 비석을 찾아보고는 옹수곤의 말이 옳다는 것을 알았다.

　「무장사비」는 이 두 사람을 연결해준 중요한 매개체였다. 새롭게 비
석 1단을 찾아낸 김정희로서는 옹수곤이 더욱 그리울 수밖에 없었다.
게다가 옹방강은 서법적 관점에서 이 비석에 주목했다. 왕희지 「난정
서」에는 '숭崇'자가 있는데, '숭'자의 머리에 있는 '산山'자 아래를 '점

세 개로 처리했다. 그런데 「무장사비」에서도 '숭'자를 똑같이 쓰고 있었다. 옹방강에게 이것은 중요한 의미가 있는 자료였다. 왕희지의 글씨가 당나라 때 신라 시대에 전해졌을 뿐만 아니라, 「난정서」의 글씨가 이미 당나라 때 새겨졌다는 증거가 되기 때문이었다. 김정희는 기쁜 나머지 비석 양쪽에 그 사연을 예서로 새겨두었다. 아울러 두 조각의 비편碑片을 절의 후랑後廊에 옮겨 비바람을 피할 수 있게 조치했다. 권돈인에게 「황초령 진흥왕순수비」의 보존책을 마련해달라고 부탁했던 것과 같은 맥락이다. 금석학자로서 김정희의 모습을 살필 수 있는 대목이다.

여기서 김정희는 이 비석이 신라 소성왕昭聖王 2년에 소성왕의 왕비인 계화부인桂花夫人이 남편을 추모하기 위해 세운 것이라고 고증했다. 다만, 김정희는 김육진이 비문을 지은 것만 이야기하고, 글씨를 쓴 것에 대해서는 옹방강의 설을 따르고 있다. 즉, 집자비集字碑로 본 것이다.[24]

「무장사비」는 김정희가 직접 발견한 비석으로 「무장사비」 연구는 「진흥왕순수비」, 「문무왕비」의 연구와 함께 추사 금석학의 대표작이라 할 만하다.

지금까지 『해동비고』의 구성과 내용에 대해 개략적으로 알아보았다. 그 결과 『해동비고』는 명실상부한 우리나라 최고의 금석학 연구서임을 알 수 있었다. 이는 『예당금석과안록』(『진흥이비고』)에 수록된

「진흥왕순수비」에 관한 논문 역시 『해동비고』에 실려야 한다는 것을 말해준다. 『진흥이비고』가 『해동비고』에 실리지 못한 것은 1816년부터 시작된 「진흥왕순수비」에 관한 연구 초고가 1834년에 이르러서야 완결되기 때문이다. 반면 『해동비고』에 실려 있는 7편의 논문은 그 이전에 완성되어 있었다. 따라서 『해동비고』는 추사 금석학의 핵심이 담겨 있는 저술이다. 특히 연구 논문 중에는 「평백제비」와 「당유인원비」의 경우처럼 전적으로 중국과 조선의 선행 연구 성과를 기초로 한 것도 있지만, 「문무왕비」와 「무장사비」의 경우처럼 김정희가 직접 발굴하여 고증한 내용도 실려 있다. 여기에는 현재까지의 연구 내용을 재검토해야 할 정도로 중요한 사항들이 담겨 있다. 대표적으로 김정희는 「문무왕비」의 건립 연대를 687년으로 고증했다. 현재 학계의 통설인 682년 건립설을 부정하는 것이다.

김정희 금석문 연구 과정을 살펴보면 금석문의 고증 과정에서 유득공으로부터 많은 영향을 받았다는 사실이 확인되었지만,[25] 철저한 현지답사를 통해 금석문 연구를 했으며, 당시 최고의 비문들이 모두 김정희의 손에 의해 발굴되었음을 다시 한 번 알려준다. 『해동비고』는 추사 금석학의 핵심이 담긴 저작이자, 한국 금석문 연구사의 이정표가 되는 저작이라는 데 그 의미가 있다 할 것이다.

9장
추사체의 창조, 금석학의 또 다른 정수

〚 김정희의 서법에 대한 이해와 연구 〛

김정희는 우리나라에서 처음으로 금석학을 학문으로 정립한 인물이다. 그가 지은 『진흥이비고』와 『해동비고』는 바로 그의 역사 고증 금석학의 대표작이자, 우리나라 금석학의 대표작이다. 그러나 추사 금석학의 진면목이 역사 고증 측면에만 있는 것은 아니다. 서법 고증을 통한 추사체의 창조야말로 추사 금석학의 또 다른 정수이다. 그러나 김정희는 이에 관한 별도의 저작을 남기지 않았다. 자신의 서법에 관해 별도의 글도 남기지 않았다. 따라서 서법 고증에 관한 김정희의 생각은 그의 편지와 제발 등을 통해 살펴볼 수밖에 없다. 다음은 김정희가 제자인 신관호申觀浩에게 보낸 편지의 일부이다.

금석 원류金石源流를 모아놓은 책이 있습니다. 예를 들어 구양수의 『집고록』과 홍괄洪适의 『예석』 등의 책은 읽지 않을 수 없습니다. 또 왕창, 전대흔 등의 여러 저서와 담계 옹방강이 편집한 책은 더욱 정밀하고 핵심적입니다. 금석학은 본디 하나의 문호門戶가 따로 있는데도 우리나라 사람들은 이런 것이 있는 줄 알지 못합니다. 그래서 요즘 전서篆書, 예서隸書를 쓰는 여러 서가들은 단지 그 원본原本에 나아가 한 통만을 베껴낼 뿐이지, 경사經史에 도움이 된다거나 팔분八分과 고예古隸의 차이와 편방偏旁의 변천에 대해 언제 연구해본 적이 있었습니까?[1]

이 편지에는 금석학에 대한 김정희의 생각이 잘 드러나 있다. 김정희가 생각한 금석학은 경학經學과 사학史學에 도움을 주거나, 팔분과 고예의 차이나 편방의 변천을 연구하는 것이었다. 따라서 김정희의 금석학은 처음부터 경사 고증 및 서법 고증의 측면에서 살펴봐야 한다. 그런데 금석학에서 비학碑學이라고 하면 으레 한예만을 생각하는 경향이 있다. 아마도 '남북서파론南北書派論'과 '북비남첩론北碑南帖論'의 영향 때문일 것이다. 이 때문에 비학을 연구한 학자들은 처음부터 왕희지를 반대한 것으로 오해한다. 그러나 완원이 언급했듯이 남파의 특장은 행초行草의 편지글에 있으며, 북파의 특장은 전예篆隸의 비판碑版(비문에 새긴 글)에 있는 것이다. 따라서 전예가 아닌 해행초楷行草의 경우 왕희지의 글씨는 무엇보다도 중요하다. 모든 글씨를 전예로만 쓸 수는 없는 일이기 때문이다.

그 때문에 김정희의 서법 고증 금석학은 크게 두 가지로 나누어볼 수 있다. 하나는 왕희지의 글씨를 어떻게 배워야 할 것인가의 문제이고, 또 다른 하나는 한예의 학습에 관한 문제이다. 특히 완원의 비학 이론을 수용한 김정희가 한예에 대한 고증적 연구를 통해 추사체를 만들어냈기 때문에 한예의 학습에 관한 문제는 더욱 중요하다. 이 두 가지를 고찰하기에 앞서 김정희가 우리나라 금석문을 서법적 측면에서 어떻게 이해했는지 살펴보자.

북학이 유행하면서 금석학은 모든 지식인들의 필수 과목이 되었다. 깊이 있는 연구는 못해도 탁본첩을 만들어 감상하는 일은 일상이 되었다. 특히 청나라로 사행을 떠나는 사람들은 행장 속에 탁본 몇 종은 반드시 넣어 가지고 갔다. 청나라 지식인들과 필담을 나눌 때 꼭 필요했기 때문이었다.

그에 따른 부작용도 나타났다. 당시 조선에는 수많은 폐사廢寺가 널려 있었다. 신라 시대 이래로 창건된 사찰들이 여러 이유로 주인을 잃은 채 남아 있었던 것이다. 건물은 무너져 주춧돌만 남고, 석불과 석탑만이 여기저기 흩어져 있었다. 무너져 내린 석탑은 이런저런 이유로 파헤쳐졌고, 무너진 석탑 속에 감춰져 있던 신라 시대나 고려 시대의 불경佛經을 찾기도 했다. 김정희는 당시 그런 분위기 속에서 금석문 탁본만이 아니라, 수많은 사경寫經들을 보았던 사실이 확인된다. 「전안평대군서첩발傳安平大君書帖跋」을 살펴보자.

금자金字로 쓴 불경은 모두 김생과 안평대군의 이름을 갖다 붙인다. 이 두루마리 또한 안평대군의 글씨라고 표제를 붙였는데 잘못된 것이다. 비록 안평대군의 글씨는 아니지만 역시 그 자체로 명수名手의 솜씨이므로 반드시 안평대군의 글씨여야만 중요한 것은 아니다. 내가 손수 심정한 금자金字, 은자銀字, 묵자墨字의 잔경殘經이 100여 본이지만 당연히 창림사탑에서 나온 묵서『다라니경陀羅尼經』이 제일로 김생의 앞에 두어야 한다. 낭선군이 '남무부동법지광불南無不動法智光佛' 여덟 자를 석본石本에 새겨 넣었는데 필의筆意(글씨의 풍격)가 김생과 아주 비슷하지만, 또한 감히 내 마음대로 김생의 글씨로 단정할 수는 없다. 내가 그 진적을 수장하고 있는데, 필법이 아주 뛰어나 당연히 창림사탑에서 출토된 불경의 위에 두어야 하지만 잔본殘本이다. 또 안평대군이 쓴『법화경』,『능엄경』은 온전하지 않은 사본이지만 필의가 이와 동일하지 않다.

이러한 여러 사본을 보지 못한 사람들이 이것을 안평대군의 글씨로 추측하기도 하는 것 역시 이상한 일이 아니다. 고려 말기의 사경들은 모두 이런 법식을 따랐는데, 청량산淸凉山에 소장한 금자『연화경』또한 김생의 이름을 갖다 붙였다. 내가 그것이 틀렸음을 심정한 글이『사지寺誌』에 실려 있다. 일화암주인一花庵主人(김정희 별호의 하나)이 윤표潤杓에게 써서 주니 이를 소중히 간직하도록 하여라.[2]

김정희는 이 글에서 각종 사찰에 전해오던 불경이나 폐탑 속에서 출토된 각종 서첩을 100여 본이나 심정했다고 기록해놓았다. 낭선군

「전안평대군서첩발」 안평대군의 글씨로 전해오는 서첩에 쓴 김정희의 친필 글이다.
국립중앙박물관 소장

이 석본에 새겨 넣었다는 '남무부동법지광불' 여덟 자는 바로 낭선군이 간행한 『동국명필첩』에 실려 있는 것이다. 또한 김정희는 창림사 탑에서 나온 묵서 『다라니경』을 이야기하고 있다. 김정희는 이 묵서 『다라니경』에 얼마나 관심이 컸던지 별도의 글을 남겨두기도 했다.

동경東京(경주)의 폐탑에서 나온 묵서 『광명다라니경光明陁羅尼經』을 보았는데 한 글자도 손상됨이 없어 어제 쓴 것 같았다. 바로 당나라 대중大中 연간(847~859)에 쓴 것으로 김생보다 60~70년 이상 앞선다.[3] 필법이 아주 고아하여 '문무文武', '신행神行', '무장鍪藏'의 비문들과 갑을을 다투어야 하니 김생도 한 수 양보해야 한다.[4]

여기서 말한 묵서『광명다라니경』이 바로 앞에서 말한『다라니경』이다. 본래 이름은『무구정광대다라니경无垢淨光大陁羅尼經』이다. 김정희는 당시 중국에도 알려져 있던「문무왕비」,「신행선사비」,「무장사비」등 뛰어난 신라 비문의 글씨와 우열을 다툴 만하다고 평가하면서 서성으로 불리던 김생도 그 글씨에는 미치지 못한다며 극찬을 아끼지 않고 있다.

『무구정광대다라니경』에 대한 언급은 일찍부터 있었다. 그중『청구학총靑丘學叢』15호(1934년 2월 발행)에 실린 스에마쓰 야스카즈末松保和의「新羅昌林寺無垢淨塔願記について」라는 글과『慶州南山の佛蹟』(1940년 조선총독부)에 실린 창림사지 유적 발굴에 대한 글이 대표적이다. 스에마쓰는 자신의 글에서 아유카이 후사노신鮎貝房之進 소장의 필사본『무구정광대다라니경』뒷부분에 붙어 있던「국왕경응조무구정탑원기國王慶膺造無垢淨塔願記」의 모사본을 소개하며 이 자료가 김정희의 구장본이라 했다. 아울러 김정희 친필로 생각되는「제지題識」가 첨부되어 있다고 하였다. 그「제지」의 내용은 다음과 같다.

갑신년(1824) 봄에 석공石工이 경주 창림사탑을 부수고 수장되어 있던『다라니경』1축을 얻었는데 구리로 된 둥근 통 속에 담겨 있었다. 또 동판

『동국명필첩』에 실린 '남무부동법지광불'
왼쪽에 무명씨의 글씨로 여덟 자가 실려 있다. 수경실 소장

銅版이 하나 있었는데 탑을 만든 사실을 기록하였고, 판 뒷부분에는 탑을
만든 관인官人의 성명을 모두 기록했다. 또 금을 도금한 개통원보開通元
寶 동전과 청황靑黃의 번주燔珠가 있었다. 그리고 경편鏡片과 동부銅趺
는 구리를 주조하는 자들이 부숴버렸다. 축면軸面의 황견黃絹에는 금니
로 경도經圖를 그려놓았다.[5]

이 글을 보면 『무구정광대다라니경』과 함께 출토된 유물 중에는 탑
을 만든 사실을 기록한 동판이 하나 있었다. 이것이 바로 「국왕경응조

김정희 친필 「제지」 『조선사료총람속』 제1집에 실려 있다. 소장처 미상

무구정탑원기」이다(이하 「원기」라 한다). 스에마쓰는 이 「원기」를 김정
희가 직접 쌍구법雙鉤法(글씨의 윤곽만을 붓으로 그려내는 것)으로 모사하여
소장하고 있다가, 친구인 권돈인이 수장했던 것이라 했다. 「제지」또
한 소장처는 알 수 없지만 사진이 남아 있어 그 모습을 확인할 수 있
다. 김정희의 이 기록은 「원기」에 대한 중요한 사실을 알려준다. 즉,
「원기」는 창림사 석탑에서 출토되었으며 탑을 만든 사실과 탑을 만
드는 데 관여한 관인들의 성명이 기록되어 있다는 것이다. 이 밖에도
『조선사료총람속朝鮮史料總覽續』제1집(1934년 2월 발행)에 「원기」와 김
정희 「제지」의 사진이 실려 있고, 『조선사료집진속해설』제1집(조선총

독부, 1937년 3월 발행)에도 「원기」와 김정희의 「제지」가 실려 있다. 이후 1956년 12월 국립중앙박물관 전시에 『무구정광대다라니경』이 다시 나타났고, 당시 전시 목록에도 올라 있다.[6]

그런데 여기서 「원기」와 「제지」가 모두 김정희의 것이라는 근거는 무엇일까? 스에마쓰는 앞의 글에서 「원기」에 김정희의 인장이 찍혀 있다고 했다. 실제로 사진을 보면 김정희가 직접 모사한 것이라고는 확정할 수 없지만 왼쪽 하단에 찍혀 있는 '김정희인金正喜印'이라는 주문방인이 육안으로 확인된다. 따라서 김정희 구장본이 분명하다고 볼 수 있다.

그렇다면 「제지」는 김정희의 글일까? 현재 남아 있는 사진을 보면 김정희의 글씨가 분명하다. 더욱이 정리되지 않은 초고 상태임을 확인할 수 있다. 이는 김정희가 분명히 묵서『무구정광경』을 보고 「제지」를 남겼으며, 쌍구본 「원기」를 소장하고 있었다는 것을 의미한다. 이후『무구정광경』과 「원기」에 관한 사항들은 모두 김정희의 「제지」 내용을 근거로 1824년에 김정희가 창림사탑에서 출토된『다라니경』을 고증한 것으로 기록하고 있다.[7]

그런데 「원기」에 관한 기록이 하나 더 남아 있다. 바로 수경실본修絅室本『무구정광경』이다.[8] 여기에는 창림사탑에서 발견된『무구정광경』과 「원기」가 함께 필사되어 실려 있다. 『무구정광경』은 원본을 복사한 듯 정밀한 모본摹本이지만, 「원기」는 원본의 형식대로 내용만 필사했다. 이 책은 1824년 당시 경주부윤이 만들어 가지고 있던 책이

김정희 구장 「무구정탑원기」 쌍구본 왼쪽 하단에 '김정희인' 인장이 보인다. 소장처 미상

다. 총 62면의 절첩본(병풍처럼 접이식으로 만든 책)으로 표제는 『무구정
광대다라니경无垢淨光大陁羅尼經』이다. 맨 앞에 「국왕경응조무구정탑
원기」가 2면에 걸쳐 있고, 그 다음에는 공사를 감독했던 사람들의 관
직, 인명 등이 2면에 걸쳐 있다. 다음에는 『무구정광대다라니경無垢淨
光大陁羅尼經』[9]이 55면에 걸쳐 모사되어 있고, 끝에는 '갑신동모甲申冬
摹'라 세서細書되어 있다. 그리고 한 면의 여백지를 지나 맨 마지막에
「제지」가 2면에 걸쳐 있다. 특히 「원기」의 뒷부분에 해당하는 건탑建
塔 참여 인물들의 명단을 필사한 2면과 「제지」를 기록한 2면은 채색

화를 그려 넣은 종이 위에 필사를 하여 화려함을 더한다. 그러나 안타깝게도 좀이 슬어 훼손이 심각한 상태다. 따라서 손상된 글자 또한 상당수에 이른다. 먼저 「제지」에서 「원기」와 관련된 부분을 살펴보도록 하겠다.

> 동경부東京府 소재지 남쪽 10리 지점에 창림사 옛터가 있는데, 절 건물은 남아 있지 않고 크고 작은 탑 세 개만 우뚝 솟아 있다. 여기가 고을 사람들이 가리키는 창림昌林으로 신라의 고찰이다. 한 석공이 묘석墓石을 만드는 공정을 줄이려고 소탑小塔 하나를 허물었다. 제2층에 이르자 석곽石槨 속에 도금된 동판이 있었다. 바로 신라 문성왕文成王의 건탑建塔 기사記事·어휘御諱·공사를 감독한 사람들의 성명과 연월을 새긴 것이었다. …… 내가 이곳에 부윤府尹으로 온 지 거의 1년이 되어간다. …… 1824년 2월 하순에 쓰다.[10]

창림사탑에서 출토된 유물의 수습 과정을 상세히 묘사했다. 유물의 종류, 수량, 특징에 이르기까지 자세히 기록하고, 고증까지도 겸하고 있다. 그동안 김정희가 남긴 「제지」를 통해서만 막연히 알려져 있던 발굴 당시의 모습을 생생히 전하고 있다. 이 「제지」에 따르면 한 석공이 묘석으로 사용하기 위해 창림사에 있던 세 개의 탑 중에서 작은 탑 하나를 허물었다. 그리고 그 안에서 여러 가지 유물이 쏟아져 나왔는데, 공사를 하던 인부들에 의해 대부분 흩어져버렸고, 당시 경주부

윤이던 인물이 수소문 끝에 몇 가지 유물을 다시 수거했다.「제지」에
는 필사자의 이름이 나와 있지 않지만,『외안고外案考』[11]에 따르면 당
시 경주부윤은 김기상金基常으로 1823년 4월부터 1825년 7월까지 재
직했다. "내가 이곳에 부윤府尹으로 온 지 거의 1년이 되어간다"는「제
지」의 말과도 일치한다.

그의 집안은 김비金棐—김흥록金興祿—김지金址—김우명金佑明—
김석익金錫翼—김도영金道泳—김성응金聖應—김치묵金峙黙—김기상
으로 이어지는 명문가 청풍淸風 김문金門이다. 김기상은 과거를 거치
지 않고 음직蔭職으로 강화유수江華留守, 영변대도호부사寧邊大都護府
使 등을 지냈다. 당시 경주부윤으로 있던 김기상은 흩어진 발굴품을
수소문하여 수습한 다음,「원기」와『무구정광경』의 모사본을 만들고
「제지」까지 붙여 원본과 함께 수장했던 것으로 보인다. 또 김기상이
「제지」를 쓴 시점은 1824년 2월 하순이므로 창림사 석탑이 헐린 시점
역시 그 이전일 수밖에 없다.

그렇다면 김정희는『무구정광경』을 언제 어떻게 보았을까? 김정희
와 김기상이 직접 교유한 흔적을 찾을 수는 없었지만, 두 가지 면에
서 추측해볼 수 있다. 먼저 김정희와 절친한 친구였던 김경연과의 관
계를 들 수 있다. 김경연은 청풍 김씨로 김정희와 함께 북한산 진흥왕
순수비를 고증한 것으로 잘 알려져 있다. 따라서 청풍 김씨인 김기상
과 연결되었을 가능성이 있다. 또 다른 하나는 김기상이 영변대도호
부사로 부임할 때(1831년) 김정희의 절친한 친구 권돈인이 전임자였다

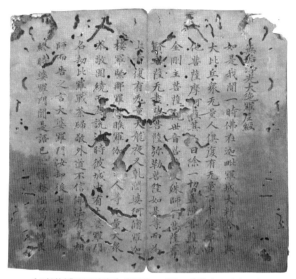

수경실본 「무구정광경」 원본을 그대로 모사했다. 수경실 소장

는 점을 그 연결 고리로 생각해볼 수 있다. 물론 이 밖에 다른 가능성
도 얼마든지 있다. 중요한 사실은 김정희가 쓴 「제지」의 내용이 김기
상이 쓴 「제지」의 내용을 요약한 것이라는 점이다.

　그러나 이후 어떤 기록에도 창림사 폐탑에서 발굴된 유물에 관한
기록은 보이지 않고, 이때 발굴된 유물들의 소재에 관해서도 알려진
바가 없다. 얼마 전에 바로 이 동판 「국왕경응조무구정탑원기」의 실
물이 세상에 공개되었고, 이와 관련된 논문을 실은 학술 조사 보고서
가 발간되었다. 필자는 여기에 실린 '추사 김정희와 「국왕경응조무구
정탑원기」'를 통해 이 창림사탑이 해체되어 유물이 발굴된 과정을 소
개하고, 이 유물들을 처음 수습한 인물이 당시 경주부윤이던 김기상
이며, 김정희가 남긴 「제지」의 내용 또한 김기상이 남긴 제발을 요약

한 것임을 밝혔다.[12] 이러한 사실은 김정희가 고려 시대 이전의 우리나라 금석문에 대한 관심의 정도를 알려주는 단적인 예라 할 것이다.

김정희는 「북한산 진흥왕순수비」, 「무장사비」, 「문무왕비」 등을 발굴하여 고증했을 뿐만 아니라, 앞서 살펴본 것처럼 낭선군의 금석학 저술은 물론, 김재로와 유척기 집안의 금석문 탁본첩과 목록들을 두루 살펴보았고, 당시 새롭게 발굴되는 자료들까지도 모두 손에 넣어 연구했던 것이다. 김정희는 이런 과정을 거치면서 신라 이래 우리나라 서법의 흐름도 자연히 이해할 수 있었다. 이 같은 연구 과정이 있었기에 "신라와 고려의 금석은 모두 구양순의 서법인데, 「평백제탑」은 저수량의 서체"라 하는 등[13] 고려 시대 이전의 우리나라 서법에 대해서도 자신 있게 이야기했던 것이다.

〖 왕희지의 서법 어떻게 익힐 것인가? 〗

김정희는 제자인 박혜백朴蕙百이 서법의 원류에 대해 묻자 다음과 같이 대답했다. 김정희의 이 글은 왕희지 글씨에 대한 자신의 생각이 명확히 드러나 있다.

나는 젊어서부터 글씨에 뜻을 두었다. 24세에 연경에 들어가 여러 이름 있는 학자들을 만나보고 그 서론緖論을 들어보니 발등법撥鐙法(붓을

「무구정탑원기」 동판 이천 영원사 소장

잡는 방법의 하나)이 제일 중요하며 지법指法, 필법筆法, 묵법墨法으로부터

분행分行, 포백布白, 과파戈波, 점획點畫의 법까지도 우리나라 사람들이

익히는 것과는 크게 달랐다. 한위漢魏 이하 금석문자가 수천 종인데, 종

요鍾繇, 삭정索靖 이상을 거슬러 올라가려면 반드시 북비北碑를 많이 보

아야만 비로소 그 뿌리가 어디서 왔는지 알 수 있다. 「악의론樂毅論」의

경우 당나라 때부터 이미 진본은 없어졌고, 「황정경黃庭經」은 육조六朝

사람이 쓴 것이며, 「유교경遺敎經」은 당나라 경생經生(글씨 쓰는 것을 직업

으로 삼던 사람)의 글씨이다. 「동방삭찬東方朔贊」, 「조아비曹娥碑」 등의 글

씨도 전혀 내력이 없고, 『순화각첩淳化閣帖』은 왕착王著이 모사摹寫하고

번각飜刻하여 더욱 착오가 있다. 이미 당시에 미원장米元章(미불), 황백사黃伯思, 동광천董廣川(동유) 등이 일일이 박정駁正한 바 있으니 중국의 지식인들은 「악의론」, 「황정경」 등의 글씨부터 『순화각첩』에 이르기까지 모두 말하기조차 부끄럽게 여긴다.

대개 「악의론」, 「황정경」 등의 글씨가 만약 진본이라면 당나라의 구양순, 저수량, 우세남虞世南, 설직薛稷, 안진경顏眞卿, 유공권柳公權, 손건례孫虔禮, 양응식楊凝式, 서계해徐季海, 이옹李邕 등 여러 사람이 쓴 글씨에 근거가 될 만한 것이 있어야 하는데, 「악의론」, 「황정경」과 비슷한 것이 하나도 없으니, 그들이 「악의론」, 「황정경」으로부터 입문하지 않은 것이 증명된다. 다만 여러 북비와는 진흙에 도장을 찍은 것처럼 근거가 명확하고, 방경方勁하고 고졸古拙하며 원숙하거나 모호한 곳이 없다. 요즘 우리나라에서 일컫는 서가들이 이른바 진체晉體니 촉체蜀體니 하지만, 모두가 이런 것이 있다는 것을 모르고 곧 중국에서 이미 울타리 밖으로 버린 것을 가져다가 신물神物처럼 바라보고 표준같이 받들고 있으니, 썩은 쥐를 가지고서 봉황새를 위협하는 격이다. 어찌 가소롭지 않겠는가?[14]

김정희 당시 조선에서는 원교圓嶠 이광사가 서법의 황제로 군림하고 있었다. 이광사의 글씨가 온 조선 천지를 뒤덮었고, 그의 『서결書訣』을 보물처럼 떠받들었다. 더욱이 스승인 백하白下 윤순尹淳(1680~1741)으로부터 직접 인정받았기 때문에 이광사를 비판할 사람은 아무도 없었다. 김정희 역시 이광사를 뛰어난 서가로 인식하고 있었다. 그런데 1810년 연경을 다녀온 뒤로 김정희는 자신의 생각을 모두 버려야 했다. 중국인들의 글씨 쓰는 법이 당시 조선에서 배운 것과는 너무나도 달랐기 때문이었다. 그중 대표적인 것이 왕희지 글씨에 관한 인식이었다.

당시 조선에서는 『순화각첩』, 「악의론」, 「황정경」, 「유교경」, 「동방삭찬」, 「조아비」 등을 왕희지의 친필로 믿고 열심히 따라 쓰며 익혔는데, 알고 보니 이는 사실과 달랐다. 「악의론」은 당나라 때 이미 진본이 없어졌고, 「황정경」은 육조 사람이 쓴 것이며, 「유교경」은 당나라 경생의 글씨인데다, 「동방삭찬」, 「조아비」 등의 글씨도 전혀 내력이 없었다. 더구나 『순화각첩』은 왕착이 모사하고 번각한 것이었다. 이러한 것들은 이미 송나라 때부터 문제 제기가 되었던 것이지만, 조선에서는 왕희지의 친필인 줄 알고 열심히 배웠던 것이다. 김정희는 이 모든 책임이 이광사에게 있다고 보았다. 따라서 김정희는 이광사의 『서결』을 조목조목 강하게 비판했던 것이다.[15]

사실 왕희지의 친필이 있고, 그 글씨를 똑같이 쓸 수 있다면 왕희지의 서법을 익힐 수 있을 것이다. 그런데 문제는 왕희지의 친필이 전하지 않는다는 데 있다. 그 때문에 중국에서 이미 왕희지의 글씨라고 일컫는 서첩들을 익히는 사람이 없었던 것이다. 그렇다면 어떻게 해야 할 것인가?

서가는 반드시 왕희지 부자를 준칙으로 삼는다. 그러나 이왕二王의 글씨는 세상에 전본이 없으며 진적이 아직 남아 있는 것은 『쾌설시청快雪時晴』과 왕헌지의 『송리첩送梨帖』으로 모두 계산해도 100자를 넘지 않는다. 천 년이 지난 지금 왕희지 부자의 가풍을 거슬러 올라갈 수 있는 길은 이뿐인 것이다. 그나마 내부內府로 들어가서 외부 사람은 볼 수 있는 게 아니다. 유모劉摹(유광양劉光暘이 새긴 『쾌설당첩快雪堂帖』을 가리키는 듯)나 장각章刻(장조章藻가 새긴 『묵지당첩墨池堂帖』을 가리키는 듯) 같은 것은 오히려 한 번 번각한 것이고, 모법摹法이나 각법刻法이 송宋·원元 시대에 미치지 못하는데 또 어찌 양모梁摹니 당각唐刻이니 하는 것을 논하겠는가? 육조의 비판碑版은 전본이 꽤 있는데 구양순, 저수량의 글씨가 모두 여기에서 나왔다. 그러나 송·원의 여러분이 그다지 언급하지 않은 것은 이왕의 진적이 지금처럼 다 없어지지는 않았기 때문이다. 지금 사람들은 마땅히 북비北碑로부터 손을 대야 제대로 된 길로 들어설 수 있는 것이다.[16)]

결국 왕희지의 친필이 거의 전하지 않는 상황에서 왕희지의 글씨를 배우려면 그들의 글씨를 가까이서 배운 서가들의 글씨를 통해 왕희지의 글씨를 배워야 한다는 것이다. 따라서 왕희지의 가짜 글씨가 실린 서첩을 배울 게 아니라, 육조 시대의 비석에 새겨진 글씨를 익혀야 하는 것이다. 구양순과 저수량 같은 명가들의 글씨 또한 바로 이들로부터 나왔다고 여긴 것이다. 이것이 바로 서법에 관한 김정희의 문경론門徑論이다. 김정희는 이 문경론을 글씨나 그림은 물론이고 시문詩文에서도 늘 주장하고 있다. 왕희지 글씨를 배우기 위한 문경은 바로 '유당입진由唐入晉'이다. 당나라 서가들의 글씨를 통해 진나라 왕희지의 글씨를 배운다는 의미이다.

> 담계(옹방강) 노인의 정서正書는 구양율경歐陽率更(구양순)에게서 그 원만함을 얻었고, 저수량에게서 예의隸意(예서의 풍격)를 얻었는데, 8만 권 금석의 기운이 팔뚝 아래로 쏟아지니 화려하게 서가의 용상龍象이 되었다. '당唐을 통해서 진晉으로 들어가는 길(由唐入晉)'은 이를 버리고는 딴 것이 없다.[17]

김정희는 옹방강의 글씨를 설명하면서 그의 글씨가 구양순과 저수량의 글씨에서 온 것임을 강조하고 있다. '유당입진'의 논의는 바로 옹방강으로부터 온 것이다. 그런데 옹방강은 왜 '유당입진'을 말한 것일까?

> 해법楷法을 유독 진晉을 두고 말하는 것은 어째서인가? "예서隸書가 해서楷書로 변한 것은 한위漢魏 사이의 일인데, 진나라 때에 해서가 시작되었다가 남북 육조의 사이에 해법이 사라져버렸고, 당나라에 이르러 조금 절제되고 정제되었는데, 그 근원은 진나라에서 나왔기 때문이다."[18]

즉, 해서는 당나라 때 이르러 정비되었지만, 그 이전에는 진나라에서 시작되었으므로 당나라를 통해 진나라로 들어가는 길을 찾아야 한다는 논리인 것이다. 그렇다면 당나라의 글씨는 누구를 배워야 할 것인가?

조자고趙子固(자고는 조맹견의 자)가 말했다. "진을 어찌 쉽게 배우겠는가? 당을 배우면 오히려 규구規矩는 잃지 않지만, 진을 배운다면서 당인唐人으로부터 따라 들어가지 않는 것은 자신의 능력을 헤아리지 못한다는 것을 드러내는 일이다. 해서에 들어가는 길은 세 가지가 있는데, '화도化度', '구성九成', '묘당廟堂'이다."

지금 조자고의 시대를 말한다면 이미 육칠백 년이 지났다. 지금 통행하는 「황정경」, 「악의론」, 「유교경」 등의 법서法書를 어찌 조자고가 보지 못하고, 꼭 이 세 비碑만 뽑아든 것은 무엇 때문이겠는가? 「황정경」은 왕희지의 글씨가 아니고, 「악의론」은 이미 그때에도 선본이 없어 표준으로 삼을 수 없었으며, 「유교경」은 곧 당나라 경생의 글씨이기 때문에 어쩔 수 없이 이 세 비에서 구하는 것이다. 세 비가 비록 석본이지만 원석原石이 아직 남아 있어 진적에 비하여 한 등급은 낮지만 후세 석각이 여러 번 모각되고 번각된 것에 비할 바는 아니다.[19]

송나라 때 조맹견趙孟堅(1199~1267)은 왕희지의 글씨를 제대로 배우기 위해서는 구양순의 「화도사비化度寺碑」, 「구성궁예천명九成宮醴泉

銘」, 우세남의 「묘당비廟堂碑」 등 세 비를 익혀야 한다고 했는데, 옹방강은 이를 '천고불역지론千古不易之論'(영원히 바뀌지 않을 이론)이라며 조맹견의 안목을 높이 사고 있다.[20] 옹방강의 『당해진법표唐楷晉法表』는 바로 조맹견의 논의를 확장한 저술이다. 김정희는 옹방강의 이 논의를 그대로 따른 것이다. 그래서 김정희는 이런 논의를 근거로 이광사를 강하게 비판했던 것이다.

> 개괄적으로 논하자면 우리나라 사람들은 망령되게 스스로 존대하지 않는 곳이 없다. 예를 들어 원교圓嶠는 곧장 당송唐宋과 육조六朝를 뛰어넘어 왕희지의 경지에 뛰어드는데, 이것은 지붕 밖에 푸른 하늘이 있다는 것을 모르는 격이다.[21]

이광사는 문경門徑을 무시하고 왕희지를 직접 배울 수 있다고 생각했던 것이다. 그리고 왕희지의 가짜 글씨가 실린 서첩을 진짜로 여기며 익혔다. 이광사는 자신이 평생 공부한 「악의론」이 왕착이 쓴 것인 줄도 모른 채 구양순과 저수량의 글씨를 '방판方板'(판에 박은 듯 생동감이 없는 것)이라 판단하고 하찮게 여겼던 것이다.

> 구양순, 저수량 같은 이들은 모두 진인晉人의 신수神髓인데도 이광사는 방판方板이라 판단하여 하찮게 여기고, "왕희지는 이렇게 쓰지 않았다"고 하지만 그가 평생 익힌 것이 바로 왕착이 쓴 「악의론」임을 스스로

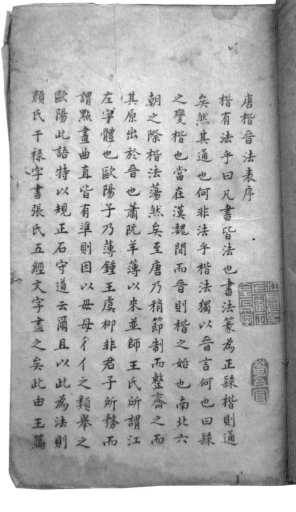

옹방강의 『당해진법표』
원본은 아니지만 중국에서는
사라졌고 유일본으로 남아 있는
책이다. 수경실 소장

唐楷晉法表序
楷有法乎曰凡書皆法也書法篆為正隸楷則通
矣然其通也何非法乎楷法獨以晉言何也曰隸
之變楷也當在漢魏間而晉則楷之始也南北六
朝之際楷法蕩然矣至唐乃稍節制而整齊之而
其原出於晉也蕭阮羊薄以來並師王氏所謂江
左字體也歐陽于乃薄鍾王虞柳非君子所務而
謂點畫曲直皆有準則因以毋毋ㄟ之類舉之
歐陽此語特以規正石守道云爾且以此為法則
顏氏干禄字書張氏五經文字盡之矣此由王篇

깨닫지 못했기 때문이다.[22]

그래서 김정희는 왕희지를 학습하는 방법으로 당비唐碑를 배우라
고 주장했던 것이다. 아들 김상우金商佑에게 쓴 글에도 그의 주장이

그대로 드러나 있으며,[23] 심희순沈熙淳에게 보낸 편지에서도 당나라 서가의 글씨 중에서 자신의 필성筆性과 맞는 것을 찾아 배울 것을 권하고 있다. 심희순의 필성은 구양순에 가까우므로 그의 글씨 하나를 선택하여 길라잡이로 삼기를 권한 것이다.

> 대개 영감의 필성은 구양순에 가까우며 저수량의 경우에는 억지로 할 수 없습니다. 반드시 서로 근사한 곳으로 들어가야 성취가 쉬운데, 이것이 자연스런 형세입니다. 마치 물이 젖은 데로 흐르고 불이 마른 데로 나아가 각기 자신의 무리를 따르는 것과 같습니다. 꼭 구양순 비석의 원탁原拓 선본을 얻어 한 번 손을 대보는 게 좋겠습니다. 구양순의 비석에는 「예천명醴泉銘」, 「황보비皇甫碑」, 「화도사탑化度寺塔」, 「우공공비虞恭公碑」 등 4~5종이 있습니다. 또 당비 중에 구양순체로 쓴 「규봉비圭峯碑」 같은 것도 길라잡이로 삼으면 아주 좋겠습니다.[24]

이처럼 김정희가 왕희지 서법의 학습을 위해 당나라 서가들의 비를 익히라고 강조한 것은 옹방강의 주장을 그대로 수용한 것이다. 구양순 서법을 높이 평가한 것은 더욱 그렇다. 한편으로는 고려 중기 이전의 우리나라 금석문의 대부분이 구양순의 서체를 따르고 있다는 사실을 잘 알고 있었기 때문이다. 따라서 구양순의 글씨를 배우는 것 자체가 우리나라 고법古法을 회복하는 것으로 생각했던 것이다. 구양순 글씨로 회귀하는 것이야말로 왕희지의 글씨를 제대로 쓸 수 있기 때문이었다.

이러한 왕희지 글씨의 학습에 관한 서법 고증적 태도는「난정서」에 관한 글에서도 잘 드러나 있다.[25] 옹방강이 우리나라 고대 금석문에 관심을 가졌던 근본적인 이유 또한 왕희지 서법의 해외 전파의 근거를 찾는 데 있었다. '무장사비' 탁본에 쓴 옹방강의 발문을 보자.

비碑는 행서行書인데 왕희지의「난정서」와 회인懷仁과 대아大雅가 집 자한 것들을 섞어 사용했다. 대개 함형咸亨(670~674), 개원開元(713~741) 이래로 당나라 사람이 집자한 왕희지의 글씨는 외국에서도 모두 알고 잘 배웠는데, 사용한「난정서」의 글자가 모두 정무본定武本과 딱 들어맞으니, 이에 정무본은 당나라 때 새긴 것으로 그 당시에 전파된 것임을 알았다.[26]

옹방강은「무장사비」를 통해 왕희지의 정무본「난정서」가 당나라 때 새겨졌음을 근거로 삼은 것이다. 김정희 입장에서는 청나라 문사들이 조선 금석문에 보이는 왕희지의 흔적에 관심을 표명하자, 서법 고증 측면에서 우리 금석문에 더욱 관심을 가지게 되었고, 옹방강의 연구 성과를 더 쉽게 수용할 수 있었다.

〚완원의 비학 이론과 김정희〛

송대에 흥기한 금석학은 원·명대에 쇠퇴했지만, 청대에 이르러 최고봉에 이르게 된다. 청대 경학가들이 고경古經의 훈석訓釋과 고정考訂에 힘을 쏟으면서 금석학의 발전을 가져온 것이다. 그에 따라 새로운 비석을 찾고 연구하는 기풍이 한 시대를 풍미하게 되었고, 수많은 금석학 저작들이 탄생했다. 고염무의『금석문자기金石文字記』, 주이준의『포서정금석문자발미曝書亭金石文字跋尾』, 전대흔의『잠연당금석문자발미潛研堂金石文字跋尾』, 곽종창郭宗昌의『금석사金石史』, 무억武億의『금석삼발金石三跋』, 홍이훤洪頤煊의『평진관독비기平津館讀碑記』, 엄가균嚴可均의『철교금석발鐵橋金石跋』, 진개기陳介祺의『금석문자석金石文字釋』, 왕창의『금석췌편』, 손성연의『환우방비록』, 옹방강의『양한금석기兩漢金石記』, 필원畢沅의『중주금석지中州金石志』, 황역黃易의『소봉래각금석문자小蓬萊閣金石文字』, 오영광吳榮光의『균청관금석문자筠青館金石文字』, 섭창치葉昌熾의『어석語石』 등은 대표적 저작들이다. 그중 빼놓을 수 없는 것이 완원의 금석학적 업적이다. 그는『산좌금석지山左金石志』,『양절금석지兩浙金石志』,『적고재종정이기관지積古齋鐘鼎彝器款識』,『한연희서악화산비고漢延熹西岳華山碑考』 등의 저작을 통해 당대는 물론 후대까지도 커다란 영향을 끼쳤다. 완원은『금석십사기金石十事記』를 지어 자신의 금석학적 연구 성과를 기록으로 남기기도 했다.

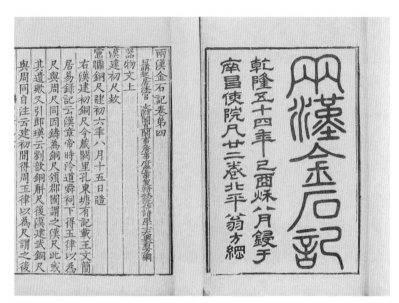

『양한금석기』 옹방강의 대표적 금석문 연구서이다. 개인 소장

내가 산좌山左의 금석문 수천 종을 모아 『산좌금석지』를 간행한 것이 첫 번째 일이다. 양절兩浙의 금석문 천여 종을 모아 『양절금석지』를 간행한 것이 두 번째 일이다.

길금吉金의 탁본 500여 종을 쌓아 『적고재종정이기관지』를 간행한 것이 세 번째 일이다.

양주揚州 주반씨周盤氏 남궁대반南宮大盤은 동남 지역의 귀중한 보물이다. 정묘년에 차사鹺使가 조정에 바쳤는데 내가 두 개를 아주 흡사하게 모주模鑄했다. 하나는 부학府學에 소장케 하고, 다른 하나는 문선루文選樓에 소장한 것이 네 번째 일이다.

천일각天一閣에 소장된 북송北宋의 '석고石鼓' 탁본은 모두 472자인

『적고재종정이기관지』 김정희의 수택본이다. 영남대학교도서관 소장

데, 내가 두 개를 모각摹刻하여 하나는 항주부학杭州府學 명륜당明倫堂에 두고, 다른 하나는 양주부학揚州府學 명륜당에 둔 것이 다섯 번째 일이다.

내가 양주揚州 감천산甘泉山에 이르러 여왕총厲王塚에서 발굴된 서한 시대 '중전제입팔中殿第卄八'이 새겨진 돌 두 개를 얻었다. 세상에서 서한 시대의 글자가 새겨진 돌은 이것과 곡부曲阜의 오봉석五鳳石 둘 뿐이다. 이것이 여섯 번째 일이다.

내가 좌서佐書를 제성諸城 낭야대琅邪臺로 보내 덤불 속에서 진전秦篆을 찾아내 탁본을 떴는데 한 행이 더 많았다. 이것이 일곱 번째 일이다.

한부문漢府門의 졸대석인倅大石人 둘이 들에 엎어져 있어 초동樵童

과 목동牧童들의 놀이터가 되었는데 내가 수레를 연결하여 곡부曲阜의 확상포矍相圃 안으로 운반하고는 함께 세워놓았다. 이것이 여덟 번째 일이다.

내가 사명본四明本 전탁全拓 「연희화산묘비延熹華山廟碑」를 얻고 모각하여 북호사숙北湖祠塾에 두었다. 이것이 아홉 번째 일이다.

내가 또 「태산잔전泰山殘篆」과 「오천발신참吳天發神讖」의 두 비석을 모각하여 북호사숙에 두었다. 이것이 열 번째 일이다.[27]

이 글에 따르면 완원은 금석문의 수집 및 고석考釋을 통해 저술에 힘썼고, 귀한 금석문은 복제하여 보존에 힘썼으며, 새로운 금석문을 발굴하기도 했다. 송대 금석학이 흥기한 이래 금석학을 연구하는 가장 큰 이유는 역사책의 오류를 바로잡는 것이었다. 하지만 완원은 금석문의 연구 단계를 한 차원 높였다. 금석문을 통해 경전經傳의 오류를 바로잡고, 경전의 기록을 증명했다. 또 금석문이 구경九經(유교 경전 아홉 가지)만큼이나 중요하다고 생각했다. 금석문에 새겨진 글들이 『상서尚書』에 미치지는 못하지만 또 하나의 고대 문서로 인식했던 것이다.[28] 금석문 연구의 새로운 지평을 여는 업적이었다. 완원의 이러한 생각은 『적고재종정이기관지』 서문에 잘 드러나 있다.

완원의 금석문 연구는 여기서 그치지 않았다. 금석문 연구 성과를 서법으로 끌어들였다. 이전의 단계에서 감상 목적으로 사용되던 금석문을 통해 서법의 원류를 탐색하였고, 중국 서법사의 흐름을 새로 정립했다. 완원은 이를 '남북서파론'과 '북비남첩론'을 통해 주장했다. 이를 바탕으로 청나라 서단은 왕희지 중심의 서법에서 벗어나 전예篆隷 중심의 새로운 세계로 나아갈 수 있는 이론적 배경이 마련되었던 것이다. 김정희는 완원의 비학 이론을 수용하여 누구보다도 깊이 천착했다.

서법이 변천함에 따라 유파流派가 섞였으니 그 근원을 거슬러 올라가지 않으면 어떻게 고법古法으로 돌아가겠는가? 대개 예자隷字가 변하여 정서正書, 행초行草가 되었는데, 그것이 전이한 것은 한말漢末에서 위진魏晉 사이에 있었다. 정서와 행초가 남북의 두 파로 나누어졌는데, 동진東晉, 송宋, 제齊, 양梁, 진陳이 남파가 되고 조趙, 연燕, 위魏, 제齊, 주周, 수隋는 북파가 된다. 남파는 종요鍾繇, 위관衛瓘을 경유하여 왕희지, 왕헌지, 왕승건王僧虔에서 지영智永, 우세남에 이르고, 북파는 종요, 위관, 삭정을 경유하여 최열崔悅, 노담盧湛, 고준高遵, 심복沈馥, 요원표姚元標, 조문심趙文深, 정도호丁道護 등에서 구양순, 저수량에 이르렀다. 남파는 수나라 때에는 유행하지 않았고, 당나라 정관貞觀에 이르러 비로소 크게 드러났다. 그러나 구양순, 저수량 등 여러 훌륭한 인물들은 본래 북파에서 나왔으며, 당나라 영휘永徽 이후로 곧장 개성開成에 이르러 비판이나 석경이 오히려 북파의 남아 있는 풍습을 따르고 있다. 남파는 바로 강좌江左의 풍류로서 자유분방하고 여성스러워 편지쓰기에 장점이 있으나 필획을 생략하여 알아볼 수 없는 지경에 이르렀으며, 전예의 유

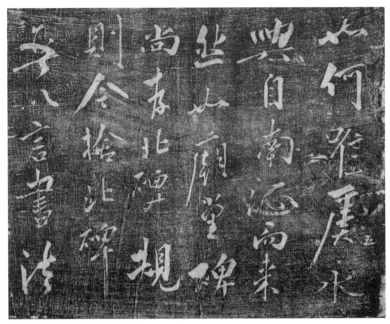

홍우연에게 써준 김정희의 글 '남북서파론'과 '북비남첩론'을 비롯한 서법에 관한 김정희의 생각이 드러나 있다.

법도 동진 시대에 이미 변개한 것이 많았으니 송나라, 제나라는 논할 것도 없다. 북파는 바로 중원의 고법으로서 근엄하고 졸박하여 비碑와 방서榜書(편액 글씨)에 장점이 있으며 채옹蔡邕, 위탄韋誕, 한단순邯鄲淳, 위기衛覬, 장지張芝, 두도杜度의 전예篆隸·팔분八分과 초서草書의 유법은 수나라 말기와 당나라 초기에도 오히려 보존된 것이 있었다. 남파와 북파가 강하江河와 같이 판이한 것은 남북 세족世族의 습속이 통하지 않았기 때문이다.[29]

이 글은 김정희의 문집에 실려 있는 것이지만, 본래 완원의 문집에 실려 있는 '남북서파론'을 거의 그대로 전재한 것이다. 완원은 이와 함께 '북비남첩론'을 통해 법첩의 한계를 지적하며 북비 학습을 주장했다. 당태종이 왕희지의 글씨만을 좋아하면서 북비는 천시되었는데, 정사正史와 금석서로 북비의 전통을 증명하고, 구양순과 저수량의 서법이 북비의 서법을 따르고 있다는 것을 밝혀냈다. 이와 같은 주장은 이후 포세신包世臣, 강유위康有爲 등으로 이어지면서 북비가 크게 성행하게 되었다. 남파와 북파의 차이를 정리하면 다음과 같다.[30]

구분	남파南派	북파北派
시대	동진東晉·송宋·제齊·양梁·진陳	조趙·연燕·위魏·제齊·주周·수隋
지역	강좌江左 (강소성江蘇省, 절강성浙江省)	중원中原
계보	종요鍾繇-위관衛瓘-왕희지王羲之-왕헌지王獻之-왕승건王僧虔-소자운蕭子云-지영智永-우세남虞世南	종요鍾繇-위관衛瓘-삭정索靖-최열崔悅-노심盧諶-고준高遵-심복沈馥-요원표姚元標-조문심趙文深-정도호丁道護-구양순歐陽詢-저수량褚遂良
서체/특장	행초行草/척독尺牘	전예篆隷/석판碑版
풍격	자유분방하고 여성스러움.	근엄하고 졸박함. 필법이 굳셈.
서적 원류 書迹源流	행서와 초서는 필획을 생각하여 알아볼 수 없을 지경에 이르고, 전서와 예서의 유법은 대부분 변개되었으며, 송나라 때 만든 법첩은 시대가 지나면서 모각이 반복되어 원모습을 찾을 수 없게 됨.	전서와 예서의 중원 고법을 비석에 썼는데 옛 사람이 남긴 서법이 많이 남아 있음.

즉, 행초 중심의 남파에서 전예 중심의 북파로 전환할 것을 주창한 것이다. 풍격 또한 '자유분방하고 여성스러움'에서 '근엄하고 졸박함'으로 변해야 함을 말하고 있다. 김정희가 1810년 연행에서 돌아온 뒤 쓴 글에서 김정희는 이미 풍격의 변화를 예고하고 있다.

내가 연경에 갔다 온 뒤로 서법이 날로 졸실拙實한 데로 나아가 다시는 옛날의 분화芬華한 모습이 없게 되었는데, 내 글씨를 본 사람들은 모두 비웃었다. 노자老子는 "남들이 비웃지 않으면 도道라 할 수 없다"고 했다. 나는 내 글씨에 대해서 노자의 이 말을 믿기에 내 글씨를 본 사람들이 이러쿵저러쿵 이야기하는 것에 대해 걱정하지 않는다.[31]

연행에서 돌아온 지 얼마 지나지 않아서 김정희는 이미 서법의 졸실함(소박하고 수수함)을 추구하고 있었다. 이는 예서에서뿐만 아니라 김정희 서법 전체에 해당하는 것이다. 다음은 아들 김상우에게 쓴 글이다.

예서는 바로 서법의 조가祖家이다. 만약 서도에 마음을 두고자 하면 예서를 몰라서는 아니 된다. 그 법은 반드시 방경方勁과 고졸古拙을 상上으로 삼아야 하는데 그 졸한 곳은 또 쉽게 얻어지는 것이 아니다. 한예漢隷의 묘는 오로지 졸한 곳에 있다. 「사신비史晨碑」는 진실로 좋으며 이밖에도 「예기禮器」, 「공화孔和」, 「공주孔宙」 등의 비가 있다. 그러나 촉도

蜀道의 여러 석각이 아주 고아하니 반드시 여기서부터 배워야만 속기俗
氣가 없어질 수 있다.

　더구나 예법隷法은 가슴 속에 청고 고아淸高古雅한 뜻이 들어 있지 않
으면 손에서 나올 수 없고, 가슴 속의 청고 고아한 뜻은 또 가슴 속에 문
자향文字香과 서권기書卷氣가 들어 있지 않으면 능히 팔뚝 아래와 손가
락 끝에 발현되지 않으며, 또 심상한 해서 같은 것에 비할 바가 아니다.
모름지기 가슴 속에 먼저 문자향과 서권기를 갖추는 것이 예법의 장본張
本이며, 예를 쓰는 신결神訣이 된다. 근일에는 조윤형曹允亨, 유한지兪漢
芝 같은 여러분이 예법에 깊으나 다만 문자기文字氣(학문의 소양이 서화로
나타나는 기운)가 적은 것이 한스러운 것이다. 이인상李麟祥은 예법이나
화법畵法에 다 문자기가 있으니 시험 삼아 살펴보면 그 문자기가 있는
것을 해득할 수 있을 것이다. 그런 뒤에 해야 할 것이다. 집에 수장된 예
첩隷帖은 자못 구비되어 있다. '서협송西狹頌' 같은 것은 촉도의 제각諸
刻 중에서 아주 좋은 것이다.[32]

　여기서 김정희는 예서의 입문에 대해 말하고 있다. 특히 방경과 고
졸을 강조하며 완원의 비학을 수용하고 있다. 실제로 현전하는 그의
예서를 살펴보면 동한東漢과 서한西漢의 예서가 망라되어 있으며, 금
문金文을 수용한 것도 확인할 수 있다.[33] 김정희는 금문을 연구하면
서 완원의 『적고재종정이기관지』만이 아니라, 전점錢坫(1744~1806)의
『십육장락당고기관지十六長樂堂古器款識』 또한 중시했다.

『고기관지』일함一函 3책을 한 번 보고 싶은 마음이 있다는 말을 듣고 이에 할애하여 빌려드립니다. 뜻을 다하여 읽어보시고 인편이 되는대로 돌려주시죠. 종정문鐘鼎文에 새겨져 있는 옛 관지款識는 바로 예서가 나온 곳입니다. 예서를 배우면서 이를 알지 못한다는 것은 물줄기를 거슬러 올라가면서 근원을 잊어버리는 격입니다.[34]

금문의 연구 목적이 예서의 원류에 있다는 사실을 확인할 수 있다. 예서는 서법의 뿌리이기 때문에 중요했고, 금문은 예서의 원류이기 때문에 중요했던 것이다. 김정희가 한예를 중시했던 이유도 한예야말로 모든 예서의 뿌리였기 때문이다. 따라서 김정희의 한예 학습은 평생 이어졌고, 추사체는 그 과정에서 탄생한 것이다.

〖 한예漢隷의 고증이 빚어낸 추사체 〗

김정희 자신은 추사체에 대한 전문적인 글을 남기지 않았지만 조면호趙冕鎬(1804~1887)[35]는 「완당예서변阮堂隷書辨」이란 글을 남겼다. 김정희의 예서를 이해하는 데 매우 중요한 글이다. 조면호는 1837년에 진사가 되었지만, 대과에는 합격하지 못했다. 공조참의를 거쳐 호조참판 등에 제수되었지만, 실제 관직 생활은 음직으로 순창군수淳昌郡守, 평양서윤平壤庶尹 등의 지방관을 역임했을 뿐이다.[36] 조면호는 김정

『십육장락당고기관지』의 봉면지 부분 정조의 수택본으로 표지 제첨은 김정희가 썼다. 수경실 소장

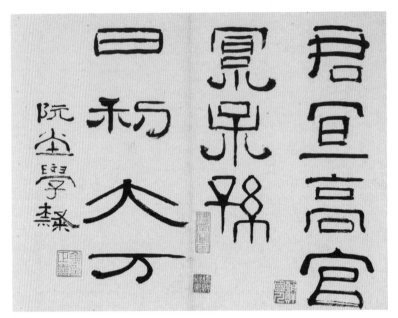

「**임한경명첩**臨漢鏡銘帖」 금문을 익히기 위해 쓴 김정희의 글씨이다. 국립중앙박물관 소장

희의 생질서甥姪壻로 조면호의 장인 이서가 김정희의 양부 김노영의
사위이다. 그러나 젊은 시절 조면호가 김정희의 문하에 출입한 흔적
은 찾을 수 없다. 조면호가 본격적으로 김정희를 종유한 것은 1850년
경부터다. 김정희는 제주도 유배에서 풀려나 서울로 돌아와 있었고,
조면호 역시 평양서윤에서 파직되어 집에 있으면서 교유가 시작된 것
으로 보인다. 이때 조면호는 김정희로부터 예서에 관해 집중적인 가
르침을 받았다. 김정희가 조면호에게 보낸 편지는 그런 정황을 알려
준다.

안영강광루雁影江光樓[37]의 예서 편액을 본 순간 우리나라에도 이런 기이한 작품이 있을 줄은 생각지도 못했습니다. 제 자신이 40년 동안 예서에 힘써왔다고 생각했는데, 저도 모르게 눈이 휘둥그레져 뒤로 물러서고 말았습니다. 자리 한쪽에 붙여놓고서 끝없이 칭찬하고 있습니다. 대개 예서의 서법은 서경西京(전한前漢 기원전 206~서기 8년)과 동경東京(후한後漢 서기 25~220년)의 차이가 있습니다. 서경의 글자는 구양수 때에는 보지 못했고, 송나라 유창劉敞이 동용명銅甬銘을 보면서부터 시작되었습니다. 그러나 그것은 전서였지 예서가 아니었습니다. 서경의 예서는 '오봉이년자五鳳二年字'(기원전 56년)와 '안족등雁足鐙'의 음각을 벗어나지 않는데, 이것도 구양수 이후에 발견되었으므로 구양수도 보지 못했습니다. 비석에 새긴 것은 없고, '원수경명元壽鏡銘'과 '황룡등黃龍鐙'의 글자와 양삭陽朔(기원전 24~기원전 21년), 홍가鴻嘉(기원전 20~기원전 17년), 원강元康(기원전 65~기원전 61년) 연간 등의 금문만이 모두 증명할 수 있습니다. 신망新莽(서기 9~서기 23년) 시대의 여러 금문과 석문 쪼가리 8~9종에도 서경의 법도가 남아 있는데 모두 파波가 없는 예서입니다. 동경 이후로는 파책波磔의 한 길이 점차 열렸습니다.

그러나 촉중蜀中[38]의 모든 석각들에는 오히려 서경의 옛 법이 남아 있습니다. 동경의 글자는 요즘에 통행되는 공림孔林의 여러 비碑와 하남河南, 낙양洛陽 등지에 남아 있는 여러 비인데, 모두 파波와 별撇(오른쪽 삐침과 왼쪽 삐침)이 분명합니다. 비록 「예기비」, 「공화비」 같이 아주 전아하고 창고蒼古한 것이라도 파가 있는 예서입니다. 예서에서 파가 없는 것을 귀하게 여기는 것은 바로 '여운이 다하지 않는다는 뜻(有餘不盡之意)'을 남겨두었기 때문인데, 이는 붓끝을 놀려 끌어 빼내는(弄剔挑拔) 파가 있는 것과는 같지 않으니, 고금의 차이가 아주 큽니다. 마치 추로椎輅(고대에 수레를 끌 수 있도록 멍에 위에 가로 댄 나무)와 상옥象玉(코끼리 모양의 옥)처럼 현격하게 다릅니다. 그런데 지금은 그 기이한 곳에 대해서만 '고법古法'이라고 하니, 이는 곧 자신을 속이고 남을 현혹시키는 데에 지나지 않습니다. 이 어찌 고금의 차이를 논하는 일이겠습니까?[39)]

이 편지에는 중국 예서의 변천 과정이 자세히 설명되어 있다. 아울러 조면호는 예서를 공부할 때 나아가야 할 방향을 명확히 제시해주고 있다. 특히 김정희는 예서의 '고법古法'이란 '파책波磔이 없는 글씨'를 가리킨다고 강조하고 있다. 즉, 그런 사실을 모르고 기이한 글씨가 '고법'이라고 착각하는 당시 현실을 우회적으로 비판하는 말이자, 자신의 글씨에 대한 변호라 할 수 있다. 또한 김정희의 예서관이 잘 나타나 있는 중요한 편지이다. 그러나 언제 썼는지 나타나 있지는 않은데, 조면호의 기록을 통해 추측해볼 수 있다.

내가 예서로 쓴 안영강광루雁影江光樓[40)] 글씨를 추옹秋翁께 여쭤본 지 5년 만에 추옹께서는 돌아가셨다.[41)]

제주도 유배에서 해배되어 서울로 돌아온 김정희는 1851년 7월에 다시 북청에 유배되었다가 1852년 8월에 돌아온다. 따라서 이 편지는 북청에 유배되기 전인 1851년에 조면호에게 보낸 것으로 보인다. 조면호가 김정희를 종유한 지 오래지 않아 보낸 것이다. 조면호가 이때부터 본격적으로 한예를 공부하기 시작했다는 것을 의미한다. 김정희가 사망한 뒤에도 조면호는 꿈에서 종종 만나곤 했다. 1860년 2월 15일에는 꿈에 김정희를 만난 감회를 시로 남겨놓았고,[42] 같은 해 12월에도 꿈에서 만나 대화하는 장면을 기록으로 남겨놓았다.[43]

조면호가 말했다. "고예는 점점 배우기 어렵다는 것을 알겠습니다. 이경二京의 법식은 횡橫도 할 수 있고, 책磔도 할 수 있지만, 졸박의 경지에 이르는 것은 어찌 2천 년 뒤의 사람이 임모한다고 터득할 수 있겠습니까?"

선생께서 말씀하셨다. "그렇다. 또 이상한 일이 있다. 내가 집짓는 사람을 보았더니 나이 든 장인匠人을 만나자 기뻐하며 '일을 망치지는 않겠구나'라고 하였고, 병을 치료하는 사람이 나이 든 의사를 만나자 기뻐하며 '약을 논할 수 있겠구나'라고 하였다. 그런데 유독 글씨만큼은 그렇지 않다. 나이 든 사람의 글씨를 보면 문득 기롱譏弄과 모욕을 그치지 않으니 참 웃기는구나."

서로 한바탕 크게 웃었다.[44]

이처럼 조면호는 김정희 사후에도 끊임없이 한예를 공부했으며, 김정희의 가르침을 바탕으로 졸박(꾸밈없이 소박함)의 경지에 이르기 위해 부단히 노력했던 것으로 보인다. 이는 김정희가 인정했던 눌인訥人 조광진曺匡振에 비견할 만하다. 젊은 시절 김정희는 조광진과 교유하며 자극을 많이 받았던 것처럼, 말년에는 조면호와 교유하며 자신이 평생 터득한 한예의 정수를 조면호에게 전수했던 것이다. 흥미로운 것은 조면호 역시 조광진의 글씨를 높게 평가하고, 그의 글씨를 아주 좋아했다는 점이다. 조면호는 5년 남짓 김정희를 종유하면서 김정희가 평생 연구한 한예의 정수를 가장 가까이에서 보고 익혔다. 하지만 김정희 사후에도 여전히 그의 글씨를 두고 여러 비판이 있었던 것으로 보인다. 대부분 김정희의 예서관을 이해하지 못한 데서 기인한 것이었다. 이에 조면호는 1863년에 김정희로부터 전해들은 예서에 관한 이야기를 정리하며 당시 김정희의 예서를 비판하던 사람들에 대해 김정희의 예서를 변호하는 글을 쓴다. 바로 「완당예서변」이다.

내가 이전에 송애松厓에서 병으로 쉬고 있을 때, 우연히 완당께서 예서 이야기하시는 것을 듣고 기뻐했다. 그러나 눈은 이미 어른어른하고 손가락은 쇠뭉치처럼 무거웠으니 그 안타까움이 어떠했겠는가? 그로부터 손가는 대로 한두 폭을 구하여 완옹께 질문을 드렸는데, 그 논평이 엄격했다. 나는 한편으로는 장님이 훌륭한 문장을 듣는 것 같았고, 한편으로는 귀머거리가 악보를 엮는 것 같았다. 절에서 설법하는데 여우가 참선할 수 없는 격이다. ……〔결락〕…… 이로부터 완옹께서 손수 하신 것을 많이 얻었고, 또한 한비漢碑 약간 본과 당인唐人들의 작품을 얻었다. 근대의 여러 서첩은 탁본을 만들면서 본모습을 잃었고, 가짜들이 눈을 어지럽혔다. 본디 약간의 지식으로 전체를 알 수 있는 것은 아니지만, 오히려 모방할 수는 있었다. 그 법의 뛰어남은 경험勁險(강하고 험악함)과 졸박에만 있는 것이 아니었고, 분간分間과 포백布白(점획의 배치 및 글자와 행의 공백)에만 있는 것도 아니었다. 바로 '일횡一橫(가로획)'이 그것이다. 흩어놓으면 309비를 포괄하였는데, 마치 조물주가 만물에 추가로 붙이는 것, 즉 기린의 뿔, 봉의 털, 낙타의 등, 닭의 벼슬과 같아 각각의 오묘함이 있었다. 그러니 풍만하든 날렵하든 장단(길이)과 비수肥瘦(필획의 굵고 가는 정도)가 한결같이 훌륭했다.[45]

예서의 시조는 정막程邈(자는 원잠元岑)이라 들었는데, 그의 원래 글씨는 세상에서 아직 보지 못했다. 제녕濟寧의 '주군장朱君長' 글자[46]와 곡부의 '오봉이년五鳳二年' 글자는 중엽의 혁혁한 작품이다. 「천발신참비天發神讖碑」와 「수선비受禪碑」가 나뉘어 두 개의 유파가 되었고, 여기서 흘러나와 여러 작가가 되었다. 그러므로 이경二京에는 이경의 서법이 있고, 제위齊魏에는 제위의 서법이 있으며, 한택목韓擇木과 채유린蔡有隣(당나라 사람으로 예서에 능했음)에 이르러서는 한택목과 채유린의 서법이 있는 것이다. 근래에는 등석여鄧石如(1743~1805) 또한 하나의 서법이 될 만하다. 그러니 완당의 서법 또한 자신이 가지고 있는 것으로 이 모두는 그가 터득한 서법을 그대로 드러낸 것이며, '일횡'으로 이루어지지 않은 게 없다. 이 또한 기린의 뿔, 봉의 털, 낙타의 등, 닭의 벼슬이 조물주의 오묘함에 속하는 것이다.

요즘 사람들이 완당의 예서를 기롱하며 '무법無法(법이 없다)'이라느니 '불순고不順古(옛것을 따르지 않는다)'라느니 하는데 참으로 무슨 이유에서 그런 것일까? 무법이라고 말하는 것은 내가 아는 바 아니고, '불순고'라는 것 또한 억지로 할 수 없는 것을 억지로 말하는 것이다. 한유와 유종원에게 『서경書經』을 짓게 하고, 두보와 이백에게 『시경』과 『초사』를 짓게 하며, 이옹李邕(678~747)의 '의사敧斜(삐뚜름한 것)'와 서호徐浩(703~782)의 '파언跛偃(비스듬히 누운 것)'으로 '역산비嶧山碑'를 쓰게 할 수 있겠는가? 이것은 시대상 억지로 할 수 없는 것이다. 그러니 후대 사람이 봐서 서법에 문제가 없다면 어느 부분이 불고不古이겠는가? 『시경』에 "비록 노성인老成人은 없어도 아직 전형典型은 있구나"라고 했는데, 이는 완옹의 '일횡'을 말한 것일 게다. 예스럽게 할 수 있는데 예스럽게 하지 않은 곳이 종종 있다.[47]

조면호는 김정희로부터 한예를 배우면서 점차 외형을 모방하는 정도까지 이르렀는데, 핵심은 서법의 강하고 험악함이나 졸박, 간격이나 포백에만 있는 것이 아니었다. 그것은 '일횡', 즉 '하나의 가로획'에 있었다. 일횡은 309비를 포괄하고 있었다. 조면호는 이를 조물주가 만물에 추가로 만들어 붙이는 것에 비유했다. 즉, 기린의 뿔, 봉의 털, 낙타의 등, 닭의 벼슬과 같은 것이라고 보았다. 일횡에 글자의 생명이 달려 있다고 본 것이다. 김정희 자신도 '일횡'에 대해 언급한 기록이 있다.

> 고예도 이와 같아서 한비漢碑에는 허화虛和(평화로움), 졸박, 흉험가외
> 凶險可畏(사납고 험악하여 두려움)의 모습이 있으나 근세 사람들의 얕고 작
> 은 식견으로는 오히려 문징명文徵明, 동기창董其昌의 한 획조차 쓸 수
> 없는데, 동경東京의 일파一波인들 어찌 쓰며, 서경西京의 일횡一橫인들
> 어찌 쓸 수 있겠는가?[48]

이 글을 보면 김정희 자신이 서한 예서의 특징을 '일횡'에서 찾았고,
동한 예서의 특징을 '일파'에서 찾았음을 알 수 있다. 따라서 서한의
고예를 그 귀숙처로 삼았던 김정희는 서한 예서에 보이는 '일횡'의 학
습을 최고의 가치로 여겼음을 알 수 있다. 조면호는 이러한 김정희의
말을 근거로 김정희 예서의 특징을 '일횡'에 두었던 것이다. 이어서 조
면호는 예서의 전변에 대해 이야기한다. 특히 제녕의 '주군장' 글자와
곡부의 '오봉이년' 글자를 아주 중요하게 언급하고 있다. 곡부의 '오봉
이년' 각석에 대해서는 석범石帆 서염순徐念淳(1800~1859)을 위해 탁본
에 쓴 김정희의 글이 남아 있다.[49] 그런데 제녕의 '주군장' 글자 이야
기는 김정희의 한예 관련 자료로는 처음 보는 것이다. 이에 대해 옹방
강이 기록을 남겨놓았다.

> 이 각자에는 시대가 나타나 있지 않다. 그러나 진짜 한예이다. 서세書

「주군장」 각자 탁본 소장처 미상

勢로써 시대가 자연히 정해진다.[50)]

이 글은 옹방강의 짧은 제발이며 '주군장' 각자 옆에 새겨져 있다.
이유원 또한 이에 관한 기록을 남겼다.

한나라 「주군장삼자석각朱君長三字石刻」은 옹방강이 "삼자三字 석각
에는 시대가 나타나 있지 않다. 그러나 진짜 한예이다. 서세로써 시대가
자연히 정해진다"고 했다. 건륭 57년 4월에 전당錢塘 사람 황역黃易이
양성산兩城山 아래에서 찾아냈는데, 한나라의 석각이라는 것을 알아보
고 제녕의 주학州學에다 옮겨 세웠다.

조면호가 쓴 「주군장」 수경실 소장

이 기록은 옹방강의 문집에도 실려 있으며, 김정희도 이 글자를 일찍부터 알고 있었던 것으로 보인다. 다음 글은 한비에 관한 것인데 여기에 제녕에 관한 언급이 있다.

지금 한비 중에 현존하는 것은 겨우 40종이다. 또 잔금영전殘金零博중에서 모추摹追할 만한 것은 촉천蜀川과 서로 통하며, 곡부, 제녕 이외에는 괴기함을 형언할 수 없다. 마치 『공양전公羊傳』의 아주 괴이한 것을 『좌씨전』에만 익숙한 사람이 엿볼 수 없는 것과 같다. 이 때문에 의심이 심한 경우에는 묶어서 시렁에 올려놓기만 한다. 이것은 비록 하나의 소도小道이지만 그 어려움은 이와 같아서 쉽게 말할 수 없다.[51]

이 글을 보면 곡부, 제녕이란 언급밖에 없어 무엇을 지칭하는지 명확하지 않다. 그러나 조면호의 「완당예서변」을 통해 제녕의 '주군장' 글자와 곡부의 '오봉이년' 글자를 지칭한다는 사실을 알 수 있다. 조면호가 쓴 '주군장' 글자가 남아 있는데, 여기에는 '제녕자학작 염濟寧字學作 髯'이라는 관지가 있다. 김정희가 한예 석각의 대표작으로 '주군장' 글자를 중시했고, 조면호 역시 그런 김정희의 가르침을 그대로 수용했던 것이다. 또 중요한 것은 「천발신참비」와 「수선비」가 나뉘어 두 개의 유파가 되고, 여기서 흘러나와 여러 작가가 되었다는 언급이다. 「천발신참비」는 「천새기공비天璽紀功碑」라고도 불리는데, 삼국 시대 오吳나라 천새天璽 원년(276)에 세웠다. 황상皇象의 글씨로 전해오는

「천발신참비」 탁본 소장처 미상

데 고증할 길이 없다. 글자는 전서와 예서의 모습을 함께 지니고 있으며, 수필收筆이 뾰족하고 필법과 체세體勢가 아주 독특하다. 김정희가 한예를 임모한 글자 중에는 「천발신참비」의 자형을 따른 경우도 있어 「천발신참비」의 영향을 많이 받은 것으로 보이는데, 문집에서는 이에 관한 기록을 찾을 수 없다. 따라서 조면호의 이 기록은 김정희 예서의 변화를 살피는 데 중요한 근거가 된다. 「수선비」에 대해서는 김정희의 다음 기록이 있다.

한예는 비록 환제桓帝와 영제靈帝의 말기에 만들어졌더라도 위예魏隷
와는 크게 달라 경계선을 그어 놓은 것 같다. 「수선비」는 바로 위예이다.
순전히 방정함을 취하여 이미 당예唐隷의 조짐을 열어놓았다.[52]

한예와 위예의 차이가 현격함을 설명하고 있다. 위예에서 이미 당
예의 조짐이 나타나기 때문에 「수선비」는 예서의 전변 과정에서 중요
한 위치를 차지한다. 조면호는 김정희의 이런 논의를 정리한 친필의
글귀를 남겼다.

예서에는 두 개의 유파가 있는데, 북파는 「수선비」를 위주로 하며, 남
파는 「천발신참비」를 위주로 한다.[53]

완원의 '남북서파론'과 '북비남첩론'을 이은 '예유남북론隷有南北論'
이라 할 만하다. 이는 한예를 고증적으로 연구한 김정희가 내린 결론
이라 할 수 있다. 이 때문에 조면호는 한예의 뒤를 이은 위예로부터
청의 등석여에 이르기까지 그 과정을 설명하고, 끝에 김정희의 이름
을 올려놓았던 것이다.

마지막으로 조면호는 당시 사람들이 김정희의 예서를 비판하는 풍
조에 대해 반박하고 있다. 당시 김정희의 글씨를 두고 '무법(법이 없다)'
과 '불순고(옛것을 따르지 않는다)'의 두 가지 비판이 있었다고 한다. 하지
만 조면호는 그러한 비판들이 근거 없음을 말하고 김정희의 글씨야말

로 당대 최고의 글씨임을 다시 한 번 주장한다. 그리고 그것은 '일획'에 기인한 것임을 강조하고 있다. 바로 김정희 서법 고증의 정수라 할 것이다. 이는 추사체의 특징 중 하나이기도 하다.

주

1장

1) 『光海君日記』, 光海君 1년 4월 17일. 遠接使貽書于臣曰, "天使要得金生所書榮川白月碑甚懇曰, '萬軍門使貴國時, 印此本以去, 眞天下絶寶也.'云. 天使如是懇求, 不可不應副." 所謂白月碑, 未知果在榮川, 請下諭于慶尙監司, 道內金生所書印來, 竝爲印送, 而白月碑則三四件爲先精印, 急急上送爲當.

2) 『光海君日記』, 光海君 1년 4월 28일. 昨日詔使前呈納金生書白月碑印本五件, 則詔使曰, '極好. 且聞貴國有麟角碑云, 願速印畫.' 臣等曰, '此碑南方極遠之地, 恐未及趁時印來也.' 詔使曰, '雖追送於西路不妨'云. 此碑乃是慶尙道義興縣所在也. 請以此意下諭于慶尙監司, 使之圖晝夜印送爲當.

3) 李睟光, 「宮室部」「寺刹」『芝峯類說』권19. 義興麟角寺碑, 卽王羲之書, 榮川白月寺碑, 卽金生書也. 頃年朱梁天使及熊天使, 皆搨取以去, 中朝人博聞好古如此. 其謂王羲之書者, 蓋集字爲之者也.

4) 陳繼儒, 『巖棲幽事』. 衰訪古帖, 置之几上, 其益有五, 消永日, 汰俗情, 一益也. 分別六書宗派, 二益也. 多識古文奇字, 三益也. 先賢風流韻態, 如在筆端, 且可以搜其遺行逸籍. 交游宅墓, 四益也. 不必鉤摹, 日與聚首, 如熏修法, 自然得解, 五益也.

5) 陳繼儒, 『巖棲幽事』. 以金石鼎彝竹簡之古文, 可以正六書, 以六書之字畫, 尙可正六經之訛字.

6) 陳繼儒, 『巖棲幽事』. 經史子集, 以辭相傳, 而碑刻則幷古人手迹以存, 故好古尙友之士, 相与共訪而傳之.

7) 朱熹, 「家藏石刻序」『晦庵先生朱文公文集』권75. 予少好古金石文字, 家貧不能有其書, 獨時時取歐陽子所集錄, 觀其序跋辨證之辭以爲樂. 遇適意時, 恍然若手摩挲其金石而目了其文字也. 旣又悵然自恨身貧賤苦處屛遠, 弗能盡致所欲得如公之爲者, 或寢食不怡竟日. 來泉南又得東武趙氏金石錄, 觀之大略如歐陽子書. 然銓序益條理, 考證益精博, 予心亦益好之. 於是, 始胠其橐, 得故先子時所藏與熹後所增益者, 凡數十種, 雖不多, 要皆奇古可玩, 悉加標飾, 因其刻石大小施

横軸, 懸之壁間.

8) 朱熹,「題歐陽公金石錄序眞蹟」『晦庵先生朱文公文集』권82;「書歐陽文忠公集古錄跋尾後」『晦庵先生朱文公文集』권82.

9) 이전의 모든 글에서는 낭서군의 저술로 이야기하고 있지만, 저자는 낭원군의 저술로 고증했다(필자 박사학위 논문 참조).

10) 成俔,『慵齋叢話』권4.

11) 安鼎福,「考異」「新羅眞興王定界碑」『東史綱目』附卷.

12) 박철상,「조선금석학사에서 유득공의 위상」『대동한문학』27집(대동한문학회, 2007) 73~74쪽.

13) 金南馨 역,「書訣前編」『서예비평』187쪽 참조. 學者須依右軍已行之轍, 先於衆碑學習, 欲習衆碑, 先知其優劣, 乃不誤用功.

14) 金正喜,「與申威堂」3『阮堂先生全集』권2. 如近篆隷諸家, 但就其原本, 謄過一通, 而何嘗有考究於羽翼經史, 與分隷同異偏旁流變者也.

15) 郭名詢,「淸代金石學與書法文化的繁榮」『南昌大學學報』34卷(第1期, 2003) 82쪽.

16) 비문을 판독한 다음 내용만 기록해놓으면 비석의 형태를 알 수 없기 때문에 비석의 형태대로 표기한 것이다. 특히 깨진 비석의 경우 비석의 내용과 형태를 확인하는데 아주 유용하다.

2장

1) 柳得恭, '劉阮二太史'「熱河紀行詩註」『雪岫外史』외 2종(서벽외사해외수일본10, 아세아문화사, 1986). "余在館中, 二人同車而來, 徘徊庭除, 無人酬接, 怊悵欲返. 余請至炕上, 與語皆名士也. 云'去歲俱以庶吉士, 在間壁與使臣相識, 去歲人胡無一人來者乎?' 余: 曰'未必再來.' 阮伯元著有『車制考』, 紀大宗伯亟稱其考據精詳, 余擧而言之則, 伯元色喜, 請見余詩集. 余辭以熊翰林處有一本, 惜無見在者. 伯元: 曰'往彼當索觀.'"

2) 김영진,「유득공의 생애와 교유, 年譜」『문헌과해석』29호(문헌과해석사, 2004. 12.) 215~246쪽.

3)「駕洛國」"東人只見, 高麗僧所撰古記, 不復考證諸史, 故三韓以前, 盡屬草昧, 可歎."

4) 柳得恭,『二十一都懷古詩』목판본.

5) 柳得恭,『冷齋書種』권5(수경실 소장, 필사본).

6) 柳得恭,『冷齋書種』권5(수경실 소장, 필사본).

7) 柳得恭,『冷齋書種』권3(수경실 소장, 필사본).

8) 柳得恭, 「羅麗古碑」 『古芸堂筆記』 권6(『雪岫外史』에 합편 수록, 아세아문화사, 1986) 216~222쪽.

9) 柳得恭, 『二十一都懷古詩』 목판본.

10) 柳得恭, 『泠齋書種』 권3(수경실 소장, 필사본).

11) 柳得恭, 『泠齋書種』 권5(수경실 소장, 필사본).

12) 柳得恭, 『泠齋書種』 권5(수경실 소장, 필사본).

13) 편자 미상, 「日東異聞」 『强懶代筆』(서벽외사해외수일본12, 아세아문화사, 1985).

14) 김윤조 선생님은 「『고운당필기』 연구」(『大東漢文學』 26집, 대동한문학회, 2007. 6.)에서 국내외의 각 도서관에 소장된 『고운당필기』의 여러 이본을 검토했다.

15) "徐五如承旨以成川府使休暇歸. 余訪之出方寸玉一片示之羊脂色雙螭首一面刻山水平橋漁舟遠塔微微可辨, 一面刻詩云, 綠莎白石滿河洲, 渺渺平沙帶淺流, 紅樹靑山無路入, 行春橋畔覓漁舟. 小印文曰子剛, 問安所得此, 曰近年府民耕田拾得獻于府府使之子戀妓一枝紅與使佩之, 後歸邑子某故, 以重價取之云, 詩情畵意俱極縹緲, 刻法又妙, 必是中國物. 但未知子剛之爲何代人, 以待後查."

16) 이 조목은 천리대학교 소장 『고운당필기』와 수경실 소장 『泠齋書種』 중 일부인 「고운당필기」에만 수록되어 있다.

17) "乙巳年間, 長湍府人, 於山谷間得石一片, 刻云, '新羅敬順王金溥第四子, 侍中侍郞, 有高麗平章事, 殷說, 卒于戊辰三月初四日. 己丑, 葬于城北十里鍾巖下, 五龍山南麓, 雙龍合金壬坐之原. 兄則鎰, 次湟, 次鳴鍾, 弟曰重錫, 曰鍵, 曰鎌, 曰鍾. 子江陵君泰華, 後其子孫者, 或有昭考之意, 采誌於自墓上正北五步之地.' 凡一百二字, 字體端正, 石色如玉, 近千年物也. 大家宰金公, 爲殷說後, 從湍民得之, 搨藏一本, 埋其石."

18) 이 묘지명에 관한 내용은 김용선 교수의 『역주 고려묘지명집성』(상)(한림대학교, 2006)에 상세하다.

19) 무진戊辰년은 968년이다. 이 해 3월 초4일의 간지는 '정해丁亥'이다. '기축己丑'은 초6일이다. 김용선 교수는 이 사실을 인지하고 있었지만 '己丑'을 초4일의 간지로 풀이했다(『역주고려묘지명집성』(상), 한림대학교, 2006). 그러나 필자는 己丑을 989년의 간지로 풀이한다. 묘지명에 아들까지만 나타나 있어 죽은 지 오랜 후에 만들어진 것으로 보기는 어렵기 때문이다. 특히 마지막 부분의 기록은 이 묘지명이 김부金溥가 죽고 나서 한참 뒤에 만들어졌을 것이라는 추정을 가능케 한다.

20) 규장각에 탁본이 소장되어 있다.

21) 柳得恭, '羅麗古碑'「古芸堂筆記」『雪岫外史』외 2종(서벽외사해외수일본, 아세아문화사, 1986) 216~222쪽.

22) 원문은 생략한다.

23) 이 조목은 천리대학교 소장 『고운당필기』와 수경실 소장 『冷齋書種』 중 일부인 「고운당필기」에만 수록되어 있다.

24) "原州建登山興法寺碑, 高麗太祖撰, 崔光胤集唐太宗書. 李益齋所稱, 辭意雄深偉儷, 如幺圭赤鳥, 揖讓廊廟, 字大小眞行相間, 鸞飄鳳泊, 氣呑象外者是也. 後移置州廨有一守, 以俗忌投溝中, 折爲二段, 崔光胤官稱字, 滅不可考. 廣州慧目山高達院, 國師慧眞塔碑, 高麗光祿大夫, 太丞翰林學士, 内奉令, 前禮部使參知政事, 監修國史, 金廷彦撰, 奉議郎伊尹前軍部卿兼内議承旨舍人, 張端說書, 八年立. 右二碑, 甲辰四月浴佛日, 摘文院中監."

25) 柳本學, 『問庵集』(국립중앙도서관 소장, 필사본). "癸酉夏五小蓬萊學人大醉一讀"

26) 柳本學, 「翁星原手刻小印歌」『問庵集』.

27) 졸고, 「유득공의 賜書樓와 추사」『문헌과해석』29호(문헌과해석사, 2004. 12.) 247~257쪽.

28) 당시 서적의 유통 행태와도 관련이 있다. 당시 서적은 철저하게 교유 인물들 사이에서만 유통되었다. 동일한 교유 그룹에 속해 있지 않던 사람이 다른 사람의 책을 구해보기는 매우 어려웠다. 특히 북학과 지식인들의 저작은 대부분 간행되지 않았기 때문에 그 유통에 더욱 한계가 있었다. 유득공의 저작도 대표적 사례라 할 수 있다. 그런 면에서 볼 때 추사 김정희만큼 유득공의 저작에 접근할 수 있는 인물도 많지 않았을 것이다.

29) 今西龍도 자신의 논문 「신라진흥왕순수관경비고」『朝鮮金石瑣談』(아세아문화사, 1979)에서 그 방법론을 인정했으며, 그 밖의 학자들도 김정희의 주장을 탁견으로 받아들인다.

30) 柳得恭, 「四郡志」『冷齋書種』(수경실 소장, 필사본). "案東史眞興王名彡麥宗, 意或以名爲謚, 別有小名, 眞平亦然."

31) 柳得恭, '結'「古芸堂筆記」『雪岫外史』외 2종(서벽외사해외수일본, 아세아문화사, 1986) 391~392쪽.

32) 金正喜, 「聞慶智證大師碑」『海東碑攷』(수경실 소장, 필사본). "我國量田之法, 以百尺爲一負, 百負爲一結, 其法未知始於何時, 董越『朝鮮賦』云: '田賦以結代畝, 牛耕四日者, 纔收斗之租' 是也. 此碑云: '捨莊十二區田五百結', 則自新羅時田已稱結也."

33) 洪良浩, 『耳溪集』권16. 「題新羅文武王陵碑」「題新羅太宗王陵碑」「題新羅眞興王北巡碑」「題麟角寺碑」「題鍪藏寺碑」「題金角干碑」「題白月碑」「題平濟塔」 등이 실려 있다.

34) 金正喜, 「慶州文武王碑」『海東碑攷』(수경실 소장, 필사본).

35) 徐有榘,「東國金石」『怡雲志』권5『林園十六志』제6권(서울대학교고전총서 4집 영인본, 1966).

3장

1) 藤塚鄰 著 · 박희영 역,『추사 김정희 또 다른 얼굴』(아카데미하우스, 1994) 201쪽 인용.

2)『秋史筆談書帖』(개인 소장, 복사본). 翁覃溪先生無恙之. 兄生常識否? 常識. 今朝卽在翁處略談. 翁處在那里. 此人不甚肯見生客. 寓卽在此間不半里許. 其可相見與否未可知也. 且亦多病. 容緩詢之. 天下豈有生客, 一見便熟.

3)『秋史筆談書帖』(개인 소장, 복사본). 先生以翁公爲何如人? 博學多讀古書之人. 他書法甚古雅, 余甚慕之. 伊不肯爲人作書久矣, 容緩圖之. 今次非要索書, 鄙多藏伊書跡. 他今年幾何? 想踰八耋矣. 七十八.

4)『秋史筆談書帖』(개인 소장, 복사본). 僕頗喜讀書, 於經說尤有苦心. 今行逢阮云臺先生, 及翁覃溪先生, 略有所發蒙開晦者, 而行期甚迫, 未能盡其蘊, 甚可歎也. 覃溪老用力於詩文, 芸臺則於著述頗富. 覃老經術以漢學參之宋儒, 頗持公平之論云. 云臺專尙漢學, 精確明通, 聞兩先生談論心窾, 有鍼孔明耳.

5)『추사 김정희: 학예일치의 경지』도록, 국립중앙박물관(통천문화사, 2006. 9.) 208쪽 인용. 余之瓣香在於蘇齋老人. 今雲卿庚兄赴燕, 喩以此義, 仍囑叩謁, 又接問津之舊緣耳.

6)「옹수곤이 홍현주에게 보낸 편지」(개인 소장, 복사본). 앞의 후지쓰카 지카시 책에는 내용이 요약되어 실려 있는데(藤塚鄰 著 · 박희영 역,『추사 김정희 또 다른 얼굴』, 아카데미하우스, 1994. 185쪽 참조), 별도로 전하는 필사본에는 원문 전문이 실려 있어 이를 참조했다. 今使行臺申紫霞先生, 以書狀官入都, 來訪蘇齋, 讀先生札, 中謂紫霞文詞翰繪, 有大名於海隅, 卽金秋史庚兄與東方知名之士, 凡與僕有夙面者, 皆交口稱譽之. 僕始以爲衆好必察, 可得眞品, 及與紫霞先生握手成歡, 一見恨晩, 如舊相識, 雖古人投紵之密, 傾蓋之深, 無以過之. 始信秋史諸友人所言非許譽, 益見先生之取友必端也. 金秋史與僕同庚, 凡名彦與僕晉接者, 皆因秋史一人耳. 僕嘗謂五倫之內不可無良友, 良友之內不可無秋史. 人生至難之境, 有不可對骨肉言者. 惟對我良友, 無不可披肺肝而如銘鐵石也.

7) 원문에는 '澔'로 되어 있으나 '浩'로 바로잡는다.

8)『후지츠카의 추사연구자료』(후지츠카 기증 추사자료전Ⅲ, 과천문화원, 2008. 11. 2). 149~150쪽 인용. 東國碑刻, 擧所見聞者, 如唐文皇半折碑, 集唐太宗書, 高麗太祖王製文, 此卽是「興法寺碑」否? 新羅石南山碑, 金生書, 碑在百濟故都, 卽是「白月碑」否?「新羅眞鑑禪師碑」崔致遠

書.「平百濟塔」有洪良洞跋.「劉仁願碑」賀遂良撰, 權懷素書. 凡碑無論新舊大小, 摠以撰書人名爲第一要義. 每一碑, 共幾行, 每行幾字, 世人每於碑有字泐石缺處, 輒惜紙墨不肯全搨. 豈知石有缺殘處, 正字有關考訂處? 其製自何年, 昉於何事, 能詳錄顚末, 則更爲眞切矣.

9) 『후지츠카의 추사연구자료』(후지츠카 기증 추사자료전Ⅲ, 과천문화원, 2008. 11. 2.) 150~151쪽 인용. 此外有何碑刻書卷及金石文字鼎彝篆摘有裨於攷定者, 乞廣爲搜羅, 寛好手精搨. 先以淨水拭去石上砂土淤泥, 再鋪極薄之紙, 以淺墨拓之, 并求多搨善本, 密封惠寄, 以公同好. 東方後起者, 漸知攷蕆金石, 校勘訓詁, 未始非我二人倡之也. 夙知吾兄殫心風雅, 此事必當獨任爲善, 必勇幸勿緩濡耳. 此事如紫霞秋史與心契嗜古之良友, 皆可同商.

10) 藤塚鄰 著 · 박희영 역, 앞의 책, 188쪽 인용.

11) 藤塚鄰 著 · 박희영 역, 앞의 책, 221쪽 참조.

12) 藤塚鄰 著 · 박희영 역, 앞의 책, 188쪽 인용.

13) 藤塚鄰 著 · 박희영 역, 앞의 책, 191쪽 인용.

14) 藤塚鄰 著 · 박희영 역, 앞의 책, 192쪽 인용.

15) 藤塚鄰 著 · 박희영 역, 앞의 책, 193쪽 인용.

16) 藤塚鄰 著 · 박희영 역, 앞의 책, 194쪽 인용.

17) 藤塚鄰 著 · 박희영 역, 앞의 책, 182쪽 인용.

18) 藤塚鄰 著 · 박희영 역, 앞의 책, 183쪽 인용.

19) 藤塚鄰 著 · 박희영 역, 앞의 책, 183쪽 인용.

20) 2015년 2월 16일 국외소재문화재재단을 통해 알려졌고 일간지와 방송에도 보도되었다.

21) "此書全部共八函. 自癸酉臘月朔借來, 與小齋藏本互校, 至甲戌上巳後五日始畢, 留於案頭, 凡百有八日. 想見鄭侯挿架三萬軸, 非專精涉獵者, 正未敢輕言嗜古也. 大興翁樹崐識 [北平] [星原賞觀]"

22) 藤塚鄰 著 · 박희영 역, 앞의 책, 185쪽 인용.

23) 『秋史筆談書帖』(개인 소장, 복사본). 妙香碑考證, 明確宏博, 顧朱閻胡之所不能說到者也.『麗史』, 果國中絶罕. 弟家所藏, 亦未得全. 玆先鈔第○○○卷奉呈, 外此借鈔於南人處, 姑未還. 明秋憲使去時, 優可付呈. 鄭麟趾本末, 係是 莊憲王時人, 而人品極不好, 靖國時不恩於舊君, 且其史多有誣實, 以「國恤篇」之見獎於朱竹垞者, 以竹垞之猶不得詳此史之事實也. 其一失實, 其一蕪穢, 其一設略, 其一誤筆. 弟欲擬作『高麗史糾誤』, 而未及成書. 如麗末忠臣, 皆已入於本朝, 此意何在? 如弟之先祖, 有桑村先生, 諱○○, 殞於麗末, 當時有輓之者: 曰'有孝有忠難, 有忠有孝難.' 先祖又有孝行廬墓碑, 卽其族孝者, 故詩人之云云, 卽此也. 觀此一段, 可推其二, 又如李

通郵者, 卒於麗亡前幾年, 而又云入於本朝者, 寧非可笑者耶? 東國文獻, 經壬辰倭亂, 如中國之靖康, 書厄無一餘存. 此書之存者, 皆壬辰以前本也. 是故, 散落無完本, 藏完本者, 纔數三家. 如兄所錄, 東方諸書, 皆麗代書籍, 而兵燹亡失無存. 麗代書之尙留者, 不四五本, 亦皆文人詩集而已. 斷爛文字, 惟殘金零石, 可徵典刑, 可哀也. 雖金石言之, 倭人皆椎碎, 或善本則輦歸其國, 如「興法寺碑」, 亦入輦歸中, 而中路誤折其半, 遂棄之而去. 「新羅太宗碑」「劉仁願碑」, 亦椎碎其半.(今之所餘唯篆額而已) 按之可悉也. 嘗見『復初集』內「晉祠銘絶句」, 有'新羅一本大洋東'者, 以指興法碑也. 未知的確否?

24) 洪良浩, 「題原州半折碑」『耳溪集』권16. 原州靈鳳山半折碑, 卽高麗太祖御製詞, 臣崔光胤奉敎集唐文皇帝書者也. 萬曆壬辰之亂, 倭奴車載以東, 到竹嶺, 碑斷爲二, 乃挈其半而去. 亂定, 關東守臣曳還于原州, 遂稱半折碑. 余搨來一本, 觀其筆畫, 豪壯奇崫, 眞天人之跡也. 嘗聞文皇最愛右軍書, 今是帖深得三藏之法, 而脫出羈絆, 如天馬之遊空, 非操毫家所可仿像也. 雖以島夷之蠢, 亦知愛重, 至於偸載以去, 不憚千勻之重, 萬里之遠, 所謂奴隷亦知其爲瑞也. 幸其半尙留東方, 殆造物者相之歟. 余觀唐本「淳化帖」, 多載文皇書, 而皆經屢翻, 離其眞遠矣. 惟是碑, 獨傳千年舊刻, 求之中國, 亦難得矣. 雖謂之天下寶跡, 可也. 異日中國有求東方古蹟, 則盍以是應之乎?

25) 藤塚鄰 著 · 박희영 역, 181쪽 인용.

26) 藤塚鄰 著 · 박희영 역, 181쪽 인용.

27) 고려대학교 화산문고에 소장되어 있으며 김영진 교수를 통해 입수했다.

28) 翁樹崐, 『平百濟塔碑』(고려대학교 화산문고 소장, 필사본). 此碑家君有題跋, 另紙摹寄, 詳覽可悉. 附入家君札內.

29) 波磔은 서법에서 오른쪽 아래로 누르며 빼는 획을 가리킨다. 왼쪽으로 삐치는 획을 '波', 오른쪽으로 누르며 빼는 획을 '磔'이라 하기도 한다.

30) 金正喜, 「送稷山使君」『阮堂先生全集』권9.

31) 張維, 「弘慶寺碑和畸翁韻」『谿谷先生集』25권.

32) 「稷山縣」조 『新增東國輿地勝覽』권16.

33) 徐有榘, 『林園十六志』(서울대학교 고전총서 4집 영인본, 1966).

34) 박현규, 「해동금석문의 신자료인 청 翁樹崑 『碑目瑣記』에 대하여」『季刊書誌學報』20(한국서지학회, 1997).

35) 서문의 원문이 앞의 박현규 교수 논문에 실려 있어 번역했다. 원문은 다음과 같다. 此册爲蘇齋嗣君樹崐星源先生札記, 皆東國金石書籍. 若欲有所著者, 而未竟者也. 道光初, 得之故紙中,

歷卅年, 巾箱貯之未失. 比是諸城劉燕庭方伯所輯『朝鮮金石志』, 視此收羅較多, 而引證書則若

不逮. 因知星源當年用力之勤, 益不令就堙泯, 亟裝爲册存之.

36) 藤塚鄰 著‧박희영 역, 앞의 책, 204~205쪽 인용.

37) 과천문화원에서 2010년에 간행한『海東金石零記』참조.

38) 박현규,「『해동금석영기』의 저자와 실상」『대동한문학』35집(대동한문학회, 2011) 395~
    400쪽.

39) 係新羅太宗金諱春秋碑, 在慶州[卽鷄林], 金仁問篆. 原碑爲明萬曆壬辰倭奴所推碎, 唯此篆額而
    已. 三國史[金富軾著]新羅神文王十二年, 唐中宗遣使口勅曰, '我太祖文皇帝, 神功聖德, 超出
    千古, 故上仙之日, 廟號太宗, 汝國先王金春秋, 與之同號, 太爲僭越, 須急改稱.' 王與群臣, 同
    議對曰, '小國先王, 春秋諡號, 偶與聖祖廟號相犯, 勅令改之, 臣敢不惟命. 然念先王春秋, 頗有
    賢德, 況生前得良臣金庚信, 同心爲政, 一統三韓, 其爲功業, 不爲不多. 捐館之日, 一國臣民, 不
    勝哀慕, 追尊之號, 不覺與聖祖相犯. 今聞敎勅, 不勝恐懼, 伏望使臣, 復命闕庭, 以此上聞.' 後
    更無別勅. 此額亦爲東方最古之篆. 筆在擴斯之間, 塔原碑推碎, 未能快讀, 使人想見羊薄以前
    耳. 秋史原跋.

40) 碑在慶尙道慶州, 卽鷄林也. 秋史.

41) 秋史原跋云, 鐘係新羅古製, 寺今廢, 移懸於慶州南門外, 字多漫減不可考, 爲翰林金弼奚文. 以
    上秋史.

42) 高麗姜邯瓚建幷自記. 瓚字, 高麗史作贊, 此又見麗史之訛謬. 今在高麗舊都. 秋史.
    高麗興國寺塔銘, 在高麗故都, 姜邯瓚建, 姜公遺迹, 祇此塔而已. 瓚字, 高麗史作贊, 此又糾誤
    處耳. 秋史.

43) 兄所云缺前十二頁者, 弟未知何謂也. 此碑係前後面, 前爲閔漬撰, 後爲釋山立述, 此碑亦遭推
    碎, 今之所餘祇此. 弟略正其第次, 且正洪耳溪不分前後淆亂失次之誤, 一一覽正. 碑今在義興
    縣. 耳溪但知閔漬撰, 不攷後面之爲山立述, 所以不分前後淆亂無次. 秋史
    此碑有前後面, 此一段係前段, 高麗閔漬撰, 集右軍字, 此則有直格絲闌, 後段則無. 曾見洪耳溪
    家藏本, 淆亂無次, 不分前後. 耳溪未能攷正者也. 秋史.

44) 新羅太師金庚信墓碑, 係後人追建, 非羅碑也. 秋史.

45) 卽弟之先祖, 麗末立節, 此碑又以孝行建於廬墓處, 諱舊稱子, 後改自, 麗史以初諱入錄, 此又麗
    史之可正處耳. 碑在安東府, 至今廬墓之遺址尙存.

46) 楊州僧伽窟石佛後石扇背後刻, 窟深黑極難拓, 前後海東金石家無說及此者. 秋史.

47) 秋史云, 文多漫減不可考.

48) 翁方綱의 『復初齋文集』에 실려 있다.

49) 翁方綱, 『蘇齋筆記』권6(고전간행회 영인본, 1933). 凡位事爲學, 皆宜揭'不作無益'四字於坐右. 卽以著錄金石一端言之, 必視其事其文其蹟, 於我有益而後用力焉, 可也. 且如考碑, 足以證史, 固也. 苟其關繫治亂大局出處大節, 因考一碑以補史所未及, 雖千百言詳辨, 非虛設也. 若其偶一人之歷官歲月, 與史不合, 偶一家之世系與前後, 史不相應者, 亦視其關繫致證前後大局重輕若何. 若因此記載偶誤一改正, 而有補於其人其書, 則詳考之可也. 若其都無大關涉, 則古今刻石之文, 搉扗互異者, 不知凡幾, 豈其必逐所見, 皆訂正之.

4장

1) 『秋史金正喜名作展』(예술의전당, 1992) 78쪽 인용. "朝來頗覺晴好, 伏惟動定萬重. 明日之約, 果欲何以料理耶? 弟意則無如上僧伽尋碑, 并以玩月矣. 未知如何? 過明日以往, 弟亦有故耳. 然先令未知其必諧矣. 不宣."

2) 金正喜, 「眞興二碑攷」『阮堂先生全集』권1. 此碑人無知者, 誤稱妖僧無學枉尋到此之碑. 嘉慶丙子秋, 余與金君敬淵游僧伽寺, 仍觀此碑. 碑面苦厚, 若無字. 然, 以手捫之, 似有字形, 不止漫缺之痕也. 且其時日薄苦面, 映而視之, 苔隨字入, 折波漫撇, 依俙得之, 試以紙拓出也, 體與黃草碑酷相似. 第一行眞興之眞字稍漫, 而婁拓視之, 其爲眞字無疑也. 遂定爲眞興古碑, 千二百年古蹟, 一朝大明, 辨破無學碑弔詭之說. 金石之學, 有補於世, 乃如是也. 是豈吾輩一金石因緣而止也哉.

3) 金正喜, 「與趙雲石寅永」『阮堂先生全集』권2. 風雨懷人, 無以遣情, 兄作何思, 鍵戶獨居. 再取碑峰古碑, 反履細閱, 第一行眞興太王下二字, 初以爲九年矣, 非九年, 乃巡狩二字. 又其下似臣字者, 非臣字, 乃管字, 管字下依俙是境字, 統而合之, 爲眞興太王巡狩管境八字也. 此例已見於咸興草芳院北巡碑, 第七行道人二字, 又與草芳院碑之時隨駕沙門道人之言, 脗合不誤. 又第八行有南川二字, 此二字爲此碑故實之十分肯綮處也. 眞興王二十九年, 廢北漢山州, 置南川州, 此當在二十九年以後所立, 非十六年巡幸北漢山州, 拓定封疆時所立也. 又第九行大智及干未智六字, 與草芳碑之錄隨駕諸人官爵姓名相合. 夫智及干未智六字, 似是官名與人名, 而未知何者爲官名, 何者爲人名也. 史之職官, 舊多闕文, 亦不得詳證, 而大抵與草芳碑同時所立則的確, 若於眞興生時則不敢的證. 然, 眞平王二十六年, 廢南川州, 還置北漢山州, 則此碑之立, 在眞平二十六年以前, 又明矣. 自眞興二十九年置南川州以後, 至眞平王二十六年, 爲三十八年之間, 而草芳碑今始考之, 則其在眞智王時, 何以知眞智王時也. 眞智眞興之子也, 眞智時以居漆夫爲上大等, 草芳

328

碑隨駕沙門道人法藏慧忽二人之下, 有○等居等字, 弟所見本, 爲蠹鼠所傷, 上缺字遂無之, 他本則必有之, 而其爲大字左撇無疑. 下缺字上半, 則是原缺, 而其爲漆字上頭無疑. 居漆夫爲上大等時, 在眞智元年, 眞智亨國四年, 而眞平繼立, 元年八月, 以伊飡弩里夫爲上大等, 則居漆夫之在上大等時, 卽眞智四年之間. 然則草芳碑亦非眞興時所立, 卽眞智時所立, 而眞智又曾北狩矣. 眞智北狩, 史無所考, 而史之所載地理, 不過比列忽, 而以草芳碑, 知比列忽以北二百里, 又折入新羅輿圖. 眞智北狩, 史無所考, 以此居漆夫隨駕言之, 則眞智又嘗北狩無疑矣. 二碑文字, 多有相同處, 則其同時所立的確, 而亦似並在眞智王時也. 未知如何.

4) 趙寅永, 「僧伽寺訪碑記」『雲石遺稿』권10. 北漢之南, 有僧伽寺, 其上峰曰碑峰, 自京師雲從街迤北, 見峰巓一柱兀然如人立, 俗傳麗僧道詵碑, 今沒字云. 歲丙子秋, 秋史金元春語余: 曰 '吾上碑峰, 碑有殘字, 實新羅眞興王碑也.' 余聞之狂喜, 約與之共尋, 越明年六月八日, 始踐之. 工執墨拓具以從, 由僧伽寺後麓, 轉石磴數百武, 得壁刻佛像甚偉, 夾像而右, 循嶺脊攀厓腹登焉. 東自龍門諸山, 南西至于海, 可一擧目盡也. 遂令工搨之, 細加審定, 除全缺不可强解, 餘點畫可辨確然無疑者. 凡九十有二字, 如眞興王三字, 巡狩二字, 南川二字, 皆實事可證, 而與史文經緯者也. 按三國史, 眞興王十六年, 王巡幸北漢山州, 拓定封疆, 二十九年, 廢北漢山州, 置南川州, 碑蓋紀其蹟也. 碑文有眞興二字, 而據智證王本紀, 新羅諡法始此, 智證之後, 歷法興至眞興, 則眞興時, 不應預稱其諡, 似眞興後所立. 據眞平王二十六年, 廢南川州, 還置北漢山州, 而碑文有南川二字, 則又似南川廢州之前也. 眞興王元年, 在梁武帝大同六年, 眞平王元年, 在陳宣帝大建十一年, 則要之梁陳間刻者, 又按咸興府之草芳嶺, 有眞興王北巡碑, 今佚, 但拓本在耳. 字體似楷似隸, 極古雅, 與此碑, 若出一手, 意同時所刻也. 歷數羅麗碑目, 洵爲上乘. 然輿地勝覽北漢誌諸書, 並闕之, 何哉. 乃鐫名於碑之左側, 以識月日, 始秋史尋碑時, 東籬金時顯偕之.

5) 김경연과 갔을 때에는 아직 진흥왕순수비라는 사실을 알지 못했으므로 처음 답사에서 새겼다고 보기는 어렵다.

6) 김용태, 「玉垂 趙冕鎬 漢詩 研究」(성균관대학교 대학원 박사학위 논문, 2004. 12.) 17쪽 참조.

7) 金正喜, 「與李姊兄墅書」『覃揅齋尺牘補』(개인 소장, 필사본). 弟來此未幾, 旋作萊海東京之遊, 旬有五日而歸. 搜幽剔秘, 可償夙願. 間當奉候, 而緣是未果. 歸才一日, 適憑京褫, 略此仰報.

8) 艸衣, 「佛國寺懷古」九『一枝盦詩藁』(大東佛教研究會編, 寶蓮閣 영인본, 1975). 金秋史, 覲親於嶺營, 作訪古之行. 余止此寺俟之.

9) 초의艸衣 연구가인 박동춘 선생의 전언에 따르면 이때 김정희와 초의는 만나지 못했다고 한다.

10) 金正喜, 「新羅眞興王陵攷」『阮堂先生全集』권1. 太宗武烈王陵上, 有四大陵, 邑人以爲造山也,

凡所謂造山皆陵也. 鳳皇臺東西, 造山最多, 年前一山頹圮, 其中空洞黝黑, 深可丈餘, 皆以石築
之. 盖舊時王陵, 非造山也, 此造山之爲陵一證也. 志云眞興王陵在西嶽里, 眞智王陵在永敬寺
北, 永敬寺北者, 西嶽里也. 太宗陵亦云在永敬寺北, 此永敬寺北之所以爲西嶽里也. 文聖, 憲安
二王陵俱在孔雀趾, 孔雀趾者, 亦西嶽里一名也. 或云西嶽里或云永敬寺北, 或云孔雀趾, 同是
一地而文各少異也. 是故知太宗陵上四大陵非造山, 卽眞興, 眞智, 文聖, 憲安四王陵也. 文聖,
憲安俱係太宗後, 不當在太宗陵上, 而倒葬之法, 後人所忌, 古則不然. 且太宗陵距四陵雖一麓,
然稍右而有間, 固亦無相礙也, 四山之爲四陵無疑也. 余與州之故老數人, 遍覓傍近, 竟無他陵,
驗以地理, 考之史志, 四陵與四山之數, 一一吻合如此. 噫! 以眞興嵬功盛烈, 弓劒遺藏, 泯沒無
傳, 其下三陵, 又何言也.

11) 『추사글씨 탁본전』(과천시, 2004) 100쪽 참조.

12) 洪良浩,「題新羅文武王陵碑」『耳溪集』권16.

13) 柳得恭,「羅麗古碑」『古芸堂筆記』권6(『雪岫外史』에 합편 수록, 아세아문화사, 1986) 217쪽
참조.

14) 『秋史金正喜名作展』(예술의전당, 1992) 78~79쪽 인용. 夕陰猶淫, 無以破悶, 更從兄文武殘
字釋文, 硏朱點校, 擬再就訂, 又承鎣石之釋, 殆是眼如月, 腕有見也. 且絲格精好, 筆劃密緻, 足
以誇耀遠人也. 幸甚幸甚. 文武釋文, 玆又寄上.

15) 2009년 9월 3일자 각종 일간지 기사 참조.

16) 金正喜,「慶州鍪藏寺碑」『海東碑攷』(수경실 소장, 필사본). "翁星原樹岷瓛瓣於金石, 余寄以此碑
舊存之一段. 嘉慶乙亥星原作碑圖以贈之, 其第一行之先題之曰: '此處似尙有一行', 其言良是."

17) 金正喜,「慶州鍪藏寺碑」『海東碑攷』(수경실 소장, 필사본). 此碑舊只一段而已. 余來此窮搜, 又
得斷石一段於荒莽中, 不勝喜叫絶也. 仍使兩石璧合珠聯, 移置寺之後廊, 俾免風雨. 此石書品,
當在白月碑上, 蘭亭之崇字三點, 惟此石特全, 翁覃溪先生以此碑爲證. 東方文獻之見稱於中國,
無如此碑. 余摩挲三復, 重有憾於星原之無以見下段也. 丁丑四月十九日金正喜題識.

18) 金正喜,「慶州鍪藏寺碑」『海東碑攷』(수경실 소장, 필사본). 此石當係左段. 何由起星原於九原,
共此金石之緣, 得石之日, 正喜又題, 手拓而去.

19) 金敬淵,「序文」『東籬偶談』(『(原刻景印)百部叢書集成』72-1,『仰視千七百二十九學齋叢書』7,
臺北: 藝文印書館 영인본, 1965). 丁丑秋日, 黃山秋史訪余東籬書堂, 論易說詩義數則, 讀金石
文字一千卷.

20) 金正喜,「與金東籬敬淵」『阮堂先生全集』권4. 篆幀及碑圖, 並原本謹領, 而碑圖爲弟省却一勞,
感誦無已. 細當更證, 篆幀果是佳品, 字法近於碧落文, 要非俗筆, 當懸之潛玩耳.

21) 李台升은 자가 두신斗臣, 호는 황정黃庭이다. 1820년 4월~1825년 7월까지 하양현감으로 재직했다(『外案考』참조).

22) 金正喜,「送黃庭李斗臣出宰河陽」『阮堂先生全集』권9.

23) 金正喜,「送鍾城使君」『阮堂先生全集』권10.

24) 金正喜,「石帑詩」『阮堂先生全集』권9.

25) 劉喜海,「高句麗故城石刻」『海東金石苑』권1 인용. "此刻出於丙戌. 今六十四年不可復覓. 又得一石於外城烏灘下, 與此小異. 此云西向, 彼東向也. 小兒二字, 知爲高句麗古蹟無疑. 補書於此. 此己丑當爲長壽王後一千三百八十一年金正喜書."

26) 수경실 소장본이다.

27) 金正喜,「贈別李璡秀稚簡」『阮堂先生全集』권10.

28) 문집에 실린 시에는 주석이 없지만, 2007년 1월 예술의전당에 전시되었던 초고草藁에는 주석이 남아 있었다. "褚字殘石在邨家, 往時廣搜不得, 又望於稚簡此行."

29) 개인 소장의 김정희 간찰 인용. "碑搨是隨意可爲之, 不易底事. 至如瓦片, 必有神遇, 非人力可辦也. 今此送示者, 卽一矗材, 不古不今之不合式者. 更須齋心累功, 再求之何如? 褚字殘石, 亦以歲月圖之爲可, 不在早晩. 但有心人如左右者, 必有所成就, 以是爲祝."

30) 개인 소장의 김정희 간찰 사본 인용. "古器略叩於允玉矣. 不見無以妄評, 然是濟宮舊物, 亦有瓦注歟? 耕犁之餘, 幸更使廣搜, 以公同好, 如何?"

31) 藤塚鄰 著ㆍ박희영 역, 앞의 책, 372~382쪽 인용.

32) 趙明誠 撰, 金文明 校證,「日本國誌」『金石錄校證』(中國: 廣西師範大學出版社, 2005. 10.) 524쪽 인용. "右日本國誌, 題'康保五年. 日本在海東, 自漢以來見於史, 然與中國不相通. 宋莒公紀年通譜載其國年號九, 而獨無康保. 其後畢仲荀見此誌, 錄於通譜之末, 然不知康保是中國何年也. 余家集錄金石刻凡二千卷, 外國文字著錄, 獨此而已."

33) 『海東金石存稿』(영남대학교 도남문고 소장, 필사본) 此目想多未備, 望山泉仁兄爲補輯之, 是幸. 再敵筒已有者, 以硃○別之, 其未得惠慰, 留意購得, 寄我爲望. 燕庭拜託.

34) 『海東金石存稿』(예술의전당 소장, 필사본). "此冊係丁丑冬日, 雲石尊兄手藁寄贈, 因以鄭麟趾東史各書, 略加注釋, 其中舛錯及撰書人姓氏事蹟, 碑之年月所在未詳者, 敢求雲石尊兄曁景寶兄, 細爲攷訂, 卽注於冊內, 此外如有近時新出者, 亦望添入, 並乞惠弁首之文, 於冬便, 先爲寄還, 幸甚. 庚寅二月二日燕庭志."

35) 『통문관 주인 산기 이겸노 선생 기증 한중일 서예ㆍ고문헌 자료』(예술의전당, 2002. 7. 26.) 214쪽 참조.

36)「유희해가 김정희에게 보낸 편지」(개인 소장, 필사본). "嗜古之癖, 異域同心, 聞足下究心於金石文字三十餘年, 蒐羅之富, 攷據之精, 素所欽佩, 東國之歐陽文忠·趙德父也. 聞有三國金石攷之輯, 如有成書, 先讀爲快. 弟自幼卽嗜金石文, 窮搜險克, 亦卅餘年. 輿地所存拓有二千餘種, 每思較而讀之, 輯爲一編, 名金石苑, 而年來簿書鞅掌, 案牘勞形, 酬應公私, 殊無淸暇, 有志未建也. 丙子歲得交趙云石, 後又得交令仲山泉兄, 所獲海東金石文, 亦充滿篋笥, 不下五六十種. 於今夏錄其全文, 彙爲八卷, 亦名曰金石苑, 而首以海東二字別之. 並拙撰題辭一通附上, 如有錯謬, 幸指示之. 同好如足下, 亦不可無叙. 冬便望惠寄. 竢望竢望."

5장

1) 任百淵, 『鏡浯遊燕日錄』(고려대학교 소장, 필사본). "恬莽曰: 聞秋史金侍郞, 集海東金石錄幾卷, 多有古蹟, 每欲一賞希珍, 兼資博攷而未有徑蹊. 幸兄東轅後, 爲我致意, 得古紙幾本相示否?"

2) 李尙迪, 앞의 책, 578쪽 인용. "僕自少卽喜談金石考訂之學. 年來通籍京師, 獲請益於芸臺相國, 復與東卿·燕庭·孟慈·季卿諸君, 昕夕過從, 皆稱道金秋史侍郞不置. 竊心儀之, 欲一望見顏色久矣. 玆聞足下爲侍郞高足……分惠多儀, 無以爲報. 輒有金石刻拓本十三種, 古幣四枚, 聊奉雅玩. 尙祈博搜海東金石文, 擴我好奇之眼界也. 又拓本及古幣共一封, 乞帶呈秋史侍郞. 聞侍郞現居憂居, 未敢冒昧致書. 望代致區區想慕之意, 爲荷."

3) 李尙迪, 『恩誦堂集-附海隣尺素』(아세아문화사 영인본, 1973) 569쪽 인용. "貴邦名賢詩文集及金石碑刻, 倘能爲弟得一二則, 不啻錫我以百朋也, 東碑五則·淸脾一錄, 同荷遠貽, 銘感無旣."

4) 李尙迪, 앞의 책, 619쪽 인용. 昨日廣成局交到手畢, 見貽各種, 謝謝. 石墨二種, 尤稱精妙. 文殊記, 以亦梅金石考所載全文, 校之, 缺末五十餘字. 然, 已足寶貴, 爲之狂喜.

5) 李尙迪, 앞의 책, 619쪽 인용. 歸後, 得有金石拓本, 幸以見寄, 交劉子重處最妥.

6) 李尙迪, 앞의 책, 636~637쪽 인용. 蔭, 近輯 『海東金石錄』尙未成書. 如有以敎之, 幸甚.

7) 李尙迪, 앞의 책, 636~637쪽 인용. 拙著 『海東金石錄』, 因所見眇淺, 尙未成書.

8) 韓弼敎, 『隨槎錄』(연세대학교 소장, 필사본). 月汀曰: '先生金石想甚富收藏矣.' 上使: 曰'拙於筆畵, 亦乏鑑賞, 未有收藏之可言.' 月汀仍出示 『東國金石文』十卷. 自新羅高麗以下, 訖于啓禎間, 裒輯甚富.

9) 今西龍, 「高麗普覺國尊一然に就きて」 『藝文』9-7·9-8(1919년 7월·8월) 참조.

10) 『海東金石文字』(아세아문화사 영인본, 2003).

11) 국립중앙도서관 위창문고 소장 필사본 1책이다.

12) 이규필, 「오경석의 『삼한금석록』에 대한 연구」, 『민족문화』 제29집(민족문화추진회, 2006) 367쪽.

13) 金秉善, 「金石目攷覽序」, 『金石目攷覽』. 向在同治癸酉夏, 吳君亦梅, 索余以東邦金石之典故者. 余於金石文字未嘗燗焉. 因搜巾衍, 檢出碑目, 所存各本, 注其同異, 上自箕子, 至于本朝, 共三百種, 分爲三卷, 署之曰金石目攷覽. 仍質之亦梅, 盍演其續編矣. 乙亥春, 亦梅自燕返, 得鮑子年所刻海東金石苑一本, 此乃劉燕庭之各碑題跋七十餘種, 爲潘伯寅收藏, 及燕庭歿, 鮑潘兩君, 更加緖閱, 鋟梓於癸酉之冬者也. 噫! 其爲書也, 全文與字形, 雖不得俱擧, 其竪碑年代所在地方撰書人名昭然可詳, 他日得其原本者, 考徵是藉, 眞贋易辦, 中國士大夫博古之功, 何若是深且遠也. 況其序跋, 類多旁采, 今幷載鄙錄, 以公同好之誼.

6장

1) 박철상, 「다산학단에서 방산 윤정기의 위상」, 『다산과 현대』 제2호(연세대학교 강진다산실학연구원, 2009. 12. 31).

2) 이덕무, 「族姪復初光錫」, 『雅亭遺稿』 7, 『靑莊館全書』 권15.

3) 鄭東愈, 『晝永編』(국립중앙도서관 소장, 필사본). "世言國初定都之日, 僧無學登三角山循脈而下, 至梁徹坪後壠, 則有道詵石碑, 刻'無學誤尋到此'六字, 故棄之, 復循他岡而下, 至木覓東麓, 則又有道詵所記, 稱枉尋里, 故狼狽而歸, 定基于仁王山下末, 乃鄭道傳占景福宮, 遂從鄭說云."

4) 李象秀, 「碑峯記」, 『峿堂集』.

5) 윤정기의 문집은 일제강점기에 간행된 것으로 알려졌으나, 필자가 앞의 글에서 간행 경위를 고증하여 1959년경에 간행되었음을 밝혔다.

6) 국립중앙도서관 소장 필사본이다.

7) 「眞興王北狩碑歌」, 『漢上題襟錄』, 『舫山先生遺稿』 권1.

8) 「新羅王碑歌」, 『黃花屋聞話』, 『舫山遺稿』 권2. "余於甲辰三月嘗陟覽此碑, 已二十七春秋矣."

9) 「秋日遊僧伽寺」, 『蘭西批評』, 『舫山先生遺稿』 권1. "甲辰春李來山來此"

10) 윤정기의 착오로 보인다. 권돈인은 1834년에 서울로 돌아오기 때문이다.

11) "咸興黃草嶺, 舊有眞興王巡狩定界碑, 而世未之知矣. 憲廟乙未權彛齋敦仁爲咸興監司, 始乃搜得碑. 盖中折只有一半, 居民取爲甕盎之支石. 試使洗剔搨本, 則泐滅中模糊者, 或一二字, 或四五字, 零星而已. 餘無可徵. 伊後亦不知在處."

12) 此新羅眞興王碑東北定界者也. 舊在黃芚嶺石上下剝落, 文殘存一百八十五字. 今移置中嶺, 以庇風雨, 仍嵌之壁, 與黃芚不遠, 無疆界沿訛之慮矣. 以舊拓考之, 第一行王字下有'巡狩管境刊石銘記也'九字, 幷志闕. 眞興戊子後一千二百八十五年壬子秋八月觀察使尹定鉉書.

13) 『舫山先生遺稿』권1, 『蘭西批評』「奉別尹梣溪尙書定鉉關北監司之行」.

14) 『舫山先生遺稿』권2, 『黃花屋閒話』「遊權相國敦仁樊里別業」.

15) 청나라 주당周棠이 비평한 윤정기의 시에 대해 권돈인이 비평했다.

7장

1) 劉喜海, 「新羅眞興王巡狩碑」 『禮堂金石過眼錄』, 『海東金石苑』(아세아문화사 영인본, 1976). 新羅眞興太王巡狩碑, 一在高麗北漢山, 一在黃草嶺. 燕庭先生, 但著錄北漢山一刻, 而在黃草嶺者, 則未著錄. 光緒戊申, 予始錄其文, 入『唐風樓碑錄』. 後在海東, 于內藤湖南博士許, 見所藏金正喜

2) 內藤虎次郎, 「新羅眞興王巡境碑考」 『藝文』 제2권(제4호, 1911) 82~92쪽 참조.

3) 今西龍, 「新羅眞興王巡狩管境碑考」 『考古學雜誌』 제12권(제3호, 1922).

4) 앞의 「유희해가 김정희에게 보낸 편지」(개인 소장, 필사본). 聞足下究心於金石文字三十餘年, 蒐羅之富, 攷據之精, 素所欽佩, 東國之歐陽文忠·趙德父也.

5) 이에 대해서는 김정희의 「眞興二碑攷」와 「題北狩碑文後」에 나타나 있다.

6) 金正喜, 「與權彝齋敦仁」 32 『阮堂先生全集』 권3. "弟於此碑有考一卷, 一字·一畫·一地·一官無不細加核證, 至於一卷之多. 竊欲於今番仰呈, 而尙在草稿, 未卽整理. 且整理然後, 可以覽閱, 故無以送上, 可菀."

7) 金正喜, 『尺牘』(수경실 소장, 필사본).

8) 『阮堂金正喜先生百周忌追念遺作展覽會』(국립박물관·진단학회, 1956) 34쪽.

9) 翁方綱, 「答金秋史」 『復初齋文集』 권11. "鄭康成後漢大儒, 嘗於禮堂寫定諸經, 欲整百家之不齊, 而豈知鄭說之不齊?"

10) 앞의 「유희해가 김정희에게 보낸 편지」(개인 소장, 필사본). 三代以後, 石多金少, 石以頑而保其壽, 金以利而易於銷也. 中國且然, 海東除奉德` 寺演福寺二鍾, 龍頭寺一幢之外, 尙有何種, 幸詳示.

11) 金正喜, 「題北狩碑文後」 『阮堂先生全集』 권6. 余嘗得舊拓本, 證定年月·地理·人名·職官, 著爲碑攷, 以正『海東金石錄』 『文獻備考』 之誤.

12) 金正喜, 「自題金石過眼錄後」, 『阮堂集』권1. "此碑人無知者, 誤稱妖僧無學枉尋到此之碑. 嘉慶丙子秋, 余與金君敬淵游僧伽寺, 仍觀此碑. 碑面苔厚, 若無字. 然, 以手捫之, 似有字形, 不止漫缺之痕也. 且其時日簿苔面, 映而視之, 苔隨字入, 折波漫撇, 依俙得之, 試以紙拓出也. 體與黃草碑酷相似. 第一行眞興之眞字稍漫, 而婁拓視之, 其爲眞字無疑也. 遂定爲眞興古碑, 千二百年古蹟, 一朝大明, 辨破無學碑弔詭之說. 金石之學, 有補於世, 乃如是也. 是豈吾輩一金石因緣而止也哉. 其翌年丁丑夏, 又與趙君寅永同上, 審定六十八字而歸, 其後又得二字, 合爲七十字."

13) 이에 관해서는 졸고 「추사 김정희의 저작 현황 및 시문집 편간에 대하여」, 『대동한문학』25집 (2006. 12.)에 자세하다.

14) 徐有榘, 『小華叢書目錄』(버클리대학교 아사미 문고 소장, 필사본). 이에 대해서는 김영진, 「조선후기 실학파의 총서 편찬과 그 의미」, 『한국 한문학 연구의 새 지평』(소명출판사, 2005) 참조.

8장

1) 『書冊目錄』(假題)1책(수경실 소장, 필사본).

2) 이에 대해서는 김영진, 「조선 후기의 명청소품 수용과 소품문의 전개 양상」(고려대학교 대학원 박사학위 논문, 2004. 2.) 참조.

3) 유득공의 『四郡志』에 '蘇定方碑'란 이름으로 석문釋文이 실려 있는데, 아사미 문고에 소장된 유득공의 『古芸堂筆記』에도 '大唐平百濟國碑銘'란 이름으로 석문이 수록되어 있다는 사실을 김윤조 교수를 통해 알게 되었고, 또 자료까지 보내주셨다. 지면을 빌어 감사드린다. 두 석문의 차이가 큰데, '蘇定方碑'의 석문이 더 충실한 것으로 보아 뒤에 작성된 것으로 보인다. 아사미 문고의 『고운당필기』에 대해서는 김윤조 교수의 「『고운당필기』연구: 신발견 자료의 내용을 중심으로」(『大東漢文學』27집, 대동한문학회, 2007. 12.)에 자세하다.

4) 金正喜, 「平百濟碑」, 『海東碑攷』. "右大唐平百濟碑, 在今忠淸道扶餘縣南二里. 扶餘縣卽百濟古都也. 其碑, 四面正方, 累石而成, 面各四片, 總爲石十六片. 上覆重簷, 下承以跌, 制若僧家之塔, 與他碑迥殊. 其文則篆額八字, 餘皆大楷, 環刻于四面. 其高五尺二寸, 一面之廣, 一丈一尺六寸也."

5) 金正喜, 「平百濟碑」, 『海東碑攷』. "凡碑四面十六片, 一百二十六行, 總一千九百二十七字, 其刓者三十八字, 存者一千八百八十九字也".

6) 金正喜, 「唐劉仁願碑」, 『海東碑攷』. "右唐劉仁願紀功碑, 在今忠淸道扶餘縣西北三里, 距平百濟碑

二里. 萬曆壬辰之難, 此碑爲倭所破, 只餘一半, 踣在野中, 撰書人姓氏俱闕, 或稱裼河南書. 然, 按舊唐書裼遂良傳, 永徽元年出爲桐州刺史, 三年徵拜吏部尙書, 顯慶三年卒於愛州, 則百濟平時, 遂良之亡已二年. 盖因賀遂亮撰平濟碑, 故不知者, 訛以劉碑爲裼書也. 篆額陽文隆起, 俱已磨滅, 唯衛道上三字可辨. 當是仁願官銜也."

7) 金正喜,「唐劉仁願碑」『海東碑攷』. "安市城, 在今奉天府蓋平縣東北七十里.『舊唐書』「薛仁貴傳」作安地城, 此碑亦作安地."

8) 洪良浩,「題新羅文武王陵碑」『耳溪集』권16 참조.

9) 柳得恭,「羅麗古碑」『古芸堂筆記』권6(『雪岫外史』에 합편 수록, 아세아문화사, 1986) 217쪽 참조.

10) 金正喜,「文武王碑」『海東金石存攷』. 右新羅文武碑, 在今慶州東北九里, 朗山南麓, 善德王陵下, 神文王陵前. 碑舊亡失, 只有趺窊. 嘉慶丁丑, 余到慶州, 行尋古跡, 見傍近民田, 疊石爲坊, 意欲發之. 遂雇人析開至底, 見一片方石平正, 洗其泥土, 有刻字痕, 出而見之, 乃此碑下段也. 以揷舊趺, 不少齟齬, 心異之. 又見一石, 雜於草莽, 就而諦之, 乃此碑上段也. 合而觀之, 中央猶缺少許, 上頭又缺一段, 其缺者不可復尋, 誠可歎也.

11) 劉喜海,「文武王陵碑」『海東金石存攷』. 唐開耀元年. 在慶尙道慶州府善德王陵下. 今存殘石四片. 撰人姓名泐. 惟末題大舍人韓訥儒奉宣書.

12) 今西龍,「新羅文武王陵碑に就きて」『朝鮮金石瑣談』(아세아문화사, 1979) 345~346쪽 참조.

13) 金正喜,「文武王碑」『海東碑攷』. "若其後面, 則上段第七行, 有建碑之文, 是碑之末行也. 第六行, 銘辭之末句, 韻是久字, 下仍空格, 而下段第二十行末, 有孝友一句, 則友字是久之上章韻也. 因合上下段而觀之, 津薪身其韻乃叶, 然則, 久字是末行前一行也. 友字是久字前一行也. 其每行幾字, 則下段第二十行爲十三字, 卽接上段之第五行, 而上段爲十六字-幷上缺一字而計-中間似有四字之缺. 何者? 下有粉骨鯨津, 上有葬以積薪, 則薪與津叶韻, 中必缺一句四字也. 然則, 通爲三十三字, 餘不可知也."

14) 이영호,「신라 문무왕릉비의 재검토」『역사교육논집』8권(경북대 역사교육학회, 1986) 참조.

15) 金正喜,「文武王碑」『海東碑攷』. 星漢王者, 金氏之始祖金關智也. 後代追封爲王, 故「眞澈禪師碑」亦云, 星漢之苗. 盖新羅人, 以關智爲天所降, 如天命玄鳥之類, 故追封爲星漢王. 又曰降質圓穹是也. 據『三國史』關智生勢漢, 次曰阿道, 次曰首留, 次曰郁甫, 次曰仇道, 次曰末仇, 次曰奈勿王, 其曾孫曰智證王, 次曰立宗, 次曰眞興王, 次曰眞智王, 次曰龍春, 次曰太宗武烈王, 次曰文武王. 我慶州金氏譜牒, 亦因之. 若據文武王而言之, 星漢王當爲十六代祖, 此碑所云十五代祖者據武烈王而言之.

16) 金正喜, 「文武王碑」『海東碑攷』. 天皇大帝者, 唐高宗之諡也號. 『唐書』「高宗本紀」弘道元年十二月, 皇帝崩于貞觀殿, 諡曰天皇大帝, 天寶八載, 改諡天皇大聖皇帝, 十三載, 增諡天皇大聖大弘孝皇帝. 又「武后本紀」光宅元年八月庚寅, 葬天皇大帝于乾陵. 據此可知也.

17) 金正喜, 「文武王碑」『海東碑攷』. "碑之末行云, '廿五日景辰建', 今按景辰卽丙辰也. 唐高祖之父曰仁公昞, 故唐人諱丙, 代代以景. 若北史魏登國五年秋八月景寅幸意辛山, 天興元年六月景子定國號. 永興四年閏六月景辰大閱於東郊, 隋開皇六年二月景戌制刺史考課之類, 是也. 今碑但有日辰, 上減年月, 不知立於何年. 然, 文武之薨, 唐開耀元年辛巳, 而碑有天皇大帝之稱, 則是唐高宗葬諡後語, 必在武后光宅元年八月以後也. 碑稱丹靑渝於麟閣, 竹帛毀於芸臺, 則是文武之薨, 已多年也. 碑稱嗣王允恭, 因心孝友, 則必在神文王在位之時也. 考光宅元年甲申, 卽神文王四年, 而明年乙酉, 卽垂拱元年也. 神文在位十二年, 而薨當唐如意元年壬辰, 則自甲申至壬辰爲九年, 此碑之立, 當在此九年之間也. 據唐書甲申至丙戌, 無廿五日丙辰之時. 又自戊子至壬辰, 亦無廿五日丙辰之時. 惟垂拱三年丁亥, 當神文王七年, 而唐書武后本紀垂拱三年三月有乙丑, 四月有辛丑癸丑及壬戌, 而自乙丑至壬戌爲五十八日, 可當兩個月之數, 則是年三月當爲乙丑朔, 四月當爲乙未朔也. 又五月有丙寅庚午, 七月有丁卯乙亥, 八月有壬子. 今以曆法大小月相間之例求之, 則是年五月當爲甲子朔, 六月當爲甲午朔, 七月當爲癸亥朔, 八月當爲壬辰朔也. 朔是壬辰, 則廿五日自當爲丙辰. 然則是碑之建, 必垂拱三年八月廿五日丙辰也. 當時麟德曆法, 今不可詳. 月之大小, 雖有推移, 要之非八月則九月也. 外此九年之間, 更無可擬, 今不可以他求."

18) 김창호, 「신라 태조성한太祖星漢의 재검토」『역사교육논집』5권(경북대 역사교육학회, 1983) 95쪽 참조.

19) 金正喜, 「晉州眞鑑禪師碑」『海東碑攷』. "碑稱慧昭之昭字, 避聖祖廟諱而易之. 按新羅恐哀王名明. 蓋 眞鑑初名慧明, 故避諱而改以慧昭也."

20) 金正喜, 「聞慶智證大師碑」『海東碑攷』. "新羅王號有尼斯今之稱, 以方言言薔理也. 此碑所稱寐錦, 亦尼斯今之謂也. 和漢三才圖會, 以婆娑尼斯今爲波沙寐錦, 據此可知也."

21) 金正喜, 「眞鏡大師碑」『海東碑攷』. "古之任那國, 卽今之金海府也. 按三國史傳强首中原京沙梁部人, 而强首之言, 曰: '臣本任那加良人.' 中原者今之忠州也. 據此或疑任那爲忠州, 然日本書紀崇神天皇六十五年, 任那國遣蘇那曷叱智朝貢, 垂仁天皇二年, 任那人蘇那曷叱智歸國. 和漢三才圖會云, 任那本名加羅, 其人額有角, 曰'我是意富加羅國王子', 日本紀欽明天皇二十三年, 新羅滅任那, 異稱日本傳云意富加羅國, 東國通鑑作大駕洛國. 始祖名金首露, 後新羅滅其國, 號金官郡. 據此諸文, 任那卽加羅, 而加羅乃伽倻之音轉, 今之金海府是也. 然, 日本之崇神

六十五年, 卽漢元帝竟寧元年也. 垂仁二年, 卽漢成帝河平元年也. 而東史駕洛國始祖金首露,
以後漢建武十八年, 始開其國, 不可於西漢之世, 已通日本. 蓋首露起於弁韓之地, 任那乃弁韓
時國名也. 今觀此碑, 眞鏡爲 金庾信之裔, 而稱任那王族, 庾信則首露之後孫, 則任那之爲金海
不其的確乎."

22) 金正喜,「眞鏡大師碑」『海東碑攷』(수경실 소장, 필사본). "右新羅鍪藏寺碑, 在今慶州東北三十
里暗谷村北. 碑今破缺, 只存一段. 嘉慶丁丑余到其寺, 遍尋古碑, 得一片殘石於草莽中, 乃此碑
左段也. 與舊存一段相合, 而上下皆缺, 以所存趺窢, 測其下廣, 較於兩段, 與之相符, 洵可異也."

23) 비도碑圖는 비석을 그림으로 그린 게 아니라, 깨진 비석의 경우 방안지方眼紙에 남아 있는
비석의 형태대로 글자를 판독하여 원형을 복원한 것이다. 깨진 비석의 경우 글자만 판독해
놓으면 전체 문맥을 파악할 수 없기 때문에 방안지에 남아 있는 글자를 판독하여 비석을 전
체적으로 파악할 수 있게 고안된 방법이다.

24) 이에 대해 이종문 교수는 김육진이 글씨를 썼을 가능성을 제기한 바 있다(「鍪藏寺碑를 쓴
한 서예가에 關한 考察」『漢文古典의 實證的 探索』(계명대학교출판부, 2005)).

25) 졸고,「조선금석학사에서 유득공의 위상」『대동한문학』27집(대동한문학회, 2007. 12. 30).

9장

1) 金正喜,「與申威堂」3 『阮堂先生全集』권2. "金石源流彙輯, 果有成書, 如歐陽公集古錄, 洪盤州隸
釋等書, 不可不讀. 又如王蘭泉, 錢辛楣諸書, 覃溪所輯尤精核. 金石一學, 自有一門戶, 東人皆不
知有此, 如近篆隸諸家, 但就其原本, 膽過一通, 而何嘗有考究於羽翼經史, 與分隸同異偏旁流變
者也."

2) 『추사 김정희: 학예일치의 경지』도록, 국립중앙박물관(통천문화사, 2006. 9.) 24쪽. "金字佛經,
皆冒金生·安平之名. 此卷亦以安平額之, 非也. 雖非安平, 亦自名手, 不必以安平而重也. 余所手
定, 金銀墨字殘經, 爲百十本, 當以慶州昌林寺塔中所出, 墨書陀羅尼經爲第一, 尙在金生前. 朗
善君, 以'南無不動法智光佛'八字, 摹入石本, 筆意與金生恰相似, 亦不敢以臆定爲金生. 余收其
眞迹, 筆法甚高, 當在昌林塔經之上, 特殘本耳. 又安平書, 法華楞嚴不全本, 筆意與此不同. 不見
此等諸本, 或疑此爲安平, 亦无怪耳. 勝國之末, 寫經皆沿此法, 淸凉山中所藏, 金字蓮花經, 亦冒
金生. 余審證其非, 藏之寺誌中. 一花庵主人, 書贈潤朽寶藏之.(金正/喜印)(秋史)"

3) 원문은 "在金生前六七十年以上"으로 되어 있다. 그러나 문구를 보면 『무구정광경』의 필사 시
기가 김생보다 앞서는 모순이 발생한다. 따라서 이는 출판상의 오식이거나 김정희의 착오로

보인다.

4) 金正喜, 「書贈鄭六」『阮堂先生全集』권7.

5) 「昌林寺無垢淨塔願記-附金正喜識語」『朝鮮史料總覽續』第一輯. "甲申春, 石工破慶州昌林寺塔, 得藏陁羅尼經一軸盛銅圓套. 又有銅板一, 記造塔事實, 板背並記造塔官人姓名. 又有金塗開通元寶錢‧青黃幡珠. 又鏡片銅跌, 爲鑄銅者所壞. 軸面黃絹, 金畵經圖."

6) 『阮堂金正喜先生 百周忌追念遺作展覽會』(국립박물관‧진단학회, 1956. 12).

7) 「추사 김정희 연보」(최완수 역, 『추사집』, 현암사, 1976), 「추사연보」(임창순 책임감수, 『한국의 미』17(추사 김정희), 중앙일보사, 1981), 「완당 김정희 연보」(유홍준, 『완당평전』3, 학고재, 2002)에서는 추사가 1824년에 창림사탑 출토 『다라니경』을 고증했다고 기록하고 있다. 그런데 유홍준은 『완당평전』1(학고재, 2002) 217쪽에서 "그렇게 금석을 열심히 찾던 중 43세인 1828년, 경주 남산 기슭의 창림사터에서 '무구정광대다라니경'의 앞부분과 '무구정탑원기'가 발견되었다"고 함으로써 새로운 이야기를 하고 있으며, "완당은 이것을 신라 김생의 글씨라고 고증하였다. 그러나 안타깝게도 이 원본은 일본인이 가져가 지금은 그 소재를 알 수 없다"고 기록하고 있다. 그러나 이 기록은 어디에 근거를 둔 것인지 확인할 길이 없다.

8) 이 자료는 2003년 겨울, 필자가 고서점에서 구입하여 현재 수경실修絅室에 소장되어 있다. 이하 '수경실본修絅室本'으로 칭한다.

9) 표제는 '무无'자로 표기되어 있으나 본문에는 모두 '무無'자로 표기하고 있다.

10) "東(京)府治南十里, 有昌林寺舊基, 而梵宇無存, 只(有)大小三塔巋然, 爲邑人所指點昌林, 卽新羅古刹也. 有一石工, 爲造(墓)石, 喜其工省, 毁破一小塔. 至第二層, 石槨中有銅版塗金者, 乃鐫(新)羅文成王發願建塔記事, 及御諱與童役諸人姓名年月……(中略)……余尹玆土, 近周歲.……(下略)……甲申二月下浣書."

11) 신희철, 『외안고』(보경문화사, 2002. 8).

12) 박철상, 「추사 김정희와 〈국왕경응조무구정탑원기〉」『정밀학술조사보고서 국왕경응조무구정탑원기』(문화재청‧(재)불교문화재연구소, 2013).

13) 金正喜, 「答趙怡堂」3『阮堂先生全集』권2. "至於吾東羅麗金石, 一切皆歐法, 而平百濟塔, 爲褚體也."

14) 金正喜, 「雜識」『阮堂先生全集』권8. "余自少有意於書, 廿四歲入燕, 見諸名碩, 聞其緒論, 撥鐙爲立頭第一義. 指法筆法墨法, 至於分行布白戈點畵之法, 與東人所習大異. 漢魏以下, 金石文字, 爲累千種, 欲溯鍾索以上, 必多見北碑, 始知其祖系源流之所自. 至於樂毅論, 自唐時已無眞本, 黃庭經爲六朝人書, 遺敎經爲唐經生書, 東方朔讚, 曹娥碑等書, 全無來歷, 閣帖爲王著所"

摹翻, 尤爲紕繆, 已爲當時如米元章, 黃伯思, 董廣川所一一駁正, 中國之有識者, 自樂毅黃庭等書, 至於閣帖, 皆羞道之. 大槪樂毅黃庭等書, 若係眞本之可據, 有唐之歐褚虞薛顏柳孫楊徐李諸人所書一無與樂毅黃庭相似, 其不從樂毅黃庭入門可證. 但與諸北碑, 如印印泥, 且方勁古拙, 無圓熟雪稜者, 近日我東所稱書家所謂晉體, 蜀體皆不知有此, 卽取中國所已棄之芭籬外者, 視之如神物, 奉之如圭臬, 欲以腐鼠嚇鳳, 寧不可笑."

15) 金正喜, 「書圓嶠筆訣後」『阮堂先生全集』卷6.

16) 金正喜, 「雜識」『阮堂先生全集』卷8. "書家必以右軍父子爲準則, 然二王書, 世無傳本, 眞迹之尙存, 惟快雪時晴, 與太令送梨帖, 都計不過百字. 千載之下, 追溯羲儿家風, 止此而已. 亦皆入內府, 非外人所可見. 如劉摹章刻, 尙是一翻者, 摹法刻法, 已不及宋元, 又何論於梁唐刻也. 六朝碑版, 頗有傳本, 歐褚皆從此出, 然宋元諸公, 無甚稱道者, 以其二王眞書, 猶未盡泯, 如今時也. 今人當從北碑下手, 然後可以入道耳."

17) 金正喜, 「書古東尙書所藏覃溪正書簇」『阮堂先生全集』卷7. "覃溪老人正書, 於率更得其圓處, 於河南得其隷意, 而八萬卷金石之氣, 注於腕下, 蔚然爲書家龍象, 由唐入晉之徑路, 舍是無二."

18) 翁方綱, 「唐楷晉法表序」『唐楷晉法表』. "楷法獨以晉言何也. 曰隷之變楷書, 當在漢魏間, 而晉則楷之始也. 南北六朝之際, 楷法蕩然矣. 至唐乃稍節制而整齊之而其原出於晉也."

19) 金正喜, 「雜識」『阮堂先生全集』卷8. "趙子固云晉豈易學, 學唐尙不失規矩, 學晉不從唐人, 多見其不知量也. 入道於楷, 董有三焉, 化度九成廟堂耳. 今以趙子固時言之, 已六七百年, 如今通行黃庭樂毅遺敎等法書, 豈子固之所未見, 而必拈此三碑者何歟? 黃庭非山陰書, 樂毅已於其時無善本, 不可爲準, 遺敎卽唐代經生書, 不得不於此三碑求之. 三碑雖石本, 而原石尙存, 下眞跡一等, 非後世石刻之轉相摸翻者可比也."

20) 翁方綱, 「唐楷晉法表序」『唐楷晉法表』.

21) 金正喜, 「雜識」『阮堂先生全集』卷8. "槩論之, 東人無處不妄自尊大, 如圓嶠直欲超越唐宋六朝, 徑闖山陰羲儿, 是不知屋外有靑天耳."

22) 金正喜, 「雜識」『阮堂先生全集』卷8. "如歐褚皆晉人神髓, 而李圓嶠以方板眇之, 謂之右軍不是書之科, 不自覺其平生所習, 乃王著書樂毅論也."

23) 金正喜, 「書示佑兒」『阮堂先生全集』卷7. "書法非醴泉銘, 無以入手, 已自趙彝齋時, 以醴泉銘爲楷法圭臬. 其時豈無右軍書之黃庭樂毅論也, 皆轉轉翻訛, 不可準則, 不如原石擖取之眞蹟. 所以不得不俛首就醴泉化度等碑也. 化度今無原石, 如宋撝范氏書樓本, 非東人所可得見, 尙有醴泉之原石拓本無恙, 設有殘泐過甚, 非此無以上溯於鍾索舊規, 何以舍是他求也."

24) 金正喜, 「與沈桐庵」3『阮堂先生全集』卷4. "大槩令之筆性, 與歐相近, 至於褚法, 不可强之, 必就

其相近處入, 易於成就, 此自然之勢, 如水流濕火就燥, 各從其類也. 幸須得一歐碑原拓善本, 試下手爲妙. 歐碑有醴泉銘, 又有皇甫化度虞恭公等四五種, 又唐碑中有歐體者, 如圭峰之屬, 亦大好津逮耳."

25) 『阮堂先生全集』에 실려 있는 「題國學本蘭亭帖後」「題穎上本蘭亭帖後」「書蘭亭後」「稧帖攷」 참조.

26) 翁方綱, 「新羅鍪藏寺碑殘碑跋」『復初齋文集』권24. "碑行書, 雜用右軍蘭亭及懷仁大雅所集字. 蓋自咸亨開元以來, 唐人集右軍書, 外國皆知服習, 而所用蘭亭字, 皆與定武本合, 乃知定武本, 實是唐時所刻, 因流播於當時耳."

27) 阮元, 「金石十事記」『揅經室集三集』권3.

28) 金丹, 「論阮元金石學硏究的新視域」『西泠印社重振金石學國際學術硏討會論文集』(西泠印社出版社, 2010) 71~72쪽.

29) 金正喜, 「雜識」『阮堂先生全集』권8. "書法遷變, 流派混淆, 非溯其源, 曷返于古. 蓋由隸字變爲正書行草, 其轉移皆在漢末魏晉之間, 而正書行草之分爲南北兩派者, 則東晉宋齊梁陳爲南派, 趙燕魏齊周隋爲北派也. 南派由鍾繇衛瓘及王羲之獻之僧虔以至智永虞世南, 北派由鍾繇衛瓘索靖及崔悅盧湛高遵沈馥姚元標趙文深丁道護等以至歐陽詢褚遂良. 南派不顯于隋, 至貞觀始大顯. 然歐褚諸賢, 本出北派, 暨唐永徽以後, 直至開成, 碑版石經, 尙沿北派餘風焉. 南派乃江左風流, 疏放妍妙, 長于啓牘, 減筆至不可識, 而篆隸遺法, 東晉已多改變, 無論宋齊矣. 北派則是中原古法, 拘謹拙陋, 長于碑牓, 而蔡邕韋誕邯鄲淳衛覬張芝杜度, 篆隸八分, 草書遺法, 至隋末唐初, 猶有存者. 兩派判若江河, 南北世族, 不相通習耳."

30) 胡泊, 『淸代碑學的興起與發展－一个"範式"轉換的硏究』(南方出版社, 2009) 130쪽.

31) 『추사를 보는 열 개의 눈』(전시 도록, 화봉책박물관) 71쪽. "余自赴燕以後, 書法日就拙實, 無復舊日芬華之觀. 見者皆笑之. 老子云'不笑無以爲道', 余於余書, 恃此而無恐於見者之紛紜云."

32) 金正喜, 「書示佑兒」『阮堂先生全集』권7. "隸書是書法祖家, 若欲留心書道, 不可不知隸矣. 隸法必以方勁古拙爲上, 其拙處又未可易得, 漢隸之妙, 專在拙處, 史晨碑固好, 而外此又有禮器孔和孔宙等碑, 然蜀道諸刻甚古, 必先從此入然後, 可無俗隸凡分賦態市氣. 且隸法非有胷中淸高古雅之意, 無以出手, 胷中淸高古雅之意, 又非有胸中文字香書卷氣不能現發於腕下指頭, 又非如尋常楷書比也. 須於胸中先具文字香書卷氣, 爲隸法張本, 爲寫隸神訣. 近日如曹知事兪綺園諸公, 皆深不隸法, 但少文字氣, 爲恨恨處. 李元靈隸法, 畫法皆有文字氣, 試觀於此, 可以悟得其有文字氣然後, 可爲之耳. 家儲隸帖頗具, 如西狹頌, 是蜀道諸刻之極好者也."

33) 이완우, 「추사 김정희의 隸書風」『美術資料』76호(국립중앙박물관, 2007) 30~43쪽.

34) 金正喜, 「與申威堂觀浩」『阮堂先生全集』권2. 古器款識一函三冊, 聞有一閱底意, 玆以割愛奉瓻, 盡情閱過, 隨便投還如何. 鍾鼎古款, 是隷之所從出, 學隷不知此, 是溯流妄源也.

35) 자字는 조경藻卿, 호號는 옥수玉垂, 이당怡堂이며, 본관은 임천林川이다. 문장으로 이름 있던 죽음竹陰 조희일趙希逸(1575~1638)이 8대조이고, 송시열의 문인 오재寤齋 조정만趙正萬(1656~1739)이 5대조이다. 조부는 학행으로 이름 있던 잉헌剩軒 조학춘趙學春인데, 김정희의 종조從祖 김태주金泰柱의 사위이다. 백부는 여원茹園 조기복趙基復(1773~1839)인데 김정희의 가장 가까운 친구 황산黃山 김유근金逌根의 딸을 며느리로 맞았고, 김정희는 기복의 묘표墓表 글씨를 써주기도 했다. 조면호의 부친 조기항趙基恒(1779~1827)은 김창집金昌集의 증손 김이도金履度(1750~1813)의 사위였고, 숙부 조기겸趙基謙(1793~1830)은 김정희의 제자인 남병길南秉吉을 사위로 두었다. 이처럼 조면호의 집안은 서울의 권문세가인 경화세족京華世族은 아니었지만 혼인을 통해 그들과 밀접한 관계를 맺고 있었다.

36) 옥수의 생평에 관해서는 金龍泰(2004) 참조.

37) 『阮堂先生全集』에는 '雁景江光樓'로 되어 있으나, 별도로 전하는 『覃聚齋尺牘補』에는 '雁影江光樓'로 되어 있어 이를 따른다.

38) 『阮堂先生全集』에는 '局中'으로 되어 있으나, 별도로 전하는 『覃聚齋尺牘補』에는 '蜀中'으로 되어 있어 이를 따른다.

39) 金正喜, 「答趙怡堂 冕鎬」『阮堂先生全集』권2. "鴈景江光樓扁隷, 不料鴨水以東, 亦有此奇也. 自以謂四十年用力於此, 不覺瞠乎後矣, 卽爲貼之座隅, 贊誦無窮. 大槩隷法, 有西東京之異. 西京字, 自歐陽公時不得見, 始從劉原父得見銅甬銘. 然, 此卽篆書而尙非隷書. 西京隷無出於五鳳二年字, 及鴈足鐙款, 亦在歐公後, 歐公亦未見之矣. 碑版無之, 惟元壽鏡銘, 與黃龍鐙字陽嘉元康等金皆可證, 而新莽諸殘金零石, 不下八九種, 尙存西京規矱, 卽皆無波之隷也. 東京以後, 漸開波磔一路, 然, 蜀中諸石刻, 猶存西京古法. 東京字, 近日通行孔林諸碑, 河南洛陽等所存諸碑, 是皆波撇分明, 雖禮器孔和之極典雅蒼古, 亦有波之隷矣. 隷之無波之爲貴者, 卽留有餘不盡之意, 不如有波之弄剔挑拔, 大有古今不同, 如椎輅與象玉之相懸也. 今但就其奇處異處, 謂是古法, 卽不過自欺眩人而已. 是何論古今之同異也. 入筆之法, 純用逆勢, 今觀來字, 皆近順勢. 此必從空直劈然後始得其妙, 亦非可以襲而取之, 大下工夫而後得之耳. 且結構之妙, 又有變現不測者, 不有腕底有三百九碑, 亦難一朝之間出之易易耳. 兩印甚佳, 姑暫留之. 洪寶銘亦佳, 雖不及始平武平, 尙可證北朝古格耳."

40) 원문에는 '江光鴈影樓'로 되어 있지만 필사의 오류로 보인다.

41) 趙冕鎬, 『玉垂先生集』권12. "拙隷作江光鴈影樓字, 質之秋翁五年而秋翁赴道山."

42) 趙冕鎬,『玉垂先生集』권6. "庚申二月之望, 夢拜秋史丈人, 據隱囊語津津, 若在日. 覺有悅悅不知是因是想, 遂綴十韻以識感."

43) 趙冕鎬, 「記夢五首」『玉垂先生集』권6. "涂月丙寅之曉, 夢秋史先生臨枉余幽竹山窓, 一場隨喜, 欵欵如常昔, 警欬之音, 覺猶在耳, 悅恨神思團湊, 寒燭微滅之間, 後死者何能爲乎. 此懷略綴夢境而槩括之爲五絶句, 取所話分繫于句下."

44) 趙冕鎬, 「記夢五首」『玉垂先生集』권6. 冕曰, "隷古漸知難學, 二京法式, 可橫可礎, 至其拙朴, 豈後二千載人, 臨摹所可得者乎." 先生曰, "儘然. 又有一種異事, 吾見作室人, 遇匠石之老者則喜之, 曰, '是當不僨事.' 治病人, 遇醫師之老者則喜之, 曰, '是可以論藥.' 獨於書不然. 見老人書, 輒譏侮之不已, 甚可笑哉." 相與一場絶倒.

45) 소동파의 시『孫莘老求墨妙亭詩』에 "杜陵評書貴瘦硬, 此論未公吾不凭, 短長肥瘦各有態 玉環飛燕誰敢憎"가 있다.

46) 원문에는 '朱長君子'로 되어 있는데, '朱君長字'의 오류이다.

47) 趙冕鎬, 「阮堂隷書辨」『玉垂先生集』권30. "冕, 曩年養疴松垕, 偶從阮堂說隷而悅之.然眼已花指已鈍, 此恨如何. 自是隨手得一幅, 以質阮堂, 其論嚴. 冕, 一暼以聆龠藏之章, 聾以編羽微之譜, 雲門說法, 非野狐可禪(缺)自是多得阮翁所自爲者, 又得漢碑若干本, 以至唐人所作. 近代諸帖, 搨拓失實, 贋墨多眩. 固非一斑得豹, 猶能髣想. 其法之不可掩, 不專在勁險拙朴, 又不專在分間布白, 卽其一橫是也. 散之可三百九碑, 猶化工著物, 麟角鳳毛駝峰鷄勝, 亦各有一妙, 然則, 玉環飛燕, 亦一於短長肥瘦也. 蓋聞隷之鼻鄭元岑, 其原書世所未觀. 若濟寧(朱長君子), 曲阜(五鳳二年字), 可稱中葉之炳煇, 天發受禪, 分以爲二派, 流以爲諸作家, 所以二京有二京之法, 齊魏有齊魏之法. 至如韓擇木蔡有隣有韓蔡之法, 近日, 鄧頑伯, 亦可一法. 然則, 阮堂之法, 亦自家所有, 是皆能照發其所得之法, 莫不由一橫而成者, 是亦麟角鳳毛駝峰鷄勝之可歸乎化工之妙者. 近日人譏阮隷, 曰無法, 曰不順古, 誠何故然歟. 無法之云, 非冕所知, 不順古, 亦此其强所不可强者也. 韓柳可使典謨, 李杜可使風騷, 北海之鼓, 會稽之跋, 皆可使作嶧山字乎. 此年代之不可强. 然則, 自後者以觀, 法未嘗病, 則又安所不古哉. 詩曰'雖無老成人, 尙有典型' 此其阮翁之一橫歟. 若其可古而不古處, 則往往有之焉."

48) 金正喜, 「雜識」『阮堂先生全集』권8. "隷古亦如此, 漢碑有虛和拙朴凶險可畏之相, 以近人淺量小見, 尙不能作, 文衡山董香光一畫, 何以作東京一波, 又何以作西京一橫也."

49) 崔完秀,『澗松文華』48, 한국민족미술연구소, 41쪽.

50) 翁方綱, 「跋漢朱君長三字」『翁方綱題跋手札集錄』. "此刻不著時代, 然眞漢隷也. 以書勢自定時代耳."

51) 金正喜, 「雜識」『阮堂先生全集』권8. "今漢碑現存, 廑四十種. 又有殘金零塼之可得摹追者, 與蜀川相通, 曲阜濟寧之外, 怳畸不可狀. 如公羊之非常可怪者, 非習於左氏者所可窺測. 是以疑之甚, 或束閣, 此雖一小道, 其難如是, 無以易言耳."

52) 金正喜, 「書圓嶠筆訣後」『阮堂先生全集』권6. "漢隸雖桓靈末造, 與魏隸大不同, 有若界限. 受禪卽魏隸也. 純取方整, 已開唐隸之漸."

53) 趙冕鎬, 친필로 "隸有二派, 北主受禪碑, 南主天發神讖."이라 썼다.

찾아보기

346